基于
姑苏文化记忆的
项目化
学习指南

蒋利军 翁亦星 主编

苏州大学出版社
Soochow University Press

图书在版编目(CIP)数据

基于姑苏文化记忆的项目化学习指南 / 蒋利军,翁亦星主编. -- 苏州：苏州大学出版社,2025.2.
ISBN 978-7-5672-5168-7

Ⅰ.G632.3

中国国家版本馆CIP数据核字第2025BK0022号

JIYU GUSU WENHUA JIYI DE XIANGMUHUA XUEXI ZHINAN

书　　　名：	基于姑苏文化记忆的项目化学习指南
主　　　编：	蒋利军　翁亦星
责任编辑：	沈　琴
助理编辑：	任雨萌
装帧设计：	吴　钰
出版发行：	苏州大学出版社(Soochow University Press)
社　　　址：	苏州市十梓街1号　邮编:215006
印　　　刷：	苏州市越洋印刷有限公司
邮购热线：	0512-67480030
销售热线：	0512-67481020
开　　　本：	787 mm×1 092 mm　1/16　印张:17.75　字数:421千
版　　　次：	2025年2月第1版
印　　　次：	2025年2月第1次印刷
书　　　号：	ISBN 978-7-5672-5168-7
定　　　价：	68.00元

若有印装错误,本社负责调换
苏州大学出版社营销部　电话:0512-67481020
苏州大学出版社网址　http://www.sudapress.com
苏州大学出版社邮箱　sdcbs@suda.edu.cn

前 言

　　文化是一种社会现象，是人们长期创造形成的产物，同时又是一种历史现象，是社会历史的积淀物。文化囊括着一个国家或民族的历史、地理、风土人情、传统习俗、生活方式、文学艺术、行为规范、思维方式、价值观念等。2023年10月召开的全国宣传思想文化工作会议提出"明体达用、体用贯通"，明确了新时代文化建设的路线图和任务书，为做好新时代新征程宣传思想文化工作、担负起新的文化使命提供了强大的思想武器和科学的行动指南。这让我们深刻了解到，文化传承与创造是建设中华民族现代文明，推进中国式现代化的重要举措。

　　姑苏，苏州的别名。姑苏文化是世世代代苏州人在这块得天独厚而又美丽富饶的土地上创造的灿烂的吴地文化，它包含物化形态的文化和精神形态的文化。姑苏文化具有渗透性、普遍性，更具有生长性。因而，它以独树一帜的风格在华夏文化史上占有重要的位置并不断绵延。德国学者扬·阿斯曼认为，文化记忆可以理解为记忆及其传承、保存和延续，或是被筛选、被揭示、被重新发现和重新建构的一个结果。因此，我们认为"姑苏文化记忆"是指人民创造、传承，以及不断重构的关于苏州这一区域的物质财富和精神财富的集体性记忆。追寻姑苏文化记忆就是解决在这一区域生活着的人的"根"的问题。生活在这片区域的学生，有义务、有责任努力学习和弘扬姑苏文化，学习传承和创新姑苏文化所需要的知识和技能，勇于肩负起姑苏文化传承和创造的重任，将个人追求融入民族复兴的伟大梦想之中，努力成为有理想、有担当、有本领的新时代接班人。

　　《基于姑苏文化记忆的项目化学习指南》（以下简称《指南》）尝试立足于课堂与校内外活动基地，以项目化学习为支撑，以探究体验式课堂教学和跨学科综合性教学相结合的方式，围绕具有姑苏文化特征的建筑、街巷、匠艺、习俗进行研究。在项目化学习的实践过程中，现实问题、核心知识、思维训练、实践探究、过程评价和成果展示贯穿始终，一方面培养学生的自主学习能力和创新意识，指向学生综合实践能力的提升和学生的全面发展；另一方面借助项目化学习这一形式，帮助学生对姑苏文化做更深入的了解，唤醒学生的城市记忆与文化记忆，提升学生的区域自信与文化自信。

《指南》通过确立"两大理念"，架构包含"四大主题""九十六个学习项目"的姑苏文化记忆项目化学习课程体系，促进学生记忆、理解、运用、分析、评价、创造等多种能力的发展。"两大理念"是"承"——姑苏文化的历史、特性、价值；"创"——姑苏文化的延展、重构、增值。"四大主题"是"建筑"——古殿、城墙、园林、民居；"街巷"——街、路、巷、里；"匠艺"——苏绣、苏刻、苏韵、苏食；"习俗"——时令节气、传统节日、民众生活、吴侬软语。"九十六个学习项目"是根据"四大主题"和不同年级学生的年龄特点，从"认一认""说一说""画一画""写一写""辩一辩""创一创"六个层次延伸出的问题驱动式的学习项目。这样的架构设计，目的是让学生在项目化学习的过程中对具有姑苏文化典型特征的人、事、物做深层次的了解，从历史、人文、审美、科学的角度对姑苏文化做出新时代的表达。

《指南》是苏州市平江实验学校教师围绕江苏省教育科学"十四五"规划课题"基于姑苏文化记忆的项目化学习研究"展开研究的成果结集。《指南》可供姑苏区域的教师使用，也可供其他区域的教师借鉴参考，如有不当之处，敬请提出宝贵意见。

目录

建筑——古殿

一年级（认一认）：神奇的榫与卯 / 002
二年级（说一说）：古殿伴我成长 / 005
三年级（画一画）：设计古殿名片 / 008
四年级（写一写）：古殿发展导图 / 012
五年级（辩一辩）：古殿修复的利与弊 / 015
六年级（创一创）：古殿建筑模型 / 018

建筑——城墙

一年级（认一认）：参观城墙博物馆 / 024
二年级（说一说）：伍子胥与苏州古城的故事 / 026
三年级（画一画）：手绘城墙明信片 / 028
四年级（写一写）："土到砖"变形记 / 032
五年级（辩一辩）：古城墙"拆"与"不拆" / 034
六年级（创一创）：再现"消失的城门" / 037

建筑——园林

一年级（认一认）："四大园林"我知道 / 042
二年级（说一说）：我是园林小导游 / 045
三年级（画一画）：手绘园林之美 / 048
四年级（写一写）：手书园林之韵 / 051
五年级（辩一辩）：东方美学与现代科技 / 053
六年级（创一创）：巧手创园林 / 056

建筑——民居

一年级（认一认）：苏式民居我来认 / 060
二年级（说一说）：话苏州名人故居 / 062
三年级（画一画）：绘平江路名人故居地图 / 065
四年级（写一写）：潘府里的故事 / 067
五年级（辩一辩）：古宅修旧如旧 or 活化利用 / 070
六年级（创一创）：我让古宅焕新颜 / 072

街巷——街

一年级（认一认）：山塘街的七只狸猫 / 076
二年级（说一说）："七里山塘"的传说 / 079
三年级（画一画）：制作山塘街吉祥物 / 082
四年级（写一写）："七狸"的山塘奇旅记 / 084
五年级（辩一辩）：辩山塘街和平江路的异同 / 087
六年级（创一创）：设计山塘街文创产品 / 090

街巷——路

一年级（认一认）：按图索"迹" / 096
二年级（说一说）：名人笔下的平江路 / 098
三年级（画一画）：手绘平江路 / 101
四年级（写一写）：品味四季平江 / 103
五年级（辩一辩）：原住民搬与不搬 / 106
六年级（创一创）：平江路 vlog / 108

街巷——巷

一年级（认一认）：平江九巷我来认 / 114
二年级（说一说）：平江九巷故事会 / 116
三年级（画一画）：平江九巷特色路牌设计 / 119
四年级（写一写）：畅想未来的平江 N 巷 / 121
五年级（辩一辩）：论平江九巷商业化的利弊 / 123
六年级（创一创）：制作平江九巷特色橡皮章 / 126

街巷——里

一年级（认一认）：认苏州里弄特色 / 130
二年级（说一说）：说迎晓里的故事 / 133
三年级（画一画）：涂鸦东升里 / 135
四年级（写一写）：里弄保护倡议书 / 138
五年级（辩一辩）：原住民生活 vs 外地客消费 / 140
六年级（创一创）：设计里弄建筑文创 / 143

匠艺——苏绣

一年级（认一认）：有趣的双面绣 / 148
二年级（说一说）：针尖上的艺术讲解员 / 150
三年级（画一画）：设计苏绣徽章纹样 / 152
四年级（写一写）：苏绣作品诞生记 / 155
五年级（辩一辩）：传统手工 vs 现代智能 / 158
六年级（创一创）：苏绣电子海报 / 160

匠艺——苏刻

一年级（认一认）：一团和气 / 164
二年级（说一说）：纸上的年味儿 / 166
三年级（画一画）：私人定制 / 168
四年级（写一写）：推广文案 / 170
五年级（辩一辩）：年画的困局 / 172
六年级（创一创）：年画重生记 / 174

匠艺——苏韵

一年级（认一认）：走近"百戏之祖" / 178
二年级（说一说）：唱响昆曲经典之声 / 180
三年级（画一画）：执彩手绘昆妆 / 183
四年级（写一写）：我给昆曲打广告 / 185
五年级（辩一辩）：当昆曲遇上流行乐 / 187
六年级（创一创）：昆曲角色变书签 / 189

匠艺——苏食

一年级（认一认）：食中有"苏"味 / 194

二年级（说一说）：美食分享小达人 / 196

三年级（画一画）：专属美食"快门" / 198

四年级（写一写）：笔下的家乡味 / 200

五年级（辩一辩）：月饼的咸与甜 / 202

六年级（创一创）：做苏式美食 / 204

习俗——时令节气

一年级（认一认）：知二十四节气 / 208

二年级（说一说）：探寻节气奥秘 / 210

三年级（画一画）：节气插画绘本 / 212

四年级（写一写）：诗意中的节气 / 215

五年级（辩一辩）：论古今节气价值 / 217

六年级（创一创）：设计节气桌游 / 220

习俗——传统节日

一年级（认一认）：猜猜传统节日 / 224

二年级（说一说）：传统节日知多少 / 226

三年级（画一画）：节日系列书签 / 228

四年级（写一写）：我在姑苏过个节 / 231

五年级（辩一辩）：传统节日是否应该商业化 / 233

六年级（创一创）：传统节日"保卫战" / 235

习俗——民众生活

一年级（认一认）："老苏州"的一天 / 240

二年级（说一说）：井与生活 / 242

三年级（画一画）：不时不食 / 244

四年级（写一写）：苏春识鲜记 / 247

五年级（辩一辩）：冬至祭祖该传承还是该摒弃 / 250

六年级（创一创）：新"九九消寒图" / 252

习俗——吴侬软语

一年级（认一认）：乡音识趣 ／256

二年级（说一说）：软语达人脱口秀 ／258

三年级（画一画）：妙笔绘吴侬 ／261

四年级（写一写）：诗韵创作营 ／264

五年级（辩一辩）：吴语是否要纳入学校课程 ／266

六年级（创一创）：吴音筑梦坊 ／269

建筑——古殿

一年级（认一认）

神奇的榫与卯

单元主题：建筑——古殿	项目名称：神奇的榫与卯	建议年级：一年级

项目描述：
　　古殿中的榫卯结构是一种传统的木结构连接方式。在这种连接方式中，榫是指两个相连的构件中，其中一个端部伸出一截的部分，也被称为"榫头"；而卯则是指另一个构件的顶部（端部）挖出的一个凹形口，也被称为"卯口"。当榫头插入卯口中时，就形成了榫卯结构。

任务：
　　看图片后，学生用自己的话说一说榫与卯。认出生活中的榫与卯。初步了解榫卯的连接方式。

核心素养： 　　文化理解与传承素养：文化理解、文化认同、文化践行。	关联学科： 　　语文、数学、综合实践活动。

项目目标：
　　1. 了解榫与卯结构的基本概念、历史渊源及其在古建筑和家具中的应用。
　　2. 通过观察、分析和比较，初步了解榫卯结构的构造原理和工作机制。
　　3. 通过观看视频、小组合作，走入榫卯世界，感知榫卯结构的奇妙，品味古建筑千年不倒的神奇。
　　4. 感受中华传统文化的独特之美，感知中华民族人民的伟大智慧，增强民族自豪感。

材料准备：
　　1. 榫卯结构的视频与图片、实物模型。2. 相关评价表。

作品表现方式：
　　寻找生活中的榫与卯，用拍照或画图的形式记录下来和大家分享。用自己的话说一说榫卯结构的连接方式。

第一课时：项目导入		
学生活动	教师活动	知识点（教学点）解析
1. 观看古殿、中式家具等相关图片和视频。特写镜头：榫卯结构。 2. 学生交流。 3. 学生了解榫卯结构的基本特征后交流分享。 预设（1）：榫卯结构作为中国传统木工艺，给我留下了深刻的印象。	1. 教师播放古殿、中式家具等图片与视频。特写镜头：榫卯结构。 2. 组织学生交流：同学们，你们知道图片中的结构叫作什么吗？你们在哪里看到过榫卯结构？你们知道什么是榫，什么是卯吗？	榫卯结构历史介绍： 　　榫卯结构是中国古代建筑、家具及其他器械的主要连接方式，其历史可以追溯到新石器时代。据考古发现，距今约7000年的浙江余姚河姆渡遗址，就出土了大量的木构榫卯。这表明，河姆渡人已经开始使用榫卯结构来建造房屋，即人们熟知的"干栏式建筑"。

续表

学生活动	教师活动	知识点（教学点）解析
预设（2）：榫卯结构体现了古人的智慧。 预设（3）：榫卯结构很牢固，可以和我们现在的钉子连接媲美。	3. 介绍榫卯结构的历史、结构、作用等知识。 4. 出示各类古殿的照片，聚焦榫卯结构，唤起学生生活中的记忆。 5. 发布任务：认一认榫卯结构。	随着历史的演进，榫卯结构得到了不断的发展和完善。在春秋战国时期，榫卯结构的应用从建筑发展到了家具中。秦汉时期，建筑主体的木构架日趋成熟，榫卯结构也随之发展，出现了榫卯砖、企口砖、楔形砖等。到了魏晋南北朝时期，由于民族大融合，各民族间的文化、经济等各方面的交流不断加深，这也促进了榫卯结构的快速发展。 隋唐时期，榫卯结构与家具和建筑同时进入发展鼎盛时期，高型家具迅速发展，木构建筑也更为精密坚实。榫卯结构是中国古代工艺文化的重要成就，它不仅体现了古人对于自然和材料的深刻理解，也展现了他们在建筑和家具设计方面的卓越智慧。

第二课时：项目实施1		
学生活动	教师活动	知识点（教学点）解析
1. 学生分组研究教师带来的榫卯结构模型。通过各感官感受、了解榫卯结构： 　手：摸一摸、掂一掂、做一做、记一记。 　脑子：想一想。 2. 学生认识图片中不同材质、不同形状的榫与卯。 3. 小组商量、汇总，思考榫与卯的基本特征。	1. 教师分发榫卯结构的模型，指导学生探究记录。 2. 教师指导学生汇总、整理记录的信息，引导学生用自己的话介绍榫与卯。	榫卯结构是一种实际应用的结构形式，它体现了力学和几何的原理，通过凹凸相扣的方式实现连接。这种连接方式无需一根钉子或任何胶水，仅凭木材自身的凹凸结构就能实现牢固的连接。这种精巧的结构设计，实际上是一种数学原理的应用，既展现了数学在实际应用中的魅力及重要性，也展现了榫卯结构作为中国传统工艺文化的独特魅力。

第三课时：项目实施2		
学生活动	教师活动	知识点（教学点）解析
1. 以小组为单位展示生活中不同材质、不同形状的榫卯结构。 2. 继续到生活的城市中寻找榫与卯。	1. 教师及时引导学生归纳出榫与卯的基本特征。 2. 引导学生感知榫卯结构的美观性、牢固性、多样性和承重性。	

续表

第四课时：项目成果展示和分享		
学生活动	教师活动	知识点（教学点）解析
1. 各小组轮流上台介绍展示自己搜集的榫卯结构。 2. 游戏：找找你的搭档。 3. 评选出游戏中的最佳表现奖。	1. 组织学生汇报，教师加以指导，介绍榫卯结构时要说清楚材质与形状以及如何契合，特别要说明白榫卯结构的神奇之处，表达出自己的真情实感。面向同学们时要大方得体，可以借助榫卯工具介绍。 2. 出示不同材质、不同形状的榫或者卯，引导学生找出对应的物品，与之连接，进一步告知其特性。 3. 统计票数，评选出游戏中的最佳表现奖。	介绍榫卯结构，充分锻炼学生的口语交际能力和语言组织能力，让学生在语言中感受榫卯结构的神奇与美。

项目评价：
1. 活动自评表。

评价内容	星级
认真参与每一次小组活动	☆☆☆☆
积极完成小组布置的任务	☆☆☆☆
清楚表达出自己所见所感	☆☆☆☆

2. 介绍榫卯结构评价表。

评价内容	教师评价	学生互评
说清楚榫与卯的基本特征	☆☆☆☆	☆☆☆☆
借助工具介绍榫卯结构	☆☆☆☆	☆☆☆☆
生动形象地介绍榫卯结构	☆☆☆☆	☆☆☆☆
人们听后留下深刻印象	☆☆☆☆	☆☆☆☆

项目成果：
　　寻找生活中的榫与卯，用拍照或画图的形式记录下来并和大家分享。

二年级（说一说）

古殿伴我成长

单元主题：建筑——古殿	项目名称：古殿伴我成长	建议年级：二年级

项目描述：
　　苏州古殿众多，如大成殿、三清殿、大雄宝殿等，这些古殿不仅是苏州的历史文化遗产，也是研究古代建筑和文化的重要载体。教师可以利用资源，引导学生开展"古殿伴我成长"的主题项目课程，让学生体会古殿的魅力，感知城市中现代与传统交相融合的面貌。

任务：
　　制作一款以古殿为主题的书签。学生根据收集到的素材，进行设计与制作，将城市中的古代标志性建筑、文化符号等元素融入书签设计中，并能借助书签设计，清楚、完整地说一说自己与古殿的故事。

核心素养： 　　1. 文化理解与传承素养：文化理解、文化认同、文化践行。 　　2. 合作素养：愿景认同、责任分担、协同共进。	关联学科： 　　语文、美术、劳动、综合实践活动。

项目目标：
　　1. 通过学习和了解古殿的历史和文化背景，对中国古代的建筑艺术及传统文化有更深入的认识和理解。
　　2. 通过口语交际的形式，借助书签说一说"古殿伴我成长"的故事，学会表达自己的所见所闻、所感所想。
　　3. 增强学生的文化自信，以自己生活的城市为荣并参与城市建设。

材料准备：
　　1. 古殿的视频、图片、文字资料。2. 相关评价表。

作品表现方式：
　　1. "我与古殿"书签。2. "古殿伴我成长"故事会。

第一课时：项目导入		
学生活动	教师活动	知识点（教学点）解析
1. 观看在古殿前举行入学礼的照片和视频。 2. 学生自由交流。 3. 小组讨论为什么要在古殿前举行入学礼或者重要活动。 4. 学生听完介绍分享感想。 预设（1）：观看了视频，我想起了参加"大成·启蒙"入学礼的情景。	1. 教师播放PPT（利用入学礼视频引入本课学习）。 2. 组织学生交流：同学们，第一次看到古殿，你们有何感受？古殿陪伴你们度过了哪些难忘的时光？ 3. 出示在古殿前举行重要活动的照片，唤起记忆。	古殿之一大成殿历史介绍：长洲县学大成殿，始建于明嘉靖二十年（1541），有将近800年的历史。清光绪八年（1882）重建；1994年和2000年进行过全面系统的大修；1998年被列为苏州市文物保护单位。

续表

学生活动	教师活动	知识点（教学点）解析
预设（2）：大成殿陪伴我度过了每天的校园生活。 预设（3）：我想说一说我与大成殿之间的故事。 预设（4）：我想把我和古殿的故事制作成书签。 5. 学生填写小组分工表。商量确定每位组员的任务、需要搜集的资料、完成各项工作的时间节点等。	4. 介绍大成殿的历史、人文、结构、作用等知识。 5. 发布任务：制作"我与古殿"的书签，并举行主题故事会。 6. 组织学生填写小组分工表。	书签最基本的功能就是标记阅读的进度，方便读者下次阅读时能够快速找到上次阅读的位置，继续阅读。同时独特、富有个性的书签能承载厚重的文化，传递信息。不同形状、材质的书签能给人留下深刻的印象。

第二课时：项目实施1

学生活动	教师活动	知识点（教学点）解析
1. 展示各类书签，品味书签的设计意图。 2. 通过小组讨论，每个小组确定自己所要制作的书签数量与样式。 3. 同学们说一说自己要在书签上加入哪些有关古殿的元素。 4. 小组商量、汇总，明确制作书签的主题及内容。	1. 教师和学生共同展示收集到的各类样式的书签，同时品味书签的设计意图。 2. 确定书签主题后，教师指导学生汇总、整理记录的信息，引导学生在所要制作的书签上加入不同的古殿元素。	学会将收集到的有关书签的信息进行分类汇总，从而在众多的书签样式中选出自己想要制作的书签样式，并加以创造。

第三课时：项目实施2

学生活动	教师活动	知识点（教学点）解析
1. 学生着手设计书签。 2. 小组组员相互帮助、相互学习，共同完成。 3. 如有现场就完成的书签，向同学们展示并修改。	1. 教师组织学生共同解决在设计书签中遇到的问题（书签设计的样式，要加入哪些文字、图案等）。 2. 学生绘制过程中教师适时引导：可以用特殊材质制作书签，比如植物叶片、轻型塑料等。	指导学生通过不同的方法制作书签，根据需要可以做一张，也可以做数张。

第四课时：项目成果展示和分享

学生活动	教师活动	知识点（教学点）解析
1. 各小组轮流上台展示设计的书签，交流本组书签的设计意图及背后的故事。 2. 相互评分。 3. 评选"最美书签"和"最佳故事"。	1. 讲述评比要求。 2. 组织学生汇报。 3. 组织评选"最美书签"和"最佳故事"。	以小组为单位上台讲一讲书签设计的含义和学生与古殿的故事。引导学生借助书签讲清楚故事的来龙去脉，充分锻炼学生的语言组织能力和口语表达能力。 通过制作书签、讲述故事的形式充分激发学生保护古殿的意识及热爱家乡之情。

续表

项目评价：
1. 活动自评表。

评价内容	星级
认真参与每一次小组活动	☆☆☆☆
积极完成小组布置的任务	☆☆☆☆
自己在小组活动中有进步	☆☆☆☆

2. 书签设计评价表。

评价内容	教师评价	学生互评
书签设计整体精美，有特色	☆☆☆☆	☆☆☆☆
构图合理、颜色饱满	☆☆☆☆	☆☆☆☆
能体现出设计者想讲的故事	☆☆☆☆	☆☆☆☆
让人们听了能留下印象	☆☆☆☆	☆☆☆☆

项目成果：
　　具有古殿元素的书签。

附：

小组分工责任表

分工内容	姓　　名
统筹安排、协调工作（组长）	
资料整理及汇总	
书签设计绘制	
讲述书签设计意图和相关故事	
备注	

古殿伴我成长

1. 分享一下你设计具有古殿元素书签的心得体会。

2. 写出书签背后故事的提纲。

三年级（画一画）

设计古殿名片

单元主题：建筑——古殿	项目名称：设计古殿名片	建议年级：三年级

项目描述：
　　城市古殿众多，本项目旨在让学生通过参观、采访，了解古殿，运用工具、材料和媒介，创作平面、立体或动态的古殿名片，并举行义卖活动，进行文化宣传。

核心素养：	关联学科：
1. 文化理解与传承素养：文化理解、文化认同、文化践行。 2. 创新素养：创新思维、创新实践。 3. 合作素养：愿景认同、责任分担、协同共进。	数学、美术、英语、劳动、综合实践活动。

项目目标：
　　1. 初步了解测量、比例缩放的基础知识，能够进行简单的测量和结构图绘制。
　　2. 了解古殿的历史变革及相关人物故事。
　　3. 运用工具、材料和媒介，创作平面、立体或动态的古殿名片，学会以视觉形象的方式与他人交流。

材料准备：
　　1. 制作名片的材料及相关工具。2. 相关评价表。

作品表现方式：
　　设计古殿名片、爱心义卖。

第一课时：项目导入		
学生活动	教师活动	知识点（教学点）解析
1. 学生小组内说一说自己与古殿的故事。 2. 小组代表发言，学生说一说自己所了解的古殿。有能力的同学尝试做一回古殿的"小导游"，参与情境模拟，向来宾介绍苏州的古殿。 3. 学生根据任务填写分工表。商量确定每位组员的任务、需要搜集的资料、各项工作完成的时间节点等。	1. 组织学生交流：同学们，城市的古殿给你们留下怎样的印象？你们能说说有关古殿的传说或者故事吗？ 2. 在学生发言的基础上，教师相机补充古殿的历史、人文、建筑结构等知识。 3. 出示名片，引导学生了解名片的大概样式。 4. 发布任务：用画一画的形式设计古殿的名片。最终，以"爱心义卖"的形式将同学们设计的名片售卖出去，并将售卖的善款捐赠给负责古殿维护维修的相关单位。	**大成殿介绍：** 　　现存长洲县学大成殿复建于清光绪八年（1882），面阔七间32米，进深17米，重檐歇山顶。特别是四周保存了数十棵古银杏树，更显得古朴庄严。该殿规模排在玄妙观三清殿、西园寺大雄宝殿、苏州府学大成殿之后，位居苏州第四。 **三清殿介绍：** 　　三清殿是玄妙观的正殿，重建于南宋淳熙六年（1179）。玄妙观三清殿为重檐歇山顶，面阔九间45.64米，进深六间25.25米，建筑面积约1153平方米，自台基底部至正脊鸱尾顶端通高约27米，总占地面积约1945平方米。玄妙观三清殿虽迭经修治，但

续表

学生活动	教师活动	知识点（教学点）解析
	5. 组织学生填写小组分工表。	保留宋制宋构尚多，其上檐内槽四缝六铺作重抄上昂斗拱为中国孤例。 名片介绍： 　　纸质名片最初只用于商务场合，代表着个人的形象，承载着商务信息。随着时代的发展，名片的应用更为广泛，形式更为丰富，从最初的色彩单一、大小固定、形状统一到如今个性十足的设计，充分体现出人们追求个性、想要展示自己的愿望。

第二课时：项目实施1

学生活动	教师活动	知识点（教学点）解析
1. 学生分组到古殿实地参观（完成任务单）。通过各感官感受、了解古殿。 　　手：摸一摸、写一写、画一画。 　　脚：量一量。 　　嘴：问一问。 　　耳朵：听一听。 　　脑子：想一想。 2. 学生记下自己感兴趣的地方或者有疑问的地方。 3. 回教室小组商量、汇总，明确名片设计的主题。 4. 讨论名片设计的要素。	1. 教师带领学生实地参观古殿。走一走、量一量古殿的外围有多长、有多宽、有多高，占地面积有多大。不用工具（米尺等）估算一下。 2. 指导学生完成学习任务单。 3. 回教室后，教师指导学生汇总、整理记录的信息，答疑解惑，引导学生初步确定古殿名片设计的风格。以画笔描绘出古殿大致的外观和建筑构造，有创意的学生可以在图纸中描绘出"我心中的古殿"，加入美术创意元素，让古殿在笔下焕发出新的光彩。 4. 引导学生知晓名片设计的要素。	名片设计要素：材质风格、色彩图片、文字信息、造型排版等。

第三课时：项目实施2

学生活动	教师活动	知识点（教学点）解析
1. 学生着手设计古殿名片。 2. 小组组员相互帮助，相互学习，合作完成。 3. 如有现场就完成设计的，向同学们展示并修改。	1. 教师组织学生共同解决学生在设计名片中的问题。（设计名片的注意事项：配色、构图等） 2. 在学生设计名片的过程中，教师根据学生能力适当提高制作要求，比如，可以利用视觉错觉设计会"动"的古殿名片，以立体名片的形式，从不同角度更直观地向游客们展示古殿的精美。	利用视觉错觉设计会"动"的古殿名片，有效地改变人对空间信息的接收，从而改变人和空间的交互感受。比如可以通过视觉错觉原理改变人感知到的方位、大小，在实际操作中要进行构图、裁剪、折叠、粘贴，才能呈现出更加美好精致的会"动"的古殿名片。

续表

第四课时：项目成果展示和分享		
学生活动	教师活动	知识点（教学点）解析
校内： 1. 各小组代表上台交流本组设计的古殿名片的含义及特色。 2. 相互评分。 3. 评选"最炫名片""最'古'名片""最精致名片"。 校外： 1. 布置场地。 2. 准备义卖名片。 3. 进行现场义卖。	1. 讲述评比要求。 2. 组织学生汇报。 3. 组织学生进行义卖。 4. 捐赠义卖善款。	组织学生到街巷摆摊义卖，有能力的学生可以尝试用英文向外国游客介绍苏州古殿的文化。 义卖技巧： 　1. 场地布置、宣传（广告）。 　2. 商品推销技巧。 　3. 服务态度。 分工如下： 　收银组、销售组、气氛组、宣传组、后勤组、机动组。收银组主要负责收款、找零；销售组负责推销商品；气氛组主管摊位前的演出展示，以吸引顾客；后勤组负责整理货物、打扫摊位；宣传组负责前期的宣传文案制作以及展板制作；机动组视情况及时去帮忙。学生以自己的方式将古殿的美展示给更多的人，让更多的人了解古殿，感受古人的智慧。

项目评价：
1. 活动自评表。

评价内容	星级
认真参与每一次小组活动	☆☆☆☆
积极完成小组布置的任务	☆☆☆☆
自己在小组活动中有进步	☆☆☆☆

2. "古殿名片"设计评价表。

评价内容	教师评价	学生互评
设计精美	☆☆☆☆	☆☆☆☆
构图精巧	☆☆☆☆	☆☆☆☆
颜色饱满	☆☆☆☆	☆☆☆☆
创意非凡	☆☆☆☆	☆☆☆☆

3. 义卖活动小组评价表。

评价内容	教师评价	学生互评
义卖现场热闹、气氛活跃	☆☆☆☆	☆☆☆☆
卖出的名片数量多	☆☆☆☆	☆☆☆☆
义卖中顾客满意度高	☆☆☆☆	☆☆☆☆

续表

项目成果：
1. 古殿名片。2. 义卖现场照片、视频。

附：

小组分工责任表

分工内容	姓　　名
统筹安排、协调工作（组长）	
资料整理及汇总	
名片设计	
名片绘制	
备注	

"设计古殿名片"任务单

导学：同学们，古殿陪伴我们学习成长，是中华传统文化的瑰宝，今天就让我们带着问题，和同学们一起游览、参观一下古殿。游览的时候记得用笔记录下你们看到的、听到的、想到的东西。游览结束后小组同学要整理材料，确定绘制名片的主题内容。

探古城之美　品古殿之韵

1. 请写出古殿在你心目中的印象。

2. 我设计的古殿名片。

四年级（写一写）

古殿发展导图

单元主题：建筑——古殿	项目名称：古殿发展导图	建议年级：四年级

项目描述：
　　古殿从最初的简单结构到后来的复杂形式，从单一功能到多功能结合，其发展历程充满了创新与变革。同时，古殿也是中国古代文化的重要载体之一。学生通过学习古殿的历史、文化、建筑美学等方面的知识，能深入了解中国传统文化的内涵和价值，拓展自身的历史文化视野，理解传统文化与社会的关系。

任务：
　　学生制作古殿发展导图，写一写古殿的"前世今生"。

核心素养： 　1. 文化理解与传承素养：文化理解、文化认同、文化践行。 　2. 合作素养：愿景认同、责任分担、协同共进。	关联学科： 　道德与法治、数学、综合实践活动。

项目目标：
　1. 了解古殿的起源、发展和变迁，掌握其在中国历史中的地位和作用，理解古殿所承载的文化内涵和价值。
　2. 通过学习古殿的建筑结构、材料、装饰等方面的知识，了解不同时期古殿的建筑特点和风格，感受其独特的艺术魅力。
　3. 引导学生制作古殿发展导图，写一写古殿的发展史，培养学生的研究能力、团队合作精神。

材料准备：
　1. 古殿发展的相关历史资料。2. 思维导图框架。3. 相关评价表。

作品表现方式：
　　手绘古殿发展导图及完成古殿发展史文稿。

第一课时：项目导入		
学生活动	教师活动	知识点（教学点）解析
1. 观看各个朝代的古殿照片。 2. 学生交流、小组讨论。 3. 学生浏览资料，讨论观看后的感想。 预设（1）：古殿的发展是一个历史悠久且不断演变的过程。	1. 播放有关古殿的视频，组织学生交流： （1）同学们，你们知道各个朝代的古殿在建筑上都有什么特点吗？ （2）你们知道古殿的演变主要受什么因素影响吗？ （3）你们了解苏州的各个古殿属于哪些朝代吗？	古殿的发展历史可以追溯到远古时代，经历了多个阶段的发展和演变。以下是古殿发展的简要概述： 　　原始阶段：在夏商时代，古殿建筑以土木结构为主，采用茅草盖顶、夯土筑基的方式构建。这一时期的建筑已经初步具备了轴线对称的布局，例如河南偃师二里头夏代宫殿遗址和河南安阳殷墟宫殿宗庙遗址。

建筑——古殿

续表

学生活动	教师活动	知识点（教学点）解析
预设（2）：古殿从最初的简单结构到后来的复杂形式，从单一功能到多功能结合。 预设（3）：古殿的最初形态可以追溯到远古时期，那时宫殿建筑多采用土木结构，形式相对简单。 预设（4）：宋元明清时期的宫殿建筑在技术和艺术上都达到了中国古代的巅峰。 4. 初步感知思维导图的模式。 5. 学生填写分工表。商量确定每位组员的任务、需要搜集的资料、完成各项工作的时间节点等。	2. 出示记录古殿发展历史的表格，形象直观地介绍古殿发展历史。 3. 引导学生感知思维导图的作用。 4. 发布任务：完成自己感兴趣古殿的发展导图及发展史文稿。	高台宫室阶段：到了春秋战国时期，古殿建筑开始盛行高台宫室的形式。这一时期的宫殿建筑采用夯土高台为基础，台上再建造木架建筑。这种建筑形式体现了复杂的体型组合，而不是简单的庭院式建筑。例如战国时期的齐国故都临淄和赵国故都邯郸的宫殿建筑。 宏伟前殿与宫苑结合阶段：秦汉时期，古殿建筑进入了一个新的阶段，以宏伟的前殿和宫苑相结合为特点。这一时期的宫殿建筑规模宏大，形式隆重，如秦朝的咸阳宫、阿房宫以及上林苑，汉朝的未央宫和建章宫等。 纵向布置"三朝"阶段：从隋朝开始，古殿建筑进入了纵向布置"三朝"的阶段。这一时期的宫殿建筑根据周礼制度，沿轴线纵向布置三朝五门，形成了严谨的建筑布局。例如隋朝的大兴宫、大明宫，以及后来的故宫等。 除了上述四个阶段，古殿的发展还可以以建筑学家吴良镛提出的"一宫""两进""三殿"三个时期来划分。这种划分方式以宫殿建筑的院落数量和功能布局为依据，从西周以前的一进院落，到西周出现的包含前朝与后寝的两进宫殿建筑，再到唐高宗时期出现的在中轴线上建设三组宫殿的三殿形式。总的来说，古殿的发展历史是一个不断演变和进步的过程，每个历史阶段都有其独特的特点和代表性建筑。这些建筑不仅体现了当时社会的政治、经济和文化发展水平，也为我们提供了宝贵的历史文化遗产。
第二课时：项目实施1		
学生活动	教师活动	知识点（教学点）解析
1. 学生说一说自己感兴趣的古殿的大致历史。 2. 确定本组要绘制的古殿发展导图。	1. 指导学生说一说古殿的大致历史，并进行修正。 2. 教师指导学生汇总、整理记录的信息，引导学生绘制自己感兴趣的古殿发展导图。	发展导图模块包含鱼骨图、树形图、泡泡图等。导图能清晰展示发展的时间节点和重要变革。

013

续表

第三课时：项目实施2		
学生活动	教师活动	知识点（教学点）解析
1. 学生着手绘制古殿发展导图。 2. 小组组员之间相互帮助、相互学习，不断修正、补充，逐步完成古殿发展史文稿。 3. 如有现场完成的，向同学们展示并修改。	1. 教师及时解决学生制作或者表达中的困惑。 2. 学生绘制过程中教师及时引导：可以用合适的思维导图形式呈现古殿发展的历史，也可以根据需要做创意表达。	

第四课时：项目成果展示和分享		
学生活动	教师活动	知识点（教学点）解析
1. 各小组轮流上台展示交流本组绘制的古殿发展导图。 2. 相互评分。 3. 评选出"最佳古殿发展导图""最美古殿发展史文稿"。	1. 组织学生汇报。 2. 组织学生相互评分。 3. 统计评分结果。	

项目评价：

1. 活动自评表。

评价内容	星级
认真参与每一次小组活动	☆☆☆☆
积极完成小组布置的任务	☆☆☆☆
自己在小组活动中有进步	☆☆☆☆

2. 古殿发展导图评价表。

评价内容	教师评价	学生互评
导图绘制清晰、精美	☆☆☆☆	☆☆☆☆
导图与文稿准确、完整	☆☆☆☆	☆☆☆☆
导图与文稿能体现出古殿的发展历史	☆☆☆☆	☆☆☆☆
让人们看（听）了一目了然	☆☆☆☆	☆☆☆☆

项目成果：

1. 古殿发展导图。2. 古殿发展史文稿。

五年级（辩一辩）

古殿修复的利与弊

单元主题：建筑——古殿	项目名称：古殿修复的利与弊	建议年级：五年级

项目描述：
　　古殿是历史文化遗产的重要组成部分，修复古殿有助于历史信息的传承。修复后的古殿可以作为教育和研究的场所，让更多人了解历史和文化，增强民族认同感和文化自信心。

任务：
　　古殿的建筑风格和结构往往独特且复杂，修复过程中需要修复人员具有高度专业的知识和技术，例如了解特定的建筑材料、构造方式或装饰手法。此外，古殿修复还需要大量的资金投入等。基于此，本项目设计了"古殿修复的利与弊"辩论赛，引导学生辩一辩修复古殿的利与弊。

核心素养：	关联学科：
1. 文化理解与传承素养：文化理解、文化认同、文化践行。 2. 审辩思维：质疑批判、分析论证、综合生成。	语文、数学、综合实践活动、道德与法治。

项目目标：
1. 了解辩论赛的目的、基本原则与过程，锻炼学生的思维反应能力和语言表达能力。
2. 初步了解古殿修复的知识，激发学生保护古建筑的意识。
3. 通过多方面的探讨和学习，学生能够全面了解和认识古殿修复的利与弊，培养他们的批判性思维、环保意识和社会责任感。

材料准备：
1. 古殿修复的相关资料。 2. 相关评价表。

作品表现方式：
　　"古殿修复的利与弊"主题辩论赛。

第一课时：项目导入		
学生活动	教师活动	知识点（教学点）解析
1. 观看古殿修复的相关资料。 2. 学生表达观看后的感想并围绕问题交流。 3. 学生围绕主题确定自己对古殿修复的观点，根据论点收集有关的材料准备辩论赛。	1. 教师出示古殿修复的相关资料（利用古殿修复的视频和照片引入本课学习）。 2. 组织学生交流：同学们，你们了解古殿修复工程吗？你们见过修复后的古殿吗？你们知道修复古殿要用到哪些技术吗？ 3. 介绍古殿修复的典型事例。	古殿修复历史介绍：古殿修复必须在尊重原来材料、原始状态和有可靠的纪录档案的基础上进行。 文物修复的理念：对文物实体运用多学科的知识，研究其历史、艺术和科学价值，进行物质组成及保存状况的研究。利用传统和现代技术按程序和修复原则进行文物修复介入，保护其固有价值的完整性和科学性，并寻求各类文物的最佳保存环境，以达到使文物长期保存的目的。

续表

学生活动	教师活动	知识点（教学点）解析
	4. 发布任务：学生分为正、反方两个阵营，准备相关论据，就古殿修复的利与弊辩一辩。	古殿修复利弊参考：（1）修复的古殿能够吸引游客，促进当地旅游业的发展，带动经济增长；（2）古殿修复过程中涉及的传统建筑技艺和材料可以得到传承和应用，有助于保持传统工艺的活态传承；（3）古殿修复需要投入大量的人力、物力和财力，可能给当地政府或相关机构造成经济负担；（4）过度修复古殿，可能会破坏古殿的历史真实性和原貌，使其失去原有的历史价值。

第二课时：项目实施1

学生活动	教师活动	知识点（教学点）解析
1. 学生以正、反方为阵营，分别整理课前收集的论据。 2. 学生观看辩论赛视频，了解辩论赛的规则。 3. 学生进行分组，先在组内进行模拟辩论赛。	1. 教师指导学生整理论据，带领学生了解辩论赛的规则。 2. 组织学生做好模拟辩论赛的准备。	辩论赛中的口语交际是非常重要的一环。在辩论中，除了要拥有扎实的论点和论据，还需要具备良好的口语表达能力，以便能够清晰、准确地传达自己的观点，并有效地应对对手的质疑和挑战。辩论赛要求参赛者具备以下几个方面的能力： 　清晰明了的表达能力：参赛者要清晰、准确地表达自己的观点，避免使用模糊、含糊不清的语言，要使听众能够迅速理解自己的立场和论据。 　灵活应变的反应能力：在辩论中，对手可能会提出各种质疑和挑战，参赛者要能够迅速反应，进行有针对性的回应，维护自己的论点。 　富有感染力的演讲技巧：参赛者要掌握一定的演讲技巧，如语调、语速、肢体语言等，以吸引听众的注意力，增强自己的说服力。 　善于倾听的沟通能力：在辩论中，参赛者不仅需要善于表达，还需要善于倾听。只有了解对手的观点和论据，才能更好地进行反驳和应对。

第三课时：项目实施2

学生活动	教师活动	知识点（教学点）解析
1. 学生开展"古殿修复的利与弊"主题辩论赛。	1. 教师作为裁判维护辩论赛现场的秩序。	辩论精神是辩论活动中所体现的一种精神追求和价值观，它涵盖了多个方面。

续表

学生活动	教师活动	知识点（教学点）解析
2. 按照辩论赛流程进行以下步骤： 　　主持人开场：主持人宣布比赛开始并介绍比赛的主题、辩题、参赛队伍和评委。 　　立论阶段：正、反双方的一辩分别陈述自己的观点。 　　攻辩阶段：正、反双方的二辩或三辩进行一对一的攻辩，双方交替进行。 　　自由辩论阶段：正、反双方辩手交替发言，针对对方的观点和论据进行辩论。 3. 学生评委进行现场投票。	2. 在辩论的过程中，教师提醒学生评委要进行公平公正的投票。	首先，辩论精神强调全面、客观，讲事实、有证据。这意味着辩手在辩论过程中应该以全面、客观的态度去分析和评价问题，以事实和证据为依据来支持自己的观点。 其次，辩论精神注重独立、担当。辩手应该独立思考，勇于表达自己的观点，不盲从、不附和。同时，他们还需要具备担当精神，对自己的观点和论据负责，敢于面对质疑和挑战，不回避、不推卸责任。 此外，辩论精神也包含团队精神。在团队辩论中，辩手需要相互协作、密切配合，形成强大的团队合力。他们应该尊重队友、信任队友，共同为团队的胜利而努力。

第四课时：项目成果展示和分享

学生活动	教师活动	知识点（教学点）解析
班级： 1. 学生评委给正、反方投票。 2. 评委对辩手的表现进行评分，主持人宣布比赛结果。 3. 评选"最佳辩手""最高人气辩手"。 年级： 选出正、反方的优秀辩手参与五年级"古殿修复的利与弊"主题辩论赛。	1. 组织学生评委投票。 2. 教师宣布比赛结果。 3. 组织学生参与年级辩论赛。	

项目评价：
1. 活动自评表。

评价内容	星级
认真参与每一次小组活动	☆☆☆☆
积极完成小组布置的任务	☆☆☆☆
自己在小组活动中有进步	☆☆☆☆

续表

2. 辩论表现评价表。

评价内容	教师评价	学生互评
语言表达流畅	☆☆☆☆☆	☆☆☆☆☆
论证逻辑严密	☆☆☆☆☆	☆☆☆☆☆
论据充分合理	☆☆☆☆☆	☆☆☆☆☆
观众听后留下深刻印象	☆☆☆☆☆	☆☆☆☆☆

项目成果：
"古殿修复的利与弊"主题辩论赛。

附：

"古殿修复的利与弊"主题辩论赛相关资料

辩论内容	正方观点	反方观点
古殿修复的重要性	1. 恢复古建筑的原有价值，传承历史文化遗产。2. 保护古建筑免受自然和人为破坏。	1. 修复费用高昂，可能造成资源浪费。2. 修复后的古建筑可能失去原有的历史和文化价值。
修复技术	1. 高质量的修复技术可以恢复古建筑的原有外观和结构。2. 现代修复技术可以更好地保护古建筑免受有害物质的侵害。	1. 传统修复技术更适合古建筑的特点。2. 过度依赖现代技术可能破坏古建筑的原有价值。
修复费用与资金来源	1. 国家、地方政府和社会组织应承担修复费用。2. 个人和企业也应该承担一部分修复费用。	1. 政府应承担主要的修复费用，以确保文化遗产的保护。2. 个人和企业可以通过捐赠等方式支持古建筑的修复工作。
社会影响与教育意义	1. 古殿修复可以增强公众对历史文化的认识和尊重。2. 修复过程可以为年轻人提供学习历史和建筑知识的机会。	1. 应关注修复过程中可能出现的社会问题和争议。2. 应考虑如何通过教育等方式解决这些问题。

 六年级（刨一刨）

古殿建筑模型

单元主题：建筑——古殿	项目名称：古殿建筑模型	建议年级：六年级

项目描述：
　　古殿建筑模型通常指的是以中国古代宫殿建筑为原型，按照一定比例缩小制作的模型。这些模型通常用于展示、研究或教学，能帮助人们更好地了解中国古代宫殿建筑的构造和特点。除了外观和结构，古殿建筑模型还可能包括一些细节元素，如人物、家具、装饰等，以展示宫殿内部的生活场景和文化氛围。

任务：
　　学生制作古殿建筑模型，通过动手实践，锻炼自己的动手能力和创意思维，提升综合素质，从而深入理解古殿的建筑特色和文化内涵。

续表

核心素养： 　　1. 文化理解与传承素养：文化理解、文化认同、文化践行。 　　2. 创新素养：创新思维、创新实践。	关联学科： 　　语文、数学、英语、美术、劳动。

项目目标：
　　1. 通过制作古殿建筑模型，学生可以深入了解古代建筑的历史背景、文化意义和艺术价值，培养自己的文化素养和审美能力。
　　2. 提高学生动手能力和创造力，激发他们的创造力和想象力。
　　3. 培养学生的观察能力和美感，提高他们的审美水平和艺术鉴赏能力。

材料准备：
　　1. 古殿建筑的照片、视频。2. 制作古殿建筑模型的材料和工具。3. 相关评价表。

作品表现方式：
　　制作古殿建筑模型、举办古殿建筑模型展览会。

第一课时：项目导入

学生活动	教师活动	知识点（教学点）解析
1. 观看苏州古殿的照片和视频。 2. 观看各类模型的制作过程。 3. 观看匠人制作古殿建筑模型的视频，学生讨论观看后的感想。 预设（1）：制作古殿建筑模型是一项需要耐心和技巧的任务。 预设（2）：我们可以先研究古殿的历史背景、建筑特点和风格，然后确定其比例、制作尺寸、制作材料等。 预设（3）：我们要根据设计，开始制作模型的基本结构。 4. 学生填写分工表。商量确定每位组员的任务、需要搜集的资料、完成各项工作的时间节点等。	1. 教师播放古殿的照片、视频（利用照片、视频引入本课学习）。 2. 组织学生交流：同学们，你们有制作模型的经验吗？你们准备如何制作古殿建筑模型？ 3. 出示制作古殿建筑模型的过程，介绍制作古殿建筑模型的相关知识，引导学生学习制作古殿建筑模型。 4. 发布任务：制作古殿建筑模型并举行展览会。	古殿建筑模型历史介绍： 　　古殿建筑模型的历史可以追溯到古代，当时人们为了模拟和展示宫殿建筑，会制作缩小版的模型。这些模型通常用于宗教仪式、庆典活动或作为皇家的玩物。最早的古殿建筑模型是用木材、泥土或其他易得的材料制作而成的，它们虽然简单，但已经具备了古殿的基本特征。 　　随着时间的推移，古殿建筑模型逐渐发展并变得更加精致和复杂。人们开始使用更高级的材料，如象牙、玉石、金属等来制作模型。这些模型不仅尺寸更小，而且细节更加逼真，能够准确地再现古殿的外观和内部结构。 　　到了现代，古殿建筑模型已经成为一种艺术形式和文化遗产。人们使用先进的材料和制作技术，制作出了更加逼真、精细的模型。这些模型不仅用于展示和教学，还常常被收藏家们珍视和收藏。

续表

第二课时：项目实施1		
学生活动	教师活动	知识点（教学点）解析
1. 学生分组到自己感兴趣的古殿实地参观（完成学习任务单）。通过各感官感受、了解古殿建筑特征。 　手：摸一摸、写一写、画一画。 　脚：量一量。 　耳朵：听一听。 　脑子：想一想。 2. 学生记下自己感兴趣的地方。 3. 回教室小组商量、汇总，明确制作古殿建筑模型的步骤。 4. 学生记下自己觉得模型制作最难的部分，小组商讨如何攻克。	1. 教师带领学生参观古殿，指导学生完成学习任务单。 2. 回教室后，教师指导学生汇总、整理记录的信息，引导学生初步确定制作古殿建筑模型的材料、分工和步骤。	以画笔描绘出古殿大致的外观和构造，依据所绘制的图纸确定制作模型的材质、比例和呈现要素等。

第三课时：项目实施2		
学生活动	教师活动	知识点（教学点）解析
1. 学生着手设计古殿建筑模型。 2. 小组组员相互帮助、相互学习，合作完成。 3. 如有现场就完成的，向同学展示并根据建议修改。	1. 教师组织学生共同探讨在设计模型中的问题（设计模型的注意事项：构图、搭建等）。 2. 学生设计古殿建筑模型的过程中教师及时引导：可以设计不同材质的古殿建筑模型，向游客们展示古殿不同的美。	结合数学学科的相关知识，确定模型的比例和尺寸，这通常取决于制作目的和可用空间。古殿通常具有复杂的结构和丰富的细节。在设计模型时，根据需要尽可能准确地再现古殿独有的特点。 古殿建筑模型制作需要选择合适的材料。材料的选择应该根据模型的尺寸、用途、预算等因素进行综合考虑。合理运用科学技术手段制作模型。现代科技手段为古殿建筑模型的制作提供了更多可能性。例如，3D打印技术可以用于制作模型复杂的细节部分，使模型更加逼真；CAD等设计软件可以用于模型的设计和制作过程中的辅助；虚拟现实技术可以用于模型的展示和互动等。这些科技手段的运用，可以提高模型制作的效率和精度，增强模型的真实感和互动性。

续表

第四课时：项目成果展示和分享		
学生活动	教师活动	知识点（教学点）解析
1. 各小组代表上台展示本组设计的古殿建筑模型。 2. 相互评分。 3. 评选"最炫模型""最真模型""最佳展位"。	1. 讲述评比要求。 2. 组织学生汇报。 3. 组织学生围绕主题进行布展，举办展览会。	举办展览会要点： 1. 确定主题，设计展览会海报。 2. 确定地点，规划展位布局。 3. 确定展品，选择展示道具。 4. 确定平台，扩大展览会影响。

项目评价：
1. 活动自评表。

评价内容	星级
认真参与每一次小组活动	☆☆☆☆
积极完成小组布置的任务	☆☆☆☆
自己在小组活动中有进步	☆☆☆☆

2. 古殿建筑模型评价表。

评价内容	教师评价	学生互评
模型外观精美细致	☆☆☆☆	☆☆☆☆
模型比例合理、颜色饱满	☆☆☆☆	☆☆☆☆
突出古殿建筑的特点	☆☆☆☆	☆☆☆☆
让人们看了能留下印象	☆☆☆☆	☆☆☆☆

3. 展览会活动小组评价表。

评价内容	教师评价	学生互评
展览会现场热闹、气氛活跃	☆☆☆☆	☆☆☆☆
展品陈列数量多	☆☆☆☆	☆☆☆☆
展览会观众点赞量大	☆☆☆☆	☆☆☆☆

项目成果：
　　古殿建筑模型的照片及展览会现场的照片、视频等。

附：
古殿建筑模型研究任务单

导学：同学们，生活在千年古城，相信我们对古殿有了一些了解。今天让我们带着问题，一起游览、参观古殿。游览的时候记得用笔记录下你们看到的、听到的、想到的东西。游览结束后小组同学要整理材料，确定要制作的古殿建筑模型的内容。

研究内容	记录内容（写一写、画一画）
看一看 （外观、材质、高度、长度）	
听一听 （古殿的历史、人文）	
问一问 （你最想了解的古殿知识）	
想一想 （设计古殿建筑模型所用的材料、工具和步骤）	

展览会小组分工责任表

分工内容	姓　名
统筹安排、协调工作（组长）	
古殿建筑模型的收集、整理	
古殿建筑模型的展位布置	
古殿建筑模型的现场讲解	
备注	

建筑——城墙

一年级（认一认）

参观城墙博物馆

单元主题：建筑——城墙	项目名称：参观城墙博物馆	建议年级：一年级

项目描述：
　　苏州拥有2500余年建城史，15千米长的古城墙是苏州城历史文明的见证，苏州城墙不仅宏伟壮丽，而且创造了"亚"字形的平面布局和每门辟水陆两座城门的独特结构，成为一道独特的风景线，具有极高的文化和学术价值。苏州城墙博物馆位于苏州相门段城墙南段城墙的中空部位。苏州城墙博物馆展陈区包括上、下两层，面积近1400平方米，分"序厅""城纪千年""城门故事""城里城外""城头记忆""城墙复现"六个展厅，展示了苏州城墙的历史变迁和考古成果。

任务：
　　参观城墙博物馆，了解苏州城墙的历史、认识苏州的八大城门，认识水陆城门、知道水陆城门的原理和作用等，和城墙一起合个影吧！

核心素养： 1. 文化理解与传承素养：文化理解。 2. 沟通素养：有效表达。	关联学科： 道德与法治、语文。

项目目标：
　　1. 通过参观学习，能初步了解城墙的作用、历史、结构等。
　　2. 培养学生对历史文化遗产的认知和尊重，感受姑苏的文化魅力，以自己的家乡为荣。

材料准备：
　　1. 苏州城墙的视频、图片。2. 相关评价表。

作品表现方式：
　　我和城墙合个影。

第一课时：项目导入			
学生活动		教师活动	知识点（教学点）解析
1. 观看苏州旧时城墙的照片。 2. 学生交流、小组讨论： （1）城墙在古时候的作用是什么？ （2）照片中的城墙叫什么名字？ （3）它在哪里？ 3. 观看苏州旧时城墙的视频。		1. 教师播放城墙的视频或图片。 2. 组织学生交流。 3. 介绍城墙博物馆（PPT、视频介绍）。 4. 发布任务：和城墙一起合个影（参观苏州城墙博物馆，认识苏州古城墙和水陆城门）。	城墙的作用：城墙是农业社会统治者进行整治控制和军事防御的重要屏障。 苏州城墙发展阶段：土城墙、砖头城墙、增女墙、瓮城。

续表

第二课时：项目实施1		
学生活动	教师活动	知识点（教学点）解析
1. 实地参观城墙博物馆。 2. 听导游解说。 3. 小组活动，讨论交流有哪些收获。	1. 组织学生参观。 2. 组织学生讨论。	苏州城墙博物馆位于苏州相门城墙文化休闲景区内，展区分为上、下两层，集中展示了苏州各个历史时期城墙的形成历史和发展历程。通过具有代表性的考古文物，展示了苏州2500余年的城墙史。
第三课时：项目实施2		
学生活动	教师活动	知识点（教学点）解析
1. 学生利用双休或节假日，到苏州城门走一走、看一看。 2. 找一座自己最喜欢的城门合影。	组织学生活动。	苏州始建于公元前514年，距今已有2500多年历史。这要从春秋始建的阖闾城说起。据唐代《吴地记》，阖闾城有八座水陆城门，城东为相门（匠门）、娄门（䣹门），城西为阊门（破楚门）、胥门（姑胥门），城南为盘门（蟠门）、蛇门，城北为平门（巫门）、齐门（望齐门）。
第四课时：项目成果展示和分享		
学生活动	教师活动	知识点（教学点）解析
1. 学生展示与城门的合照，说说城门的名称，为什么会选择与这座城门合影，还了解了哪些有关苏州城墙、城门的故事。 2. 学生相互学习，补充有关城门的知识。	1. 组织学生汇报。 2. 组织学生交流。	

项目评价：
"城墙知识我知晓"评价表。

评价内容	星级
参观了城墙博物馆我有很多收获，知道了3~5点有关城墙的知识	☆☆☆☆
我能说出苏州城门的名字以及它们的方位	☆☆☆☆
我认识了水城门，知道了水城门的作用	☆☆☆☆

项目成果：
　　学生与城墙的合影。

附：
城墙博物馆寻宝记

导学：同学们，你们知道吗？在苏州城墙博物馆里藏着三件镇馆之宝，让我们到博物馆里去找一找吧！请同学们把找到的"宝贝"画下来，并向你们的家人介绍一下。

宝贝名称	画一画
战国 夯土（筑土城墙）	
汉代 水城门	
汉代 水门门臼	

 二年级（说一说）

伍子胥与苏州古城的故事

单元主题：建筑——城墙	项目名称：伍子胥与苏州古城的故事	建议年级：二年级
项目描述： 　　苏州古城的历史要追溯到春秋时期。是谁创建了这座古城呢？他就是从楚国逃难到吴国的伍子胥。靠政变上台的阖闾夺位以后重用了这位曾经帮他出谋划策的楚国将军。伍子胥当上大夫后，做的第一件事情就是率领国人修筑了阖闾大城，今天苏州当地人戏称伍子胥为"苏州城第一任城建部部长"。		
任务： 　　伍子胥与苏州古城又有哪些渊源？他与苏州古城还有哪些故事？他为古城还做了哪些贡献？学生通过自己动手收集材料、整合信息，说一说伍子胥与苏州古城的故事。		
核心素养： 1. 文化理解与传承素养：文化认同。 2. 沟通素养：大胆表达。		关联学科： 道德与法治、语文、综合实践活动。
项目目标： 1. 知道伍子胥及苏州古城的一些历史；能用自己的语言较流畅、较完整地讲述伍子胥与苏州古城的故事。 2. 培养学生对历史文化遗产的认知和尊重，感受姑苏文化的魅力，以自己的家乡为荣。		
材料准备： 1. 伍子胥与苏州的影像资料。2. 相关评价表。		

建筑——城墙

续表

作品表现方式：
说说伍子胥与苏州古城的故事。

第一课时：项目导入		
学生活动	教师活动	知识点（教学点）解析
1. 学生观看视频。 2. 学生交流、小组讨论： （1）你们知道视频中的人是谁吗？ （2）你们还知道哪些和伍子胥有关的故事？ （3）看完视频你们有什么疑惑吗？可以提出来大家一起交流。 3. 自由组队，完成小组分工表，商量活动事宜。	1. 教师播放伍子胥与苏州的影像资料。 2. 组织学生交流。 3. 介绍伍子胥与苏州的故事。 4. 发布任务：本月我们要认识一位对苏州有重大贡献的名人——伍子胥。请同学们通过自己动手收集材料、整合信息，最后说一个关于伍子胥与苏州古城的故事。	伍子胥（？—前484），春秋末期吴国大夫、军事家、谋略家。伍子胥是古代水战兵法的开创者，在中国兵学史上具有重要地位，代表作品有《水战兵法》。伍子胥对苏州的水利建设做出了巨大贡献，主持开挖了人工运河胥江，既避免了吴地的水患，又便利了当地的漕运和灌溉，对当地百姓的生计发展有着重大意义。

第二课时：项目实施1		
学生活动	教师活动	知识点（教学点）解析
1. 组内学生将收集的资料进行交流。 2. 小组之间互相交流。 3. 确定要讲的故事主题。	1. 组织小组交流。 2. 组织学生讨论、评议，教师补充。	一夜白头，投奔吴国； 专诸刺王僚，阖闾登王位； 建造姑苏城，开凿大运河； 胥口、胥江、胥门和苏州端午。

第三课时：项目实施2		
学生活动	教师活动	知识点（教学点）解析
1. 学生小组内讲述伍子胥与苏州古城的故事。 2. 小组成员互相点评。 3. 根据提出的意见进行修改。 4. 小组内推选最佳故事。	1. 组织学生分小组讲述，要求声音响亮，语言流畅，讲清故事的前因后果。 2. 指导学生互相评价。 3. 指导学生进行修改。	

第四课时：项目成果展示和分享		
学生活动	教师活动	知识点（教学点）解析
1. 各小组代表轮流上台讲述伍子胥与苏州古城的故事。 2. 相互评分。 3. 评选"全场最佳故事""故事大王"。	1. 组织学生汇报交流（汇报要点：上台讲故事要注意仪态，大胆自信地表达；讲清伍子胥与苏州故事的来龙去脉）。 2. 组织学生互相评分。 3. 为"全场最佳故事"和"故事大王"颁奖。	

续表

项目评价：
1. 活动自评表。

评价内容	星级
积极参加小组的讨论和交流	☆☆☆☆
主动参与资料收集	☆☆☆☆
整个活动让我收获满满	☆☆☆☆

2. 讲故事评价表。

评价内容	教师评价	学生互评
声音响亮，仪态大方	☆☆☆☆	☆☆☆☆
故事内容完整、清楚	☆☆☆☆	☆☆☆☆
讲得有声有色、吸引人	☆☆☆☆	☆☆☆☆

项目成果：
  伍子胥与苏州古城的故事。

 三年级（画一画）

手绘城墙明信片

单元主题：建筑——城墙	项目名称：手绘城墙明信片	建议年级：三年级

项目描述：
城墙是古代军事防御设施，是由墙体和其他辅助军事设施构成的军事防线。具有2500多年历史的苏州有八大城门，城墙气势宏伟，城楼巍峨壮丽，登上城墙可俯瞰姑苏古城与苏州新城。

任务：
通过观察城墙外观，了解城墙作用、结构和周围环境，设计并手绘城墙明信片，将城墙这一古城特色地标以明信片的形式介绍给更多人认识。

核心素养： 　1. 文化理解与传承素养：文化践行。 　2. 创新素养：创新实践。 　3. 合作素养：责任分担。	关联学科： 　语文、数学、美术、英语。

项目目标： 　1. 了解城市中的城墙历史变革及相关人物故事，以自己的家乡为荣。 　2. 能运用传统或现代的工具、材料和媒介，创作平面、立体或动态等表现形式的书信作品，表达自己的所见所闻、所感所悟。

续表

材料准备：
  1. 城墙介绍视频。2. 相关评价表。

作品表现方式：
  手绘城墙明信片。

第一课时：项目导入		
学生活动	教师活动	知识点（教学点）解析
1. 观看视频。思考：这段视频围绕哪个主题？ 2. 交流、小组讨论：这段视频围绕城墙展开，请同学们辨认它们分别是哪些地方的城墙。 3. 学生交流有关城墙的知识。 4. 学生填写小组分工表。商量确定每位组员的任务、需要搜集的资料、各项工作的时间节点等。	1. 教师播放城墙介绍视频。 2. 组织学生交流。 3. 在学生了解城墙知识的基础上适当介绍城墙的历史、人文、结构、作用等。 4. 发布任务：手绘城墙明信片。 5. 组织学生填写小组分工表。	苏州城墙博物馆位于相门城楼之下，该馆详尽展示了苏州城墙的历史文化。

第二课时：项目实施1		
学生活动	教师活动	知识点（教学点）解析

1. 学生到自己感兴趣的城墙实地参观（完成学习任务单）。通过各感官感受、了解城门和城墙。
  手：摸一摸、掂一掂、记一记、写一写。
  脚：量一量。
  耳朵：听一听。
  脑子：想一想。
2. 学生记下自己感兴趣的地方。
3. 回学校小组讨论、汇总，明确绘制明信片的主题。
	1. 教师带领学生分组参观，指导学生记录，特别关注城墙的外形、构造、材质等。
	2. 回校后，教师指导学生汇总、整理记录的信息，引导学生从不同方面确定绘制明信片的主题。
		走一走城墙，用脚步量一量城墙有多宽，摸一摸城墙的墙砖，用手或直尺量一量它的长、宽。再估算一下，一面墙可能有多少块墙砖。
		用手摸一摸墙砖，感受材质。掂一掂一块砖有多重。想象古时搭建城墙的场景。

第三课时：项目实施2		
学生活动	教师活动	知识点（教学点）解析
1. 学生根据商定的主题绘制明信片。 2. 小组组员分工合作、相互帮助。 3. 完成绘制后，小组成员相互评价并进行修改。	1. 教师及时指导学生解决绘制中的问题，如：画图中的比例、结构、配色等。 2. 学生绘制过程中教师及时引导：可以从不同角度、不同方位表现城墙。也可以	手绘城墙明信片主要包括以下几个阶段： 基础构图：首先，在硬板纸画出一个长方形作为明信片的基本轮廓。构建明信片的基本框架后勾画城墙轮廓。

续表

学生活动	教师活动	知识点（教学点）解析
4. 推选讲解员。	用英文形式制作城墙明信片，让外国人也更了解城墙。	细节描绘：根据比例完成城墙主体后，可以进行细节的描绘，进一步体现出城砖特性。其余部分可以根据个人喜好和创意进行发挥。 色彩填充：在细节描绘完成后，可以进行色彩填充，让明信片更加生动。 完成绘画：选择与主体物颜色相协调的颜色进行点缀，以增强视觉效果。

第四课时：项目成果展示和分享

学生活动	教师活动	知识点（教学点）解析
1. 各小组轮流上台讲述本组明信片的设计意图和画面构造。 2. 小组间相互评分。 3. 评选"最具特色明信片""最高人气明信片"。	1. 讲述评比要求。 2. 组织学生汇报。 3. 组织评选活动。	

项目评价：
1. 活动自评表。

评价内容	星级
认真参与每一次小组活动	☆☆☆☆
积极完成小组布置的任务	☆☆☆☆
自己在小组活动中有进步	☆☆☆☆

2. 明信片设计评价表。

评价内容	教师评价	学生互评
明信片整体设计精美	☆☆☆☆	☆☆☆☆
构图合理、颜色饱满	☆☆☆☆	☆☆☆☆
凸显城墙特点	☆☆☆☆	☆☆☆☆
让人们看了能留下印象	☆☆☆☆	☆☆☆☆

项目成果：
　　城墙明信片。

附：

城墙研究任务单

导学：同学们，经过上周的学习，我们对苏州城墙有了一些了解。今天让我们带着问题一起游览城墙。游览的时候记得用笔记录下你们看到的、听到的、想到的东西。游览结束后小组同学要整理材料，确定绘制明信片的主题内容。

研究内容	记录内容（写一写、画一画）
看一看 （城墙的外观、材质、高度、长度，以及周围环境）	
摸一摸 （城砖的触感）	
听一听 （城墙的名字由来、历史变革、作用）	
想一想 （城墙明信片的创新之处）	

明信片绘制小组分工表

分工内容	姓　　名
统筹安排、协调工作（组长）	
资料整理及汇总	
明信片设计	
明信片绘制	
介绍文稿设计	
讲解员	
备注	

四年级（写一写）

"土到砖"变形记

单元主题：建筑——城墙	项目名称："土到砖"变形记	建议年级：四年级
项目描述： 　　古代城墙是一道高大、厚实的屏障，能够有效地保护城池和人们的安全。其中，夯土墙是古代城墙建造中极为常见的结构之一。一段城墙代表着一段历史，一块城墙砖的背后隐藏着讲不完的故事。		
任务： 　　学生通过对苏州古城墙的深度学习，用写作的形式展现城墙砖从土到砖的变迁。		
核心素养： 　1. 文化理解与传承素养：文化理解。 　2. 审辩思维：综合生成。 　3. 创新素养：创新实践。	**关联学科：** 　　语文、科学、综合实践活动。	
项目目标： 　1. 初步了解苏州城墙砖的演变过程及相关人物故事，感受古人的智慧。 　2. 积累资料中的优美词语、精彩句段以及在课外阅读和生活中获得的语言材料，并把收集到的信息写成有关城墙砖的作文。		
材料准备： 　1. 城墙砖、介绍夯土砌墙的视频。2. 相关评价表。		
作品表现方式： 　　写城墙砖从土到砖的演变过程。		

第一课时：项目导入

学生活动	教师活动	知识点（教学点）解析
1. 学生相互传阅、仔细观察城墙砖，交流感受。 2. 学生讨论：城墙砖有什么作用？夯土是什么？ 3. 学生认真观看并交流、讨论。 4. 学生记录任务，制定研究方向和方案。	1. 出示城墙砖实物并提问：你们知道城墙砖的作用吗？ 2. 播放夯土砌墙的介绍视频。 3. 提问：为什么现在的城墙要用砖砌？为什么不用夯土了？什么时候开始改用砖块的？从土到砖都经历了哪些历史波折？ 4. 发布任务：请同学们自己收集资料，了解城墙砖从土到砖的历史变革，最终以小作文的形式进行交流。	制作夯土墙的过程：工匠们先将黄土过筛和清洗，去除其中的石块和杂质。然后，将黄土加水搅拌均匀，让其变得更加柔软，易于塑形。土材等备齐后，就制作夯土料，将黄土、稻草、石灰等混合一起，加入适量水，反复搅拌和捶打，成为夯土混料。这个过程需要重复多次，直到夯土变得均匀，且更加坚实耐用。 古代夯土墙的建造主要依靠手工工具完成，包括长木杆、木板、夯杵、铁锤、铁锹、扁担、荆条筐等。

建筑——城墙

续表

第二课时：项目实施1		
学生活动	教师活动	知识点（教学点）解析
1. 学生通过查找资料，了解城墙砖的演变历程。 2. 小组成员讨论写作主题。 3. 小组分工写作文提纲。	1. 教师在学生交流的基础上适当补充，帮助学生厘清演变过程，挖掘演变背后的历史原因。 2. 指导学生，为学生答疑解惑。	在写作城墙砖的演变过程时，要按照一定的逻辑安排材料，并用适当的表达语言进行表达展示。倡导多元表达、个性表达，比如"城墙砖的自述"等。

第三课时：项目实施2		
学生活动	教师活动	知识点（教学点）解析
1. 小组成员分工合作进行写作。 2. 小组成员互相评价，并进行修改。 3. 推选讲解员。	1. 教师组织学生开展写作。 2. 教师解答学生的问题。	

第四课时：项目成果展示和分享		
学生活动	教师活动	知识点（教学点）解析
1. 各小组交流作文。 2. 小组互相点评。 3. 评选"最佳小作文"。	1. 讲述评比要求。 2. 组织学生汇报。 3. 组织评选活动。	

项目评价：
1. 活动自评表。

评价内容	星级
认真参与每一次小组活动	☆ ☆ ☆ ☆
积极完成小组布置的任务	☆ ☆ ☆ ☆
我知道城墙砖的演变过程	☆ ☆ ☆ ☆

2. 作品评价表。

评价内容	教师评价	学生互评
主题明确	☆ ☆ ☆ ☆	☆ ☆ ☆ ☆
叙述过程清晰，逻辑性强	☆ ☆ ☆ ☆	☆ ☆ ☆ ☆
语句通顺，表达真情实感	☆ ☆ ☆ ☆	☆ ☆ ☆ ☆

项目成果：
　　有关城墙砖的最佳小作文。

五年级（辩一辩）

古城墙"拆"与"不拆"

单元主题：建筑——城墙	项目名称：古城墙"拆"与"不拆"	建议年级：五年级

项目描述：
　　苏州城墙作为古代军事防御设施，是由墙体和其他辅助军事设施构成的军事防线。近代，特别是民国后，冷兵器被淘汰，热兵器加速发展，城墙的防御功能基本丧失，在军事上已不是克敌制胜的工事，加上随着近代交通工具（如汽车、火车等）逐渐发展，城墙有时反而成了城市发展的障碍。

任务：
　　现在社会经济、军事都在飞速发展，作为古老防御设施的城墙是否还有存在价值和意义？同学们将围绕古城墙"拆"与"不拆"以小组为单位展开辩论。

核心素养：	关联学科：
1. 审辩思维：质疑批判、分析论证、综合生成。 2. 沟通素养：有效表达。 3. 合作素养：责任分担。	道德与法治、语文。

项目目标：
　　1. 围绕古城墙"拆"与"不拆"开展思辨活动，提高学生的语言表达能力和逻辑思维能力。指导学生学会倾听他人发言，尊重他人发言权利。
　　2. 引导学生从多种角度分析事物，初步培养辩证思维。

材料准备：
　　1. 古代城墙御敌的视频。2. 相关评价表。

作品表现方式：
　　古城墙"拆"与"不拆"辩论会。

第一课时：项目导入		
学生活动	教师活动	知识点（教学点）解析
1. 学生观看视频。 2. 学生了解：城墙作为古代军事防御设施，是由墙体和其他辅助军事设施构成的军事防线。 3. 学生再次观看视频。 4. 学生交流、讨论。	1. 播放有关城墙的视频。 2. 提问：你们知道这是什么地方吗？城墙古时候的作用是什么？ 3. 再次播放视频。 4. 讨论：现在社会经济、军事都在飞速发展，作为古老防御设施的城墙是否还有存在的价值和意义？	辩论是一种双方或多方观点对立而产生言语冲突的交际形式。 演讲式辩论：实际是演讲的一种特殊方式，演讲者一身兼二任，既要充当辩论的对手，又要将"敌论"和"敌论据"加以批驳，直至把"敌论"驳得体无完肤为止。这是辩论的初级形态。

续表

学生活动	教师活动	知识点（教学点）解析
5. 学生自由组合，6~7人一组，可选择正方或者反方。推选一个小组长。小组长负责本组的辩论活动，并担任小组辩论主持人。共分成A、B、C三组进行辩论比赛。	5. 发布任务：请同学们围绕古城墙"拆"与"不拆"，以小组为单位展开辩论。 6. 介绍辩论的基本知识。提出要求：请同学们分为正反两方，分成A、B、C三组进行辩论。	擂台式辩论：辩论正、反两方面对垒。阵营分明，围绕某一论题，双方各持针锋相对的观点，按辩论程序展开辩论。这是通用的辩论形式。根据双方各出人数的多少可分为"2∶2""3∶3""4∶4"的辩论形式。目前"4∶4"式被广泛采用。 对抗式辩论：它指某一辩家或一辩论优胜团体，为展示自己无坚不摧的辩才，自立为"擂主"，接受客队的挑战，这种辩论更富有挑战性、戏剧性，因而也更有观赏性。

第二课时：项目实施1

学生活动	教师活动	知识点（教学点）解析
学生做好辩论前的准备工作。 1. 有针对性地搜集材料。既要搜集能证明自己观点的材料，也要搜集能反驳对方观点的材料。 2. 根据观点对材料进行梳理、归纳。如果材料很多，可以把要点记在卡片上。	1. 教师组间巡视。 2. 回答学生提出的问题。	

第三课时：项目实施2

学生活动	教师活动	知识点（教学点）解析
1. 选定主持人。 2. 尝试自主模拟辩论： （1）小组主持人宣布辩论会开始；简要说明辩论会的有关规则；注意辩论时先表明自己的观点，然后说出理由，再进行辩论。 （2）流程： ① 各方主辩人表明观点。 ② 自由辩论：此时双方争先恐后，阐述观点，各抒己见，针锋相对地反驳对方，掀起辩论的高潮。 ③ 各方三辩总结陈述，重申所持观点的正确性。	在辩论过程中，可能会出现空场，教师相机点拨，或评价，或激励，或引导，把辩论不断推向高潮。	学生以事实为依据，大胆进行辩驳，在辩论中能从不同的角度看待问题。教师结合本次辩论过程存在的问题，通过具体事例告诉学生一些辩论的技巧。 1. 见机而行，转败为胜——抓住各自观点的两面性，转化矛盾，变害为利。 2. 一分为二，求同析异——不急于全面反击，而是先肯定对方论点里正确的部分，再抓住其错误的地方加以剖析。 3. 晓以利害，因势利导——针对对方的不同观点，发现其中模棱两可的部分，一步步地引导，让对方在权衡利害得失后，主动放弃其错误主张。

第四课时：项目成果展示和分享		
学生活动	教师活动	知识点（教学点）解析
1. 正式分组进行班级辩论比赛。 2. 各位辩手各抒己见。 3. 及时开展自评及互评。	1. 对辩论过程中各组学生的表现做出评价。 2. 引导提问：辩论结束了，你们觉得有哪些地方可以做得更好？ 3. 教师小结：总之，辩论应该有理有据，切勿信口开河，应以"情""理"为中心阐述自己的观点。	要想在辩论中说服对方，不光要明确自己的论点，提前做好充分的材料搜集工作，还要认真倾听对方发言并尽可能发现漏洞。最重要的是，如果对方在辩论中跑题了，我们要及时提醒对方，避免被对方牵着鼻子走，或误入其设的陷阱。

项目评价：
1. 活动自评表。

评价内容	星级
了解辩论的意义与流程	☆☆☆☆
积极参与辩论的各个环节	☆☆☆☆
在辩论时能较为清晰地阐述自己的论点	☆☆☆☆
在辩论时能用论据佐证自己的论点	☆☆☆☆

2. 辩论表现评价表。

评价内容	教师评价	学生互评
论点清晰	☆☆☆☆	☆☆☆☆
论据有力	☆☆☆☆	☆☆☆☆
辩手表达流畅	☆☆☆☆	☆☆☆☆
辩论小组倾听补充	☆☆☆☆	☆☆☆☆

项目成果：
　　辩论文稿、精彩瞬间视频。

六年级（创一创）

再现"消失的城门"

单元主题：建筑——城墙	项目名称：再现"消失的城门"	建议年级：六年级

项目描述：
　　城门是城市的组成部分，根据城市的规划布局，有的城门依然存在，有的则已消失。

任务：
　　充分了解城市历史，大胆发挥想象，动手创一创，造一造，选择任意一扇城门，用自己喜欢的材料"重现"它的辉煌与壮观。

核心素养： 1. 文化理解与传承素养：文化理解、文化认同。 2. 审辩思维：创新实践。 3. 合作素养：愿景认同、责任分担。	关联学科： 　信息技术、美术、劳动。

项目目标：
　　1. 在学习作品创作过程中，利用恰当的数字设备规划方案、描述创作步骤。在反思与交流过程中，对作品进行完善和迭代。
　　2. 参与讨论，敢于发表自己的意见，说清自己的观点。
　　3. 能运用传统与现代的工具、材料和媒介，以及习得的美术知识、技能和思维方式，创作平面、立体或动态等表现形式的美术作品，提升动手制作能力和创意表达能力。

材料准备：
　　1. 制作模型的材料和相关工具。2. 相关评价表。

作品表现方式：
　　制作城门模型。

第一课时：项目导入		
学生活动	教师活动	知识点（教学点）解析
1. 学生观看图片。 2. 讨论商量确定要制作的城门。 3. 问题收集： （1）城门是什么样子的？ （2）城门是由哪几部分组成的？ （3）城门周围有什么？ 4. 小组分工：垛口组，周边环境组，谯楼组，楼梯、城砖组，城门组。	1. 出示教师制作的盘门模型图片，介绍制作模型的步骤以及制作材料。 2. 发布任务：请同学们动手创一创，造一造，深入了解这片我们共同生活的土地；选择苏州任意一扇城门，用自己喜欢的材料"重现"它的辉煌与壮观。	

续表

	第二课时：项目实施1	
学生活动	教师活动	知识点（教学点）解析
学生分工收集资料。 垛口组： 1. 为什么垛口是凹下去的？ 2. 为什么城墙上要设有垛口和射口？ 3. 垛口和射口的长和宽分别是多少？ 4. 枪放在什么位置，除了枪，垛口中还能放什么？ 周边环境组： 1. 船上的人是怎么进城和出城的？ 2. 木桥是怎么从城门上放下来的？ 谯楼组： 1. 谯楼上为什么有屋檐翘角？ 2. 谯楼上有厕所吗？ 3. 谯楼上为什么挂灯笼，不挂电灯？ 4. 操作木桥的机关在哪里？ 楼梯、城砖组： 1. 每块城砖的长和宽分别是多少？ 2. 楼梯有多少阶梯？ 3. 为什么城砖上会有凹凸不平的小疙瘩？ 城门组： 1. 城门的长和宽分别是多少？ 2. 城门为什么是中空的，没有门？ 3. 为什么城门是半圆形的，不是方形的？	1. 教师指导学生分工收集资料并开展讨论。 2. 解答学生问题。	阊门是苏州古城西门，从清代乾隆年间的《姑苏繁华图》中可以看出，阊门内临阊门大街，上有城楼。阊门享有盛名更重要的原因是明清时期这一带曾经是全苏州最繁盛的商业街区。 胥门，2006年被列为江苏省文物保护单位，现存城门为元至正十一年（1351）重建，明清重修。胥门与盘门同为苏州幸存的古城门。 盘门，周敬王六年（前514），吴王阖闾命伍子胥所筑春秋吴国都城，盘门为吴都八门之一。盘门是元明清三代陆续修建的遗构，是中国唯一保留完整的水陆并列古城门，具有极高的历史文物价值。 蛇门，吴在辰位，属龙，越在巳位，属蛇，故蛇门上置木蛇一条，北首向内，表示越臣属于吴。阖闾为了压制越国建造了蛇门，但灭掉吴国的恰恰是越国。 娄门位于城东北，分外城、中城、内城三重。内城筑有城楼，三重陆城门之间有空地和闸门装置，十分坚固。城门南面还有三道水城门，也备有闸门装置。城里和城外以外城河为界，通过吊桥与城外贯通。 平门位于苏州城北，当年伍子胥平齐大军从此门出，打败齐国，班师回朝，又由此门入，故名。 齐门位于城北，因门朝向当时的齐国，故名。齐内门西侧有水城门，门上建有两层城楼，俗称鼓楼。
	第三课时：项目实施2	
学生活动	教师活动	知识点（教学点）解析
1. 学生分享自己收集到的资料。 2. 小组讨论确定制作主题和使用材料。 3. 小组合作制作城门模型。	1. 鼓励学生用不同的材料制作城门模型。 2. 解答学生提出的问题。	3D打印（3DP）即快速成型技术的一种，又称增材制造，它是一种以数字模型文件为基础，运用粉末状金属或塑料等可黏合材料，通过逐层打印的方式来构造物体的技术。 动画制作分为两类：二维和三维动画制作。二维动画制作可以借助Flash软件或Director软件。三维动画制作可以借助3DMax软件或Maya软件。

第四课时：项目成果展示和分享		
学生活动	教师活动	知识点（教学点）解析
1. 学生主持人主持，展示小组制作的城门模型。 2. 介绍模型制作过程中的一些小故事，比如：灵感来源；创意思路；碰到的困难，又是怎么克服的等。 3. 拉票、互相评分，评选最具人气模型。	1. 辅助组织学生展示。 2. 引导记录，便于实时、最后总结。 3. 组织投票、颁发奖状。	制作模型时，要确保学生使用的工具和材料安全无毒，避免使用锋利的剪刀、刀片等。

项目评价：
1. 活动自评表。

评价内容	星级
了解模型制作的基本步骤	☆☆☆☆
主动参与城门模型的设计制作过程	☆☆☆☆
在小组合作中收获丰富	☆☆☆☆

2. 城门模型评价表。

评价内容	教师评价	学生互评
城门模型制作美观	☆☆☆☆	☆☆☆☆
城门模型有辨识度	☆☆☆☆	☆☆☆☆
制作材料适切	☆☆☆☆	☆☆☆☆

项目成果：
　　城门模型。

建筑——园林

一年级（认一认）

"四大园林"我知道

单元主题：建筑——园林	项目名称："四大园林"我知道	建议年级：一年级

项目描述：
苏州园林在建筑中独树一帜，是有着举足轻重地位的古典园林建筑。苏州园林又称苏州古典园林，以私家园林为主。其中沧浪亭、狮子林、拙政园和留园并称"苏州四大园林"，代表着宋、元、明、清四个朝代的艺术风格。

任务：
同学们通过了解四大园林的历史背景、建筑特色和园林布局等知识，能够清楚区分苏州四大园林，完成"苏州四大园林"连线图。

核心素养： 1. 文化理解与传承素养：文化理解、文化认同。 2. 审辩思维：分析论证。	关联学科： 语文、综合实践活动。

项目目标：
1. 引导学生了解"苏州四大园林"的历史背景、建筑特色和园林布局。 2. 激发学生对中国传统园林文化的兴趣和热爱。 3. 培养学生的审美情趣和环保意识，增强对自然和文化遗产的保护意识。

材料准备：
1. "苏州四大园林"的视频图片资料。2. 相关评价表。

作品表现方式：

"苏州四大园林"连线图

沧浪亭	留园	拙政园	狮子林

第一课时：项目导入		
学生活动	教师活动	知识点（教学点）解析
1. 学生观看视频。 2. 学生交流：自己眼中的苏州园林。	1. 教师播放关于"苏州四大园林"的视频。	狮子林为"苏州四大园林"之一，距今已有650多年的历史。因园内林有竹万园，竹下多怪石，状如狻猊（狮

建筑——园林

续表

学生活动	教师活动	知识点（教学点）解析
3. 学生观看"苏州四大园林"的相关视频和照片，初步了解"苏州四大园林"的独有特征。 4. 学生分组讨论，确定自己主要了解"四大园林"中的哪一个。	2. 组织交流：关于"苏州四大园林"，你都知道些什么？你游览过"苏州四大园林"吗？ 3. 介绍"苏州四大园林"的历史、建筑布局及文化底蕴。 4. 发布任务：我们邀请同学通过小组讨论的形式，交流你眼中的"苏州四大园林"。	子）者；又因中峰禅师曾倡道天目山狮子岩，取佛书"狮子吼"之意，易名为狮子林。 沧浪亭在苏州现存诸园中历史最为悠久。"沧浪亭"始为五代时吴越国广陵王钱元璙近戚中吴军节度使孙承祐的池馆。宋代著名诗人苏舜钦以四万贯钱买下废园，进行修筑，傍水造亭，因感于"沧浪之水清兮，可以濯我缨；沧浪之水浊兮，可以濯我足"，题名"沧浪亭"。 拙政园位于苏州城东北隅。全园以水为中心，山水萦绕，厅榭精美，花木繁茂，具有浓郁的江南水乡特色。花园分为东、中、西三部分，东花园开阔疏朗，中花园是全园精华所在，西花园建筑精美，各具特色。园南为住宅区，体现典型江南地区传统民居多进的格局。园南还建有苏州园林博物馆，是国内第一座园林专题博物馆。 留园坐落在苏州市阊门外，始建于明嘉靖年间。留园占地约23300平方米，留园内建筑的数量在苏州诸园中居冠，厅堂、走廊、粉墙、洞门等建筑与假山、水池、花木等组合成数十个大小不等的庭园小品。其在空间上的突出处理，充分体现了古代造园家的高超技艺、卓越智慧和江南园林建筑的艺术风格和特色。

第二课时：项目实施1

学生活动	教师活动	知识点（教学点）解析
1. 学生分组讨论，展示自己收集到的有关"苏州四大园林"的资料，说一说自己所了解的"苏州四大园林"。 2. 学生小组成员明确自己要介绍的园林主题。	1. 在学生小组讨论的过程中，引导学生确定自己感兴趣的园林主题。 2. 引导学生在小组中介绍"四大园林"，对学生的疑问及时进行答疑解惑。 3. 组织学生交流，尝试完成"苏州四大园林"连线图。	

续表

第三课时：项目实施2		
学生活动	教师活动	知识点（教学点）解析
1. 学生实地参观自己感兴趣的园林。 2. 学生在实地参观的过程中通过不同的方式及时记录自己感兴趣的内容。 3. 回校后，小组交流在参观园林的过程中有哪些新的发现与收获。	1. 简单复习"苏州四大园林"的历史、建筑布局及文化底蕴。 2. 重申项目任务，组织学生外出实地参观。 3. 回校后指导学生整理分享实地收集到的有关"苏州四大园林"的资料。	

第四课时：项目成果展示和分享		
学生活动	教师活动	知识点（教学点）解析
1. 学生以小组为单位上台介绍自己了解的"苏州四大园林"。 2. 展示交流本组要介绍的园林，以图文结合的形式说一说"苏州四大园林"。 3. 学生分组完成"苏州四大园林"连线图。 4. 互相评分。	1. 指导学生上台发言的具体内容。 2. 引导学生通过不同的形式进行展示。 3. 指导学生完成"苏州四大园林"连线图。 4. 总结此次项目实施的情况。	

项目评价：
1. 活动自评表。

评价内容	星级
了解"苏州四大园林"	☆☆☆☆
确定自己要研究的园林	☆☆☆☆
积极参与小组活动	☆☆☆☆

2. 连线活动评价表。

评价内容	教师评价	学生互评
连线图内容正确	☆☆☆☆	☆☆☆☆
连线速度较快	☆☆☆☆	☆☆☆☆
连线游戏可玩度高	☆☆☆☆	☆☆☆☆

项目成果：
"苏州四大园林"连线图。

附：

"苏州四大园林"研究任务单

导学：同学们，经过上周的学习，我们对"苏州四大园林"有了初步认识。今天，我们将走出学校，去"苏州四大园林"实地考察。请将获取到的内容按要求填写在下面的表格内。

研究内容	记录内容（写一写、画一画）
园林名称	
园林大体布局	
园林主要建筑	
我最喜欢的园林一角	

二年级（说一说）

我是园林小导游

单元主题：建筑——园林	项目名称：我是园林小导游	建议年级：二年级
项目描述： 　　苏州园林不仅是苏州的骄傲，也是中国古代园林艺术的杰出代表。它们以其独特的历史价值吸引着无数游客前来游览，展现出姑苏园林艺术的博大精深。		
任务： 　　请同学们通过了解苏州园林的历史概况、建筑格局、历史典故，用自己的话向前来观赏园林的游客进行介绍，做一回"四大园林"的小导游。		
核心素养： 　1. 文化理解与传承素养：文化认同、文化践行。 　2. 沟通素养：深度理解、有效表达。	**关联学科：** 　语文、道德与法治、英语。	
项目目标： 　1. 激发学生对苏州园林的热爱之情，增强他们对姑苏文化的认同感和自豪感。 　2. 引导学生大胆表达，充满自信地宣传姑苏文化，同时关注保护自然环境和保护文化遗产。		
材料准备： 　1. 苏州园林相关视频。2. 相关评价表。		

续表

作品表现方式：
"我是园林小导游"介绍视频。

第一课时：项目导入		
学生活动	教师活动	知识点（教学点）解析
1. 学生观看"苏州四大园林"的介绍视频。 2. 学生交流自己眼中的"苏州四大园林"，选取自己最感兴趣的一个园林进行介绍。 3. 学生观看"苏州四大园林"小导游的相关视频，学习如何介绍园林。 4. 学生小组合作、交流。	1. 教师播放"苏州四大园林"相关视频。 2. 组织交流：关于"苏州四大园林"，你都了解些什么？ 3. 介绍"苏州四大园林"的相关资料，播放园林小导游的视频。 4. 发布任务：邀请同学们利用自己的课余时间收集"苏州四大园林"的相关资料，以小导游的形式整理收集到的资料，现场来讲一讲。	"苏州四大园林"各自承载着丰富的历史典故，这些典故不仅为园林增添了深厚的文化底蕴，也为游客提供了更多了解园林背后故事的机会。以下是"苏州四大园林"的资料整理： 沧浪亭 　　历史背景：始建于北宋庆历年间，是苏州现存最古老的园林。 　　典故：首位园主人是北宋诗人、书法家苏舜钦，因支持范仲淹的庆历革新而被贬谪，后购得此园，取名"沧浪亭"，寓意"沧浪之水清兮，可以濯我缨；沧浪之水浊兮，可以濯我足"。园内布局豪放洒脱，与苏舜钦的性格相契合，显示了他不受约束、热爱自然的人生态度。 狮子林 　　历史背景：始建于元代至正二年（1342），原为僧侣所建禅林。 　　典故：得名于园内石峰林立，多状似狮子。明代大书画家倪瓒曾参与造园，并题诗作画，使狮子林名声大振。历史上多次易主，但园林的佛教文化特色始终得以保留。 拙政园 　　历史背景：始建于明代正德四年（1509），为御史王献臣所建。 　　典故：王献臣因官场失意而还乡，以大弘寺址拓建成园林，取名"拙政园"，寓意退隐林下、回归田园。后因王献臣之子赌博输掉宅子，园林几经易主，逐渐演变成现今的拙政园。拙政园以水景为主，布局精巧，体现了明代园林艺术的精华。 留园 　　历史背景：始建于明万历年间，为太仆寺少卿徐泰时所建。 　　典故：清代时，留园被吴县东山人刘恕购得，经过改造和扩建，形成具有山水田园风光和独特林艺术的私家园林。晚清时期，留园再次易主，被晚清大臣盛康买下，并改名为"留园"，寓意留于天地间，长留美景。

续表

第二课时：项目实施1		
学生活动	教师活动	知识点（教学点）解析
1. 学生明确外出参观园林时的相关事项，检查资料物品。 2. 学生小组合作交流。 3. 小组成员明确此次外出实践的小导游任务。	1. 教师交代外出实践时的安全、纪律、卫生等重要事项。 2. 规范学生与人交流时的礼貌用语。 3. 鼓励学生用自己的语言大胆表达，还可以用外语向外国友人宣传苏州园林。	

第三课时：项目实施2		
学生活动	教师活动	知识点（教学点）解析
1. 学生交流收集到的"苏州四大园林"的资料。 2. 学生在小组内部尝试扮演小导游，介绍自己感兴趣的苏州园林。 3. 学生互相点评。 4. 修改完善介绍语，学生分组，确定实地介绍的具体分工方案。 5. 学生分组去园林开展实践活动。	1. 教师指导学生筛选与主题相关的资料。 2. 教师帮助学生架构导游的语言体系（明确介绍对象、介绍内容的先后顺序等）。 3. 教师点评。 4. 教师提醒学生实地介绍的注意事项。每组配备教师或者家长志愿者。	

第四课时：项目成果展示和分享		
学生活动	教师活动	知识点（教学点）解析
1. 学生分组演一演"我是园林小导游"。 2. 相互评分。 3. 评选"最佳小导游"。	1. 教师组织学生上台展示。 2. 教师进一步总结：在游览园林的过程中，我们不仅欣赏到了美丽的自然风光和人文景观，还深刻感受到了保护环境、传承文化的使命感。让我们共同携手，为传承和发扬中华民族优秀的传统文化而努力。 3. 总结此次项目实施的整体情况。对于优点进行肯定，不足之处分析原因，提出改进措施。	

续表

项目评价：
1. 活动自评表。

评价内容	星级
认真参与每次小组活动	☆☆☆
积极完成组内布置任务	☆☆☆
自己在小组中有所成长	☆☆☆

2. "我是园林小导游"评价表。

评价内容	教师评价	学生互评
介绍切合园林主题	☆☆☆	☆☆☆
语言表达清晰准确	☆☆☆	☆☆☆
善于倾听游客的意见	☆☆☆	☆☆☆
游客满意度高	☆☆☆	☆☆☆

项目成果：
1. 导游文稿。2. "我是园林小导游"视频。

 三年级（画一画）

手绘园林之美

单元主题：建筑——园林	项目名称：手绘园林之美	建议年级：三年级
项目描述： 　　手绘园林是一种独特而富有表现力的艺术形式，它能够以细腻的笔触和丰富的色彩展现出园林的优雅与和谐。手绘园林需要耐心和细心，需要不断地观察和实践，才能创作出更多美丽而富有表现力的作品。		
任务： 　　学生通过之前的参观学习，发现了园林中的美景，将它们用手中的画笔表现出来。		
核心素养： 　　1. 文化理解与传承素养：文化认同、文化践行。 　　2. 创新素养：创新思维、创新实践。	关联学科： 　　美术、综合实践活动。	
项目目标： 　　1. 引导学生欣赏园林的自然美、艺术美和文化美，通过手绘实践提高对园林美的感知和鉴赏能力。 　　2. 培养学生从色彩、线条、构图等方面分析园林美的能力，形成独特的审美观点。 　　3. 激发学生对园林艺术和手绘创作的兴趣，让学生认识到园林艺术的价值，培养学生对园林的保护意识和责任感。		

续表

材料准备：
1. 苏州园林相关的视频。2. 绘画工具。3. 相关评价表。

作品表现方式：
以苏州园林为主题的绘画作品。

第一课时：项目导入		
学生活动	教师活动	知识点（教学点）解析
1. 学生观看"苏州四大园林"的视频。 2. 学生交流：自己眼中的"苏州四大园林"。 3. 学生讨论分组，确定自己所要绘制的园林作品主题。	1. 教师播放有关"苏州四大园林"的视频。 2. 组织交流：关于"苏州四大园林"，你们都知道些什么？ 3. 补充介绍"苏州四大园林"。 4. 发布任务：仔细观察园林的布局、建筑特色及光影效果。绘制一幅以苏州园林为主题的作品。	沧浪亭 　　布局：注重近景和远景的层次，巧妙地利用花墙和长廊，使园林显得多层次。 　　建筑风格：古朴典雅，与周围的自然环境和谐统一。 　　美术价值：其园林布局和建筑风格是研究古代园林艺术的重要案例，体现了古代园林艺术的精髓。 狮子林 　　假山造型：以假山造型别致而闻名，假山与水池、亭台、楼阁等景观元素巧妙结合，形成独特的艺术效果。 　　园林面积：占地面积约1万平方米，布局紧凑，富有"咫足山林"的意境。 　　美术价值：其假山造型和园林布局是研究古代园林艺术中"诗情画意"境界的重要案例。 拙政园 　　整体风格：以水为中心，假山林立中覆盖繁茂的花草树木，建筑风格极其突出，是典型的江南水乡风格。 　　布局特色：园林分为东、中、西三部分，每部分都有其独特的风格和特色。 　　美术价值：其园林布局和建筑风格是研究古代园林艺术中"自然与人文和谐统一"理念的重要案例。 留园 　　建筑空间：建筑空间处理精湛，运用各种艺术手法构成了有节奏、有韵律的园林空间体系。 　　设计风格：与其他园林相比，留园更显得低调而精致，细节处理得恰到好处。 　　美术价值：其建筑艺术和园林布局是研究古代园林艺术中"空间艺术处理"的重要案例。

续表

第二课时：项目实施1		
学生活动	教师活动	知识点（教学点）解析
1. 学生小组交流，明确外出实践活动的相关事项，检查随带的资料物品。 2. 学生小组成员明确此次外出实践的任务。 3. 学生实地参观"苏州四大园林"。分组寻找要绘制的园林要素，及时记录并绘制。 4. 回校后，学生交流要绘制的园林主题。小组交流、讨论如何绘制感兴趣的园林。	1. 教师交代外出实践时的安全、纪律、卫生等重要事项。 2. 教师带领学生参观，指导学生做好记录。 3. 教师指导学生制定计划，鼓励学生运用多种素材进行园林绘制。	指导学生课前选择适合手绘园林的工具，如铅笔、炭笔、水彩笔、马克笔等。可以准备不同厚度的纸张，以便更好地表达园林的细节和质感。

第三课时：项目实施2		
学生活动	教师活动	知识点（教学点）解析
1. 学生着手绘制苏州园林图。 2. 小组组员之间相互帮助、小组与小组间相互学习。 3. 如有现场完成作品的，向同学们展示并修改。	1. 引导学生回顾、总结上一周观察到的苏州园林。 2. 引导学生关注绘制苏州园林的重点要素。 3. 及时回答学生在创作中的问题。 4. 重申项目任务，教师协助学生进行作品创作。	"苏州四大园林"在美术学科中具有重要的地位和作用，它们不仅是中国古代园林艺术的杰出代表，也是美术学科学习和研究的重要对象。通过对这些园林的学习和研究，我们可以更深入地了解古代园林艺术的精髓和内涵，进一步推动美术学科的发展和创新。同时，这些园林也是美术创作的重要灵感来源，为学生们提供了无尽的创作素材和灵感。

第四课时：项目成果展示和分享		
学生活动	教师活动	知识点（教学点）解析
1. 游戏"猜猜它是谁"：小组轮流上台展示自己绘制的苏州园林图，其余组员猜园林名称，说出依据。 2. 相互评分，提出修改建议。 3. 评选"最美园林图"。	1. 教师组织"猜猜它是谁"游戏，请学生上台展示，其余学生根据画面说园林名称及依据。 2. 引导学生修改作品。 3. 组织学生将优秀作品展示在黑板报上，共同学习欣赏，取长补短。	

续表

项目评价：
1. 活动自评表。

评价内容	星级
认真参与每次小组活动	☆☆☆☆
在小组活动中有所进步	☆☆☆☆
画出了园林的独特美景	☆☆☆☆

2. 苏州园林绘画作品评价表。

评价内容	教师评价	学生互评
构图突显特征	☆☆☆☆	☆☆☆☆
颜色和谐饱满	☆☆☆☆	☆☆☆☆
绘画手法创新	☆☆☆☆	☆☆☆☆

项目成果：
苏州园林绘画作品。

 四年级（写一写）

手书园林之韵

单元主题：建筑——园林	项目名称：手书园林之韵	建议年级：四年级

项目描述：
　　园林是自然与人文的和谐统一，是山水、建筑、植物、文化等多种元素的交融。在动笔之前，可以漫步于园林之中，感受其四季变化、晨曦暮霭，聆听风吟鸟鸣、流水潺潺，品味其深厚的文化底蕴和独特的艺术魅力。

任务：
　　本项目引导学生将文字表达与现代园林艺术相结合，通过书法或文字作品的方式将园林的韵味和美感传递给人们，让人们更加深入地了解和欣赏园林艺术的独特魅力。

核心素养： 　　1. 文化理解与传承素养：文化认同、文化践行。 　　2. 创新素养：创新思维、创新实践。	关联学科： 　　语文、美术。

项目目标：
　　1. 培养学生的观察能力和审美能力，学会从园林中发现美、欣赏美。
　　2. 鼓励学生进行文字、书法创作，将所学知识和技能应用于实际作品创作中，提升综合实践能力。

续表

材料准备：
1. 园林的相关视频。2. 相关评价表。

作品表现方式：
以苏州园林为主题的手书作品集。

第一课时：项目导入		
学生活动	教师活动	知识点（教学点）解析
1. 学生观看视频。 2. 学生交流：如何用书法、文字作品等方式去呈现苏州园林的美？ 3. 学生小组分工交流，确定要完成的作品主题及形式。	1. 教师播放苏州园林的视频。引导学生回顾之前了解的苏州园林知识。 2. 引导学生思考如何表现园林之美。 3. 发布任务：每个小组根据本组的作品主题，通过书法或文字等方式表达园林艺术的独特魅力。班级形成作品集。	"手书"指的是以手写的方式创作书法作品，或用细腻笔触去展现园林自然美、和谐美与诗意美。

第二课时：项目实施1		
学生活动	教师活动	知识点（教学点）解析
1. 学生交流搜集到的有关园林的经典佳作。 2. 学生讨论可以围绕苏州园林的哪几个方面展开描写。 3. 学生分组，确定自己的作品主题。	1. 组织学生赏析他人经典佳作，学习他人写作方法。 2. 教师启发学生抓住园林的不同内容特点，多角度思考并表达。 3. 教师巡视指导，帮助学生确定主题和提纲。	

第三课时：项目实施2		
学生活动	教师活动	知识点（教学点）解析
1. 小组内学生交流写作主题和写作提纲。 2. 学生完成有关园林的手书作品。	1. 指导学生修改、完善自己的文章。 2. 指导学生解决在写作中遇到的问题。 3. 教师重申项目任务，协助学生完成有关苏州园林的手书作品。	

续表

第四课时：项目成果展示和分享		
学生活动	教师活动	知识点（教学点）解析
1. 学生分组交流自己完成的作品。 2. 相互评分并进行点评。 3. 评选"最佳手书作品"，在教师指导下集册。	1. 教师组织学生上台展示。 2. 组织学生进行评议。 3. 教师组织学生将作品集成册。	手书作品集的基本要素：封面及封底设计、扉页、前言、目录、内页等。 手书作品集册一般步骤：确定作品主题、作品整理归类、撰写前言、编排目录、装订成册、设计封面及封底等。

项目评价：
1. 活动自评表。

评价内容	星级
认真参与每一次小组活动	☆☆☆☆
主动表达手书的创作过程	☆☆☆☆
创意呈现自己的手书作品	☆☆☆☆

2. "手书园林之韵"评价表。

评价内容	教师评价	学生互评
文字流畅生动	☆☆☆☆	☆☆☆☆
结构清晰合理	☆☆☆☆	☆☆☆☆
展现园林魅力	☆☆☆☆	☆☆☆☆

项目成果：
  以园林为主题的手书作品集。

 五年级（辩一辩）

东方美学与现代科技

单元主题：建筑——园林	项目名称：东方美学与现代科技	建议年级：五年级

项目描述：
  苏州园林作为中国传统文化的重要载体，其保护和传承至关重要。在应用现代科技时，应充分考虑如何平衡传统与现代、自然与人工之间的关系，确保科技的应用能够真正促进园林的保护和传承，而不是破坏其原有的特色和韵味。同时，也需要考虑游客的需求和体验，确保科技的应用能够提升游客的满意度和体验质量。因此，苏州园林与现代科技的结合需要在尊重传统、保护自然的前提下进行，通过科技的力量让更多人了解和欣赏到苏州园林的美丽和魅力。在推动苏州园林与现代科技结合的过程中，需要充分考虑这些利与弊，寻求平衡和可持续发展。

续表

任务：
本项目旨在让学生了解苏州园林与现代科技结合的现状，分析这种结合带来的利与弊，并开展"当东方美学遇上现代科技"主题辩论赛。

核心素养：	关联学科：
1. 文化理解与传承素养：文化认同、文化践行。 2. 沟通素养：深度理解、有效表达。 3. 审辩思维：批判质疑。	语文、信息技术、美术。

项目目标：
1. 使学生了解现代科技在苏州园林保护、展示和传承中的应用。 2. 使学生能够分析苏州园林与现代科技结合的具体案例，理解其利与弊。 3. 通过案例分析、小组讨论等方式，培养学生独立思考和团队合作的能力。

材料准备：
1. 苏州园林与现代科技结合实例。2.《夜游网师园》视频。3. 相关评价表。

作品表现方式：
"当东方美学遇上现代科技"主题辩论赛。

第一课时：项目导入		
学生活动	教师活动	知识点（教学点）解析
1. 学生观看《夜游网师园》视频。学习、了解园林与现代科技结合的相关实例。 2. 学生思考、讨论。小组合作、交流。	1. 教师播放《夜游网师园》等融入现代科技的苏州园林视频。 2. 教师提问：你们认为苏州园林与现代科技结合都有哪些利与弊？ 3. 教师提问：数字化建模和仿真技术可以精确分析园林的结构和风格，为园林的保护和修复工作提供科学依据。数字化展示技术有助于保存和传承园林的历史和文化信息，确保这些宝贵资源得以长期保存。但过度依赖技术是否会导致对传统园林文化的忽视，影响游客对园林文化价值的认识和理解？ 4. 发布任务：认识、了解苏州园林与现代科技的相关知识，开展"当东方美学遇上现代科技"主题辩论赛。	辩论可以帮助学生形成独立思考的能力，促使他们从不同角度审视问题，形成自己的见解和判断。辩论还能够激发学生的思考和讨论，使学生在辩论的过程中对知识有更深入的理解，同时也可以激发学生对问题的深度思考和研究。

续表

第二课时：项目实施1		
学生活动	教师活动	知识点（教学点）解析
1. 学生回顾，进一步了解苏州园林与现代科技结合的相关知识。 2. 学生小组合作交流。 3. 再次明确任务。	1. 引导学生从提升游客体验、促进园林文化传播、园林保护和修复、技术应用的局限性等方面去了解苏州园林与现代科技结合的利与弊。 2. 组织学生分小组讨论苏州园林与现代科技结合的利与弊。 3. 重申任务：根据现代科技在苏州园林中的保护、展示和传承中的应用，分为正、反两方辩论苏州园林与现代科技结合的利与弊。	辩论作为一种互动式的学习方式，能够极大地激发学生学习语文的积极性。在辩论中，学生可以自主选择论题、展开讨论、提出观点，这种学习方式比传统的灌输式教学更能激发学生的学习兴趣，使他们在学习中感到愉悦和兴奋。 在辩论过程中，学生需要清晰地阐述自己的观点，并且能够运用恰当的语言和论据来支持自己的观点。这种实践锻炼能够极大地提高学生的口头表达能力和语言组织能力。同时，辩论还需要学生具备良好的倾听能力，以便更好地理解对方的观点和论据，并进行反驳。

第三课时：项目实施2		
学生活动	教师活动	知识点（教学点）解析
1. 学生分工合作，交流课后搜集的资料。 2. 正、反方完成有关辩论主题的内容梳理。	1. 教师进行针对性的指导。 2. 教师按照正、反方组织学生进行内容梳理。	有效的辩论需要合理组织自己的观点，提出有逻辑性、连贯性和条理性的论证，通过合理的推理和分析来支持自己的观点，而不是仅凭直觉和情感进行争论。

第四课时：项目成果展示和分享		
学生活动	教师活动	知识点（教学点）解析
1. 学生分为四个辩论组开展主题辩论赛。 2. 互相评分。	1. 教师组织学生开展辩论。 2. 教师进一步总结、评价。 3. 总结此次项目实施的情况。	公正原则是辩论中最基本的原则之一。公正原则要求辩论双方在辩论过程中遵守公平、平等、公正的原则。 客观原则是辩论的另一个重要原则。客观原则要求辩论双方在辩论过程中应基于事实、数据和证据，而不是个人主观情感和偏见。 逻辑原则是辩论中的一个重要原则。逻辑原则要求辩论双方在辩论过程中应使用合理的逻辑推理和论证，不得使用无理的言辞和不合逻辑的论证方式。 礼貌原则是辩论中不可或缺的原则之一。礼貌原则要求辩论双方在辩论过程中尊重对方的权利和观点，保持彼此之间的尊重和礼貌。

续表

项目评价:
1. 活动自评表。

评价内容	星级
认真参与每一次小组活动	☆☆☆☆
积极完成小组布置的任务	☆☆☆☆
自己在小组活动中有进步	☆☆☆☆

2. "辩论小能手"评价表。

评价内容	教师评价	学生互评
语言流畅,立场明确	☆☆☆☆	☆☆☆☆
条理清晰,论据充分	☆☆☆☆	☆☆☆☆
辩论有风度,仪态大方	☆☆☆☆	☆☆☆☆

项目成果:
　　1. 主题辩论赛。2. 相关辩论文稿。

 六年级(创一创)

巧手创园林

单元主题:建筑——园林	项目名称:巧手创园林	建议年级:六年级

项目描述:
　　苏州园林文创作品丰富多样,充分融合了苏州园林的文化特色和现代设计理念。苏州园林文创作品以其精美的设计、丰富的文化内涵和多样化的形式,成为传播苏州园林文化的重要载体。这些作品不仅深受游客喜爱,也为苏州园林的推广和发展做出了积极贡献。

任务:
　　了解苏州园林的建筑特色和布局,创新性地设计与制作有关苏州园林的文创作品。

核心素养: 　　1. 文化理解与传承素养:文化认同、文化践行。 　　2. 创新素养:勇于探究。	关联学科: 　　美术、劳动。

项目目标:
　　1. 学习和掌握文创产品设计的基本知识和技能,包括设计思维、创意思考、图案设计、色彩搭配等。
　　2. 能够根据苏州园林的文化元素,设计出具有独特性和创新性的文创作品。
　　3. 培养学生的创新精神和实践能力,鼓励学生将所学知识应用于实际生活中,为传承和发展苏州园林文化做出贡献。

续表

材料准备：
1. 制作苏州园林文创作品的相关材料。2. 相关评价表。

作品表现方式：
苏州园林创意作品。

第一课时：项目导入		
学生活动	教师活动	知识点（教学点）解析
1. 观看有关苏州园林的文创作品，思考自己要设计的文创作品。 2. 学生学习他人如何制作文创作品。 3. 学生小组合作、交流。	1. 教师向学生展示有关苏州园林的文创作品，组织学生交流观看后的感想。 2. 教师提问：如何把园林元素加入苏州园林的文创作品中？ 3. 发布任务：深入了解园林的文化背景、历史故事、建筑特色，提炼出具有代表性的文化元素，进行创意思考，设计出独特的文创作品。	根据园林特色和元素，确定设计的主题。结合美术学科的审美和工艺，采用苏州园林中常见的色彩，如白墙黛瓦、绿树红花等，营造出具有苏州园林韵味的作品。

第二课时：项目实施1		
学生活动	教师活动	知识点（教学点）解析
1. 学生回顾，进一步研究将苏式元素融入文创作品的方式方法。 2. 学生小组合作交流。 3. 再次明确任务。	1. 引导学生认识制作苏州园林创意作品是一个融合艺术、文化和创意的过程。 2. 组织学生思考想要设计的创意作品的材质和形式。 3. 重申任务：根据苏州园林中的建筑、植物、水系等元素，选择合适的材料，如纸张、金属、木材等，设计出具有辨识度的图案。	苏州园林以其精巧的布局、独特的建筑风格和深厚的文化底蕴闻名于世。学生通过亲手制作，可以加深对苏州园林文化的理解和热爱，同时培养动手能力和创造力。

第三课时：项目实施2		
学生活动	教师活动	知识点（教学点）解析
1. 学生合作分工。 2. 交流设计想法。 3. 小组完成苏州园林文创作品的设计。	教师组织学生交流，进行针对性的指导。	创意作品设计理念： (1) 可持续发展，设计理念中的环保与循环利用。 (2) 人性化设计，以人为本的作品创新。 (3) 未来科技，融合科技与设计的创意作品。

续表

学生活动	教师活动	知识点（教学点）解析
		（4）多功能性设计，一物多用的创新产品理念。 （5）美学与功能的平衡，设计中的艺术与实用性结合。 （6）社会责任感，作品设计中的社会影响与责任。 （7）情感连接，作品设计中的情感共鸣与用户体验。 （8）自定义化设计，个性化需求与作品创新的结合。 （9）跨界合作，不同领域的融合创新。 （10）传统与现代的融合，设计中传统元素与现代创新的结合。

第四课时：项目成果展示和分享

学生活动	教师活动	知识点（教学点）解析
1. 学生小组展示创作的作品，并进行讲解。 2. 互相评分。提出修改意见。 3. 完善作品，评选"最逼真的园林"。	1. 教师组织学生进行展示。组织评议。 2. 总结此次项目实施的情况。 3. 展示艺术家的作品，进一步引导学生拓宽眼界，丰富认知。	

项目评价：
1. 活动自评表。

评价内容	星级
认真参与每一次小组活动	☆☆☆☆
积极完成小组布置的任务	☆☆☆☆
自己在小组活动中有进步	☆☆☆☆

2. 苏州园林创意作品评价表。

评价内容	星级
材料环保	☆☆☆☆
体现园林之美	☆☆☆☆
布局合理、美观，有创意	☆☆☆☆

项目成果：
　　苏州园林创意作品。

建筑——民居

一年级（认一认）

苏式民居我来认

单元主题：建筑——民居	项目名称：苏式民居我来认	建议年级：一年级
项目描述： 　　民居是各地居民自己设计建造的具有一定代表性、富有地方特色的民家住宅。苏式民居以水为主角，辅以弯曲的小径、拱桥、晒台、池塘、竹、松等自然景观，形成让人宁静舒适、放松惬意的庭院。		
任务： 　　通过和中国其他地区的特色民居的比较，根据图片能认出苏式民居。		
核心素养： 　　文化理解与传承素养：文化理解、审美情趣。	关联学科： 　　语文、美术。	
项目目标： 　　1. 能了解苏式民居特点，感受姑苏文化的魅力，提高审美能力。 　　2. 能根据图片认出苏式民居，感受苏式民居的精巧与别致，提高文化认同感。		
材料准备： 　　1. 苏式民居图片和其他地区民居图片、介绍全国各地民居的视频。2. 相关评价表。		

作品表现方式：

苏式民居连线卡片

窗花

屋脊

太湖石

山墙

续表

第一课时：项目导入		
学生活动	教师活动	知识点（教学点）解析
1. 观看介绍全国各地民居的视频。 2. 学生交流、小组讨论。 3. 观看苏式民居的图片。 4. 学生讨论观看后的感想。 5. 学生小组合作、沟通，交流自己感兴趣的民居。	1. 教师播放视频。 2. 组织学生交流。 教师提问：你们知道照片中的民居是哪个地方的吗？你们是怎么看出来的？ 3. 教师展示苏式民居PPT照片。 4. 组织学生交流。教师提问：看完这些图，你们都发现了什么？你们对哪些地方感兴趣？图上的民居和刚才的民居哪里不一样？ 5. 发布任务：苏式民居的标志都有哪些？找一找，以连线的形式呈现。	民居包含住宅及由其延伸的居住环境。居住建筑是最基本的建筑类型，在世界建筑史上出现最早，分布最广，数量也最多。由于中国疆域辽阔，民族众多，历史悠久，各地的地理气候条件和生活方式不尽相同，因此，中国的民居建筑样式和风格在世界建筑史上也较为少见。 苏式庭院或者姑苏庭院的特点和要素概况：以水为主角，辅以弯曲的小径、拱桥、晒台、池塘、竹、松等自然景观。
第二课时：项目实施1		
学生活动	教师活动	知识点（教学点）解析
1. 学生明确外出实践活动的相关事项，检查随带的资料物品。 2. 学生小组成员明确此次外出实践的任务：寻找苏式民居。	1. 提醒学生外出实践的安全、纪律、卫生等主要事项。 2. 建议学生前往相关区域，比如姑苏区（古城区）。	
第三课时：项目实施2		
学生活动	教师活动	知识点（教学点）解析
1. 学生沿着平江路参观民居，找一找苏式民居的共同特点。 2. 小组成员互相交流。 3. 学生加深对苏式民居的认识。 4. 组内成员对之后的小组汇报展示进行任务分工。	1. 教师组织学生交流。教师提问：你们发现了什么？看到了什么？苏式民居有哪些地方和你们知道的其他民居不一样？ 2. 教师解答学生的疑问。 3. 引导学生根据苏式民居的结构、布局、特点等确定主题展开研究。 4. 组织学生进行小组分工合作。	苏州传统民居的空间布局： 　　苏州城内河道与街道组成水巷，民居呈"前街后河"布局。在传统民居中，厅堂空间和天井空间组合成"进"，以纵向轴线串联展开，两空间虚实相生，形成层次感。部分民居横向分布若干"落"，"正落"和"边落"间设有廊弄空间。院落由其连接，墙上花窗使得两侧环境相互渗透。空间内外融合、人与自然统一是苏州传统民居的布局特征。 苏州传统民居的结构形式： 　　在苏州传统民居的形成过程中，其结构形式和材料选取受当地环境和人们生活需求的影响。民居以木结构

续表

学生活动	教师活动	知识点（教学点）解析
		为建筑的框架，一般建一层或两层。根据结构的特点差异，可分为抬梁式构架和穿斗式构架。 苏州传统民居的装饰艺术： 　　各式各样的雕刻是苏州传统民居中的重要装饰，主要分为木雕、砖雕和石雕。木雕多在梁枋、门窗、家具上使用，有浮雕、透雕、镂雕等技法，独具雅丽风格。

第四课时：项目成果展示和分享

学生活动	教师活动	知识点（教学点）解析
1. 各小组轮流上台交流，并完成连线。 2. 小组相互评分。	1. 组织学生汇报，并给出相应建议。 2. 组织练习活动。	

项目评价：
活动自评表。

评价内容	星级
积极参与活动每个环节	☆☆☆☆
我能辨认苏式民居	☆☆☆☆
我能说出苏式民居与其他民居的不同之处	☆☆☆☆

项目成果：
　　苏式民居连线卡片（选做）。

 二年级（说一说）

话苏州名人故居

单元主题：建筑——民居	项目名称：话苏州名人故居	建议年级：二年级

项目描述：
　　苏州历史上曾出过许多名人，你们都知道谁呢？有伍子胥，他建了苏州城。有范仲淹，他说过"先天下之忧而忧，后天下之乐而乐"。有唐伯虎，他是"江南四大才子"之一。苏州历史上还有一位著名的状元宰相潘世恩，让我们一起到他的故居"留余堂"走一走、看一看。

建筑——民居

续表

任务：
去潘世恩故居走一走、看一看，深入了解这里发生过的事情，为其他同学介绍潘世恩故居。

核心素养： 1. 文化理解与传承素养：文化理解。 2. 沟通素养：有效表达。	关联学科： 道德与法治、语文。

项目目标：
1. 能了解潘世恩故居的基本结构布局及苏州状元文化，提高民族认同感，增强民族自豪感。
2. 能用简单的语言表达出看到的、想到的关于潘世恩故居的内容，能简单介绍"纱帽厅"，提高语言表达能力。

材料准备：
1. 潘世恩人物介绍及状元博物馆视频资料。2. 相关评价表。

作品表现方式：
介绍潘世恩故居。

第一课时：项目导入

学生活动	教师活动	知识点（教学点）解析
1. 观看介绍苏州状元博物馆的视频。 2. 学生交流、小组讨论。 3. 观看潘世恩故居的图片。 4. 学生交流观看后的感想。 5. 学生小组合作、沟通，交流自己感兴趣的关于潘世恩故居的内容。	1. 教师播放视频。 2. 组织学生交流。教师提问：你们知道状元博物馆是谁的故居吗？你们知道关于潘世恩的故事吗？ 3. 发布任务：请同学们去潘世恩故居走一走、看一看，了解房子原来的名字叫什么，它的结构布局，有几个厅，每个厅里都有些什么，再了解一下苏州的状元文化。	潘世恩简介： 　　清朝乾隆年间，潘世恩出生于苏州，25岁时参加科举考试就高中状元。潘世恩做了50多年的官，历经乾隆、嘉庆、道光、咸丰四朝，被称为"四朝元老"，尤其受到道光帝、咸丰帝的信任和宠幸。道光年间，他官至大学士，被称为"状元宰相"。 　　传说潘世恩的家原先在观前街西面，有一次，皇帝召见他，问他家住苏州哪里，他一时口误，说成了"玄妙观东面"。之后潘世恩急忙让家人购买了玄妙观东面的房屋，也就是现在钮家巷3号的潘世恩故居，取名为"留余堂"，即留有余地的意思。

第二课时：项目实施1

学生活动	教师活动	知识点（教学点）解析
1. 学生明确外出实践活动的相关事项，检查随带的资料物品。 2. 学生小组成员明确此次外出实践的任务。 （1）分组参观状元博物馆，并及时记录。	1. 提醒学生外出实践的安全、纪律、卫生等注意事项。 2. 教师指导学生用多种形式做相关记录。	

续表

学生活动	教师活动	知识点（教学点）解析
（2）重点参观"纱帽厅"，记录需要的资料。 （3）回校后分工整理。 （4）小组讨论分享。		

第三课时：项目实施2

学生活动	教师活动	知识点（教学点）解析
1. 学生参观潘世恩故居。 2. 认真倾听博物馆讲解员的讲解。根据各自分工记录相关内容。 3. 组内成员回校将收集、记录的资料进行整理和汇总。	1. 教师组织学生参观。 2. 讲解员对学生的问题进行答疑解惑。 3. 教师指导学生记录。	中国古代，从隋朝开始，实行了一种考试制度，叫作科举制。人们要想做官，须先通过县试、府试、院试、乡试、会试、殿试，考试一次比一次难。最后一场殿试的考场在皇宫，录取者叫进士，皇帝将综合多方意见，决定考生最终的名次。其中，第一名叫状元，第二名叫榜眼，第三名叫探花。 如果一个人连续在乡试、会试、殿试中都取得了第一名，即解元、会元、状元，便称"连中三元"，这在古代是极大的荣耀，也是不多见的。至今在人民路上还有一处地名叫"三元坊"。

第四课时：项目成果展示和分享

学生活动	教师活动	知识点（教学点）解析
1. 各小组轮流上台交流。 2. 小组相互评分。 3. 评选"最佳讲解员"。	1. 组织学生汇报，并给出相应建议。 2. 组织评选活动。	讲解时注意讲解对象，要求声音响亮，眼睛看着大家，最好配有相关的手势和动作。

项目评价：
潘世恩故居介绍评价表。

评价内容	星级
积极参与小组活动，并能主动发言	☆☆☆☆
语言流畅介绍潘世恩故居	☆☆☆☆
愿意将苏州名人故居介绍给更多的人	☆☆☆☆

项目成果：
  介绍潘世恩故居。

三年级（画一画）

绘平江路名人故居地图

单元主题：建筑——民居	项目名称：绘平江路名人故居地图	建议年级：三年级

项目描述： 　　平江路是苏州的一条历史老街，位于苏州古城东北隅。平江路一带是苏州最典型、保存最完整的历史文化街区。历史上众多名人志士曾居于平江路，名人故居如繁星散落其间，俯拾皆是，为小城陡添不少人文气息。择一二名人之逸事，可窥世间之波诡云谲。		
任务： 　　走进平江路，了解平江路名人故居，小组合作完成一张平江路手绘地图，并且标注出名人故居的位置。		
核心素养： 1. 文化理解与传承素养：文化践行。 2. 合作素养：责任分担。 3. 创新素养：创新实践。		关联学科： 　　美术、数学、语文。
项目目标： 1. 进一步了解苏州平江路附近的名人故居。 2. 能在手绘地图上运用数学知识清楚表达方位、方向关系。 3. 动手绘制平江路上的名人故居位置，表达所见所闻。		
材料准备： 1.《平江路志》。2. 各类手绘地图。3. 相关评价表。		
作品表现方式： 　　手绘平江路名人故居地图。		

第一课时：项目导入		
学生活动	教师活动	知识点（教学点）解析
1. 观看平江路手绘地图。 2. 学生交流、小组讨论。 3. 了解手绘地图的绘制过程。 4. 小组讨论。	1. 教师展示手绘地图。 2. 教师提问：你们在地图上都看了什么？你们能找到潘世恩故居吗？你们觉得绘制手绘地图要注意些什么？组织学生交流。 3. 发布任务：请同学们走进平江路，了解平江路名人故居，小组合作完成一张平江路手绘地图并且标注出名人故居的位置。	顾颉刚故居： 　　位于平江路悬桥巷，是近代著名的史学家顾颉刚的故居。这里是一处典型的江南园林式建筑，走进故居仿佛能感受到顾先生当年的生活气息，也能领略到苏州园林的精致与秀美。 黄丕烈藏书楼： 　　黄丕烈是清代乾隆嘉庆时期江南一位重要的藏书家，尤以收藏宋本书的数量多而著称，他自得地说自己只是一介平民，却收藏了上百种宋本书，为藏书楼取名"百宋一廛"。

学生活动	教师活动	知识点（教学点）解析
		潘世恩故居： 　　潘世恩是清代苏州状元，官至武英殿大学士，在晚年向朝廷推荐了林则徐等人。他的家族诞生了一位状元、八位进士、十六位举人，是当时苏州十分显赫的家族。 其他故居： 　　平江路上还保存着其他历史人物的故居，如唐纳故居、艾步蟾故居等，这些故居不仅展示了苏州历史名人的生活和工作环境，也是人们了解苏州历史和文化的重要场所。
第二课时：项目实施1		
学生活动	教师活动	知识点（教学点）解析
1. 学生明确外出实践活动的相关事项，检查随带的资料物品。 2. 学生小组成员明确此次外出实践的任务。 3. 梳理外出需要记录的内容。 4. 学生小组实地走访平江路，带上纸笔，记录所见所闻。	1. 教育学生外出实践的安全、纪律、卫生等注意事项。 2. 教师指导学生在参观中记录相关信息。	小组可以分工协作，共同完成。重点记录平江路某一片区或者名人故居集中较多的地方，用圆点代替故居位置。
第三课时：项目实施2		
学生活动	教师活动	知识点（教学点）解析
1. 学生交流汇总收集的资料。 2. 学生观看教师给出的手绘地图范例，听讲解、记录需要重点关注的名人故居应该怎样标注。 3. 小组绘制地图初稿，尝试标注名人故居地址，商量调整图画结构。	1. 教师组织学生交流。 2. 教师指导学生绘制地图。 3. 教师拿出准备的手绘地图给学生看。结合现场进行讲解，指导学生标注名人故居。	手绘地图怎么画： 　　1. 地图范围确定及获取底图。 　　确定地图范围是首要的、最基础的工作。根据实景与绘制画面确定比例。 　　2. 绘制线路。 　　线路是手绘地图最基础的元素。 　　3. 绘制地形。 　　根据景区实际情况，对各类地形地貌进行绘制，比如山丘、河流、湖泊、树林、沙滩等。 　　4. 绘制景点。 　　景点的绘制是重点工作。每个景点的实际环境、外貌、建筑都具有不同的特色。因此，应结合实际，设计出具有代表性的建筑或者自然景观。 　　5. 添加标注文字。 　　手绘地图的图标不可或缺。对于一些服务设施、道路、景点等对象，标注合适的文字，会大大提高手绘地图的实用性。

续表

第四课时：项目成果展示和分享		
学生活动	教师活动	知识点（教学点）解析
1. 小组成员上台对绘制的地图成品进行介绍、讲解。 2. 相互评议、打分。 3. 评选"最优设计奖""最美设计奖""最有创意设计奖"。	1. 组织学生汇报，并给出相应建议。 2. 组织评选活动。 3. 组织颁奖典礼。	

项目评价：
名人故居手绘地图评价表。

评价内容	自我评价	同学评价	教师评价	家长评价
地图美观，构图清晰、完整	☆☆☆☆	☆☆☆☆	☆☆☆☆	☆☆☆☆
标注的名人故居位置准确	☆☆☆☆	☆☆☆☆	☆☆☆☆	☆☆☆☆
小组配合完成度高	☆☆☆☆	☆☆☆☆	☆☆☆☆	☆☆☆☆

项目成果：
平江路名人故居手绘地图。

 四年级（写一写）

潘府里的故事

单元主题：建筑——民居	项目名称：潘府里的故事	建议年级：四年级

项目描述：
　　潘世恩一脉，以一状元、二探花、八进士、十六举人，成为清代苏州官绅典型代表，享有"天下无第二家"之誉。潘府也被称为"姑苏第一状元府"。

任务：
　　了解潘世恩一脉的故事、了解状元文化，收集大盂鼎和大克鼎两件国宝的相关资料，制作状元文化和大盂鼎、大克鼎的知识卡片。

核心素养： 　1. 文化理解与传承素养：文化理解。 　2. 创新素养：创新实践。	关联学科： 　美术、数学、语文。

项目目标：
　1. 引导学生了解苏州的状元文化。
　2. 学生能运用绘画、剪、拼等手段，制作知识卡片，提高艺术创作能力。

续表

材料准备：
    1. 各类知识卡片图、视频。2. 潘世恩一脉相关资料。3. 相关评价表。

作品表现方式：
    设计大盂鼎和大克鼎的知识卡片。

第一课时：项目导入		
学生活动	教师活动	知识点（教学点）解析

1. 观看苏州状元博物馆介绍，引出主题。
2. 展示各类知识卡片、了解知识卡片的制作过程。
3. 小组讨论关于苏州状元文化、潘世恩一脉的相关内容。
4. 学生小组合作、沟通。
	1. 教师介绍、播放视频。
	2. 教师提问：苏州历史上有哪些状元？你们都认识他们吗？
	3. 组织学生交流。
	4. 教师介绍有关知识卡片制作、大盂鼎和大克鼎两件国宝的内容。
	5. 发布任务：了解潘世恩一脉的故事，了解状元文化，收集大盂鼎和大克鼎两件国宝的相关资料，制作大盂鼎和大克鼎的知识卡片。
		知识卡片是什么？
		    知识卡片是对知识进行结构化、晶体化、可视化的一种学习和表达方式。
		知识卡片制作的步骤：
		    识别核心、提取关键词、结构化、补充细节、美化。
		大盂鼎和大克鼎：
		    大盂鼎是西周时期的一种金属炊器，是西周早期青铜礼器中的重器。大克鼎是西周中期一位名叫克的大贵族为祭祀祖父而铸造的青铜器。这两尊鼎都是我国古代的珍贵文物，有相当高的历史价值。

第二课时：项目实施1		
学生活动	教师活动	知识点（教学点）解析
1. 学生明确外出实践活动的相关事项，检查随带的资料物品。 2. 学生小组成员明确此次外出实践的任务。 任务如下： （1）了解状元博物馆的历史和相关人物关系。 （2）简单画出大盂鼎和大克鼎的样子，并在感兴趣的地方标注文字，便于之后的研究。 （3）了解潘祖荫为什么会有这两件国宝。	1. 教育外出实践要保持的安全、纪律、卫生等注意事项。 2. 教师引导学生参观，并指导学生做相关记录。	潘祖荫的家族，特别是他的祖母潘达于，对保护和传承这些国宝起到了关键作用。辛亥革命爆发时，潘家通过智慧和勇气保全了大鼎，避免了这些珍贵文物落入外国收藏家之手。潘达于在1949年中华人民共和国成立后将大盂鼎和大克鼎献给国家，这两件国宝因此成了上海博物馆的镇馆之宝，是国家的重要文化遗产。潘达于的这一行为不仅体现了她对民族文化遗产的深厚情感和对国家的忠诚，也展示了她在保护国家文化遗产方面的远见卓识。她的这一举动，不仅获得了国家的褒奖，也为后人留下了宝贵的精神财富。

续表

第三课时：项目实施2		
学生活动	教师活动	知识点（教学点）解析
1. 学生交流各自记录的内容，说一说自己准备绘制哪方面的知识卡片。 2. 先完成初稿，进行初步展示，后调整修改，完成最终稿。	1. 教师组织学生交流。 2. 教师指导学生绘制卡片。	选择内容： 　　首先需要确定想要记录在小卡片上的内容，可能是一个知识点、一条笔记、一个想法，或一段阅读笔记。 选择卡片大小： 　　卡片可以有各种大小，例如可以使用卡片笔记的形式，以卡片大小的纸张记录笔记。可以选择使用临时卡片，例如记录灵感的卡片，也可以使用经过思考、整理后的永久卡片。 设计卡片： 　　在卡片的正面和背面上写上内容，可以将每个知识点写在一张卡片上，并插入图片或其他可视化元素来加深理解。同时，也可以加上自己的理解和金句抄写。 记录笔记： 　　记录所学的内容，卡片制作更容易引起回顾和思考。
第四课时：项目成果展示和分享		
学生活动	教师活动	知识点（教学点）解析
1. 学生将绘制的知识卡片相互传阅、学习。 2. 小组成员上台对绘制的知识卡片进行介绍、讲解。 3. 知识卡片内容大挑战。（根据大家制作的内容，开展内容学习大挑战活动，看看哪组、哪个同学答出的问题最多。） 4. 选出全场最有智慧小组和单场MVP。	1. 组织学生汇报。 2. 组织评选活动。 3. 组织挑战活动比拼。 4. 组织颁奖典礼。	

项目评价：
知识卡片评价表。

评价内容	自我评价	同学评价	教师评价	家长评价
知识卡片制作美观、构图得当	☆☆☆☆	☆☆☆☆	☆☆☆☆	☆☆☆☆
知识卡片内容丰富、有意义	☆☆☆☆	☆☆☆☆	☆☆☆☆	☆☆☆☆
通过学习了解到更多状元文化、潘氏故事	☆☆☆☆	☆☆☆☆	☆☆☆☆	☆☆☆☆

项目成果：
　　大盂鼎和大克鼎知识卡片、状元文化知识卡片。

五年级（辩一辩）

古宅修旧如旧 or 活化利用

单元主题：建筑——民居	项目名称：古宅修旧如旧 or 活化利用	建议年级：五年级

项目描述：
　　一砖一瓦，事关百姓安居；一屋一檐，体现城市风貌。在苏州古城，大量更新地块与风貌区交叠，老建筑、老街区是城市记忆的物质留存，是人民群众的乡愁见证，是城市内涵、品质、特色的重要标志。随着老旧住宅区、古建老宅改造和活化利用的推进，居民一半欢喜一半忧愁，房子新了，但是居住出行变得不方便了。

任务：
　　如果你们是老旧住宅的居民或是古宅的后人，你们是赞成活化利用还是修旧如旧？请同学们展开辩论。

核心素养： 1. 文化理解与传承素养：文化理解。 2. 审辩思维：质疑批判。	关联学科： 语文、综合实践活动。

项目目标：
　　1. 引导学生通过各种途径获取古宅翻新、修建的信息和资料，整理汇总。
　　2. 学生能理清自己的观点，用较为规范的语言表达、阐述自己的观点。

材料准备：
　　1. 古宅活化利用、修旧如旧的图片视频。2. 相关评价表。

作品表现方式：
　　"古宅修旧如旧 or 活化利用"辩论赛。

第一课时：项目导入		
学生活动	教师活动	知识点（教学点）解析
1. 观看古城老宅翻新或者古宅活化利用后的视频。 2. 学生交流、小组讨论。 3. 播放网红打卡地人满为患，给周围居民生活带来不便，居民投诉的视频。 4. 学生思考：对于古宅后人或是生活中老旧房子里的居民，你们觉得古宅应修旧如旧还是活化利用？	1. 教师播放视频。 2. 教师提问：根据观察，翻新改造后的房子和之前比，你觉得漂亮了吗？组织学生交流。 3. 教师播放视频。 4. 组织学生交流。教师提问：如果你们是附近居民，面对这样的情况，你们会怎么办？ 5. 发布任务：开展"古宅修旧如旧 or 活化利用"辩论赛。	古宅作为历史文化的载体，其保护与利用至关重要。在保护方面，"修旧如旧"的原则意味着在修复古宅时，应尽可能保持其原始风貌和结构，避免对建筑造成破坏性的改动，以确保古宅的历史价值和文化特色得以保留。这种做法不仅有助于保存古宅的原始风貌，还能让后人感受到历史的厚重和文化底蕴。然而，仅仅保持古宅的原貌并不足以充分发挥其价值。古宅的"活化利用"则强调在保护的基础上，通过改善基础设施、维修加固建筑、吸引居民回归或引入新的文化功能，使古宅适应现代生活的需要，焕发新的生机。这种方式不仅有

续表

学生活动	教师活动	知识点（教学点）解析
		助于古宅的长期保存，还能促进社区的发展和文化的传承。

<table>
<tr><td colspan="3" align="center">第二课时：项目实施1</td></tr>
<tr><th>学生活动</th><th>教师活动</th><th>知识点（教学点）解析</th></tr>
<tr><td>1. 了解辩论赛的含义，具体包括哪些内容、规则，每个人要准备些什么等。
2. 学生小组成员明确各自任务。
3. 确定辩论方向（正方或反方）。
4. 尝试撰写辩论初稿。</td><td>1. 教师介绍有关辩论的内容。
2. 帮助学生分工、确定切入点。
3. 教师辅助安排。
4. 解答学生在撰写初稿中碰到的问题。</td><td>正方（支持活化利用）参考的切入点：古建筑活化利用有助于永续传承城市历史文脉，有助于有效提升城市功能品质，有助于激发城市发展活力。
反方（修旧如旧）参考的切入点：翻新后的新房占据了原本居住的地方，居民受周围网红地打卡影响，原有的生活方式被改变。</td></tr>
</table>

<table>
<tr><td colspan="3" align="center">第三课时：项目实施2</td></tr>
<tr><th>学生活动</th><th>教师活动</th><th>知识点（教学点）解析</th></tr>
<tr><td>1. 学生合作分工，交流课后搜集的资料。
2. 正、反方完成辩论稿。</td><td>1. 教师进行针对性的指导。
2. 教师按照正、反方组织学生进行内容梳理。</td><td></td></tr>
</table>

<table>
<tr><td colspan="3" align="center">第四课时：项目成果展示和分享</td></tr>
<tr><th>学生活动</th><th>教师活动</th><th>知识点（教学点）解析</th></tr>
<tr><td>1. 学生进行"古宅修旧如旧 or 活化利用"辩论赛。
2. 小组交流辩论赛各个环节，并相互评分。
3. 评选"最佳辩手""最佳辩论组"。</td><td>1. 教师组织学生进行辩论。
2. 组织学生评选。
3. 组织颁奖典礼。</td><td></td></tr>
</table>

项目评价：
辩手评价表

评价内容	同学评价	教师评价
分析的角度和层次具有说服力和逻辑性	☆☆☆☆	☆☆☆☆
表达清晰，论据合理而有力	☆☆☆☆	☆☆☆☆
辩驳有理、有据、有力	☆☆☆☆	☆☆☆☆
辩论队成员团结协作、配合默契	☆☆☆☆	☆☆☆☆

项目成果：
　　辩论赛、辩论稿。

六年级（创一创）

我让古宅焕新颜

单元主题：建筑——民居	项目名称：我让古宅焕新颜	建议年级：六年级
项目描述： 　　近年来，苏州以"激活"作为保护传承工作的关键词，通过城市更新项目让历史文化与现代生活融为一体，很多在古城内修缮后的古建老宅通过活化利用得以焕发新生。		
任务： 　　走进平江路的小巷子，找一所古宅，给它量身定制一份策划书，让古宅"新"起来，"潮"起来，焕发新的光彩。		
核心素养： 　1. 沟通素养：有效表达。 　2. 创新素养：创新思维。 　3. 合作素养：责任分担。	**关联学科：** 　　数学、美术、信息技术、语文。	
项目目标： 　1. 引导学生了解什么是策划书、策划书的基本内容，学会撰写简单的策划书。 　2. 学生能运用简单的 PPT 展示其设计的策划书。 　3. 鼓励学生大胆想象，发展创新能力，增强学生的古城保护意识。		
材料准备： 　1. 古宅改造前后的相关视频或图片。2. 古宅焕新颜策划书分工表。3. 相关评价表。		
作品表现方式： 　　古宅焕新颜策划书。		

第一课时：项目导入		
学生活动	教师活动	知识点（教学点）解析
1. 学生观看图片并思考：如何让古宅"活"起来？ 2. 学生交流、小组讨论。 3. 选择一处古宅拟定要改造的方向和内容。	1. 教师播放古宅和改造后的对比图片。 2. 教师介绍"有熊酒店"的前世今生。提问：你们觉得是现在好，还是原来好？为什么？ 3. 组织讨论：让古建筑"活"起来，还有哪些形式？ 4. 发布任务：请同学们走进平江路的小巷子，找一所古宅，为它量身定制一份策划书，让古宅"新"起来，"潮"起来，再次焕发动人光彩。	有熊酒店位于苏州市平江路敬文里，其前身是一座清代庭园，名为"嘉园"。这座庭园原本是建筑大师贝聿铭的祖父、民国时期的"颜料大王"贝润生的私家宅院。有熊酒店以其独特的园林风格和现代化的设施，成了苏州炙手可热的"网红"酒店。 　　大儒巷38号，原本是一处始建于元代的寺庙，在经过修缮升级后，三进院落里，一进成为苏州图书馆分馆，另一进每天下午都会有评弹演出，暑期每天2000多人次的客流让老宅恢复了生机。

续表

学生活动	教师活动	知识点（教学点）解析
		钮家巷陈宅位于钮家巷8号，为苏州市控制保护建筑，焕然一新的陈宅也吸引了不少社会资本的关注，精品酒店、企业办公、时尚零售都有可能成为这座古老宅院的新身份。

| 第二课时：项目实施1 |||

学生活动	教师活动	知识点（教学点）解析
1. 学生听讲、记录。 2. 学生小组成员明确各自任务。 3. 共同商议，撰写策划书提纲。	1. 教师介绍策划书的含义、基本内容、书写格式等。 2. 帮助学生分工。 3. 解答学生在撰写提纲中碰到的问题。	什么是策划书： 　　策划书是对某个未来的活动或者事件进行策划，并展现给读者的文本，具有很强的操作性。主题是策划书的灵魂，必须非常鲜明。 策划书内容主要包括： 　　第一部分：项目介绍（项目概述；项目背景分析；项目问题分析；项目目标；项目策划及活动；项目创新性）。 　　第二部分：项目实施计划（项目产出；项目具体实施步骤）。 　　第三部分：项目组织结构。 　　第四部分：社会资源拓展。 　　……

| 第三课时：项目实施2 |||

学生活动	教师活动	知识点（教学点）解析
1. 学生小组外出实地调查，探寻平江路上的古宅。重点找一所古宅或者古民居进行研究。 2. 通过与周围居民或古宅继承人的交谈获取信息并记录，了解情况，如房子面积、尺寸，建筑时间等。如果需要，可以对话相关古建筑工作者。 3. 将收集的资料带回学校整理并撰写策划书初稿。	1. 教师带领学生进行实地探究。 2. 访谈古建筑工作者，为学生答疑解惑。	古宅改造策划书注意点： 　　保留历史风貌和文化遗产价值：在古宅改造过程中，应尽量保留其历史风貌和文化遗产价值，避免过分改变原有结构和外观。 　　重视安全问题：古宅改造中，必须重视安全问题，包括电路老化、房屋结构不稳等，必须在改造过程中进行全面检查和整改，确保居住安全。 　　注重环保节能：改造设计应贯彻可持续发展理念，注重环保、节能，可利用太阳能和地源热泵等新技术，提高能源利用效率。 　　考虑特殊人群需求：改造设计应符合无障碍标准，如设置坡道、扶手等，以适应老年人和特殊人群的使用需求。 　　关注细节处理：从家具搭配到装饰品摆放等细节都要考虑到整个改造设计的风格和氛围，使改造后的古宅更加人性化、实用和美观。

续表

第四课时：项目成果展示和分享		
学生活动	教师活动	知识点（教学点）解析
1. 各小组上台进行策划书的讲解。 2. 台下学生认真聆听，提出疑问和台上学生进行互动，如：你们的策划灵感来源于什么地方？你们策划的主题、概念是什么？你们策划的亮点（最吸引人的地方）是什么？ 3. 评选"最佳策划"。	1. 组织学生汇报。 2. 教师引导台上台下的学生互动。 3. 组织颁奖典礼。	

项目评价：
策划书评价表。

评价内容	同学评价	教师评价
策划书的格式规范	☆☆☆☆	☆☆☆☆
策划内容的可实施性	☆☆☆☆	☆☆☆☆
策划内容的创意性	☆☆☆☆	☆☆☆☆

项目成果：
　　策划书、文稿。

附：

项目分工表

内容	负责人	备注
统筹安排及撰写项目概述（组长）		
项目的背景分析撰写		
项目的问题分析撰写		
项目的目标撰写		
项目的具体策划及活动撰写		
项目汇报 PPT 制作		

街巷——街

一年级（认一认）

山塘街的七只狸猫

单元主题：街巷——街	项目活动：山塘街的七只狸猫	建议年级：一年级

项目描述：
山塘街东起"一二等富贵风流之地"的阊门，西至"吴中第一名胜"虎丘，全长约合 7 里（3.5 千米），故称"七里山塘到虎丘"。很多人却把这里称作"七狸山塘"，因为这条街上有七只狸猫的石像，这些狸猫的石像分别建在山塘河沿途的七座石拱桥处。

任务：
了解山塘街的历史概况、传说故事，寻找山塘街上的七座狸猫石像，实地探索七座狸猫石像的位置，知道每只狸猫背后的含义。

核心素养： 　1. 文化理解与传承素养：文化理解、文化认同、文化践行。 　2. 合作素养：愿景认同、责任分担、协同共进。	关联学科： 　语文、道德与法治。

项目目标：
1. 了解山塘街历史变化，认识山塘街的七座狸猫石像，知道每个狸猫背后的含义。 　2. 能在他人的话语中获取自己需要的信息，丰富自己认知。

材料准备：
1. 有关山塘街景色的视频、图片。2. 相关评价表。

作品表现方式：
"帮七狸找家"连线图 　　美仁狸　　通贵狸　　文星狸　　彩云狸　　白公狸　　海涌狸　　分水狸   　象征机遇　象征学识　象征优雅　象征缘分　象征富贵　象征健康　象征幸福

第一课时：项目导入		
学生活动	教师活动	知识点（教学点）解析
1. 学生观看视频。 2. 学生交流：自己眼中的山塘街。 3. 学生观看山塘街的相关视频。	1. 教师播放山塘街的视频。 2. 组织交流：关于山塘街，你都知道些什么？ 3. 介绍山塘街的历史、作用及存在意义。	七狸的名称： 　　美仁狸、通贵狸、文星狸、彩云狸、白公狸、海涌狸、分水狸。

续表

学生活动	教师活动	知识点（教学点）解析
4. 学生讨论分组，确定自己要寻找的狸猫石像。	4. 发布任务：请同学们通过实地探索，寻找传说中七座狸猫石像的具体位置，了解不同狸猫石像背后的含义，最后进行"帮七狸找家"的连线活动。	

第二课时：项目实施1		
学生活动	教师活动	知识点（教学点）解析
1. 学生小组成员明确此次外出实践的任务。 2. 学生实地参观山塘街。分组寻找狸猫石像。 3. 回校后，学生交流本组是否找到了自己的狸猫石像，在寻找过程中遇到了什么困难，是否解决，如何解决，未解决的困难打算如何处理。	1. 教育学生外出实践的安全、纪律、卫生等注意事项。 2. 教师带领学生参观，指导学生做好记录。 3. 回校后指导未找到本组狸猫石像的学生在课余时间继续寻找。	组织学生分组到山塘街寻找狸猫石像，若学生在寻找过程中遇到困难，鼓励学生自己动脑解决或者求助身边的人。

第三课时：项目实施2		
学生活动	教师活动	知识点（教学点）解析
1. 学生交流找到的七座狸猫石像的具体位置及背后的含义。 2. 交流本组是怎样找到狸猫石像和了解狸猫石像背后意义的。 3. 学生分组完成"帮七狸找家"的出题任务。	1. 引导学生对自己的寻找过程进行总结。 2. 指导学生出连线题时应将答案分散开来。	美仁狸，象征优雅。 通贵狸，象征富贵。 文星狸，象征学识。 彩云狸，象征幸福。 白公狸，象征健康。 海涌狸，象征缘分。 分水狸，象征机遇。

第四课时：项目成果展示和分享		
学生活动	教师活动	知识点（教学点）解析
1. 比一比，赛一赛：学生完成"帮七狸找家"连线图。 2. 相互评分。	1. 组织学生完成连线题比赛。 2. 讲解评比规则，表扬优胜者。	

续表

项目评价：
1. 活动自评表。

评价内容	星级
了解山塘街七座狸猫石像的名称与位置	☆☆☆☆
明白狸猫背后的意义	☆☆☆☆
积极参与小组活动，主动表达	☆☆☆☆

2. 连线题评价表。

评价内容	教师评价	学生互评
连线游戏规则清晰	☆☆☆☆	☆☆☆☆
连线图内容正确	☆☆☆☆	☆☆☆☆

项目成果：
"帮七狸找家"连线图。

附：

"七狸山塘"研究任务单

导学：同学们，经过上周的学习，我们对山塘街有了初步认识。今天，我们将走出学校，去山塘街实地寻找"狸猫"，将获取到的内容按要求填写在下面的表格内。

研究内容	记录内容（写一写、画一画）
名称	
位置	
样子	
含义	

二年级（说一说）

"七里山塘"的传说

单元主题：街巷——街	项目活动："七里山塘"的传说	建议年级：二年级

项目描述： 　　相传，明代刘伯温为了镇守张士诚的龙脉，于是作坛施法，邀请了七只有千斤巨锁之力的上古神兽狸猫。这七只狸猫守在横跨山塘河的七座古桥头，它们合力困住巨龙，使其永世不得翻身，很多人就因此把这里称作"七狸山塘"。		
任务： 　　通过了解山塘街的历史概况、传说故事，用自己的语言讲一讲"七狸山塘"的传说，演一演山塘街的传说故事。		
核心素养： 　1. 文化理解与传承素养：文化理解、文化认同、文化践行。 　2. 合作素养：愿景认同、责任分担、协同共进。		关联学科： 　语文、道德与法治、音乐。
项目目标： 　1. 了解山塘街历史变化，能用自己的话把山塘街的传说故事讲清楚、讲明白。 　2. 能大致改编山塘街的传说故事，用简单的表演演绎山塘街的传说故事。 　3. 感受苏州山塘街传说的魅力，以家乡为荣。		
材料准备： 　1. 相关街巷的视频。2. 相关评价表。		
作品表现方式： 　山塘街传说故事大会。		
第一课时：项目导入		
学生活动	教师活动	知识点（教学点）解析
1. 学生观看山塘街历史的相关视频。 2. 学生交流：自己眼中的山塘街。	1. 教师播放山塘街视频。 2. 组织交流：关于山塘街，你都知道些什么？ 3. 介绍山塘街的传说故事。 4. 发布任务：我们邀请同学们利用自己的课余时间寻找山塘街七只狸猫背后的传说故事，自己讲一讲、演一演。	山塘狸猫传说： 　　公元1366年，朱元璋派大将徐达率兵20万攻打苏州，大败大周政权，张士诚兵败自杀。但鉴于张士诚在苏州兴水利、免税赋，发展工商，颇有作为，深得百姓感激，朱元璋怕民心不稳，遂派"前算八百后算千年"的军师刘伯温上苏州考察民情。刘伯温到山塘街一看，吓了一跳。山塘街下面卧着一条大白龙，这可是张士诚的龙脉啊！要是这条龙逃了出来，大明江山可要不稳了。于是作坛

街巷——街

续表

学生活动	教师活动	知识点（教学点）解析
		施法，邀请了七只有千斤巨锁之力的上古神兽狸猫。在横跨山塘河的七座古桥头边各站着一只狸猫，它们合力困住巨龙，使其永世不得翻身。七里山塘街一里一只狸猫镇守，所以称为"七狸山塘"。"七狸"谐音"七利"，七利无一害，可保大明江山万世存续。传说中的石狸猛将们似狸非狸、似猫非猫，高约1尺5寸（50厘米）；头部滚圆、夸张，为整个身体的三分之一；毛发稀疏、五爪锐利、面目特别狰狞，小小的两耳紧贴着脑袋，栩栩如生、呼之欲出。后经刘伯温施法显灵，忠于职守地坐镇桥头，岿然不动。

第二课时：项目实施1

学生活动	教师活动	知识点（教学点）解析
1. 学生明确外出实践活动的相关事项，检查随带的资料物品。 2. 学生小组成员明确此次外出实践的任务。 3. 学生交流查找到的山塘街传说。 4. 学生尝试讲一讲山塘街的传说。 5. 学生互相点评。 6. 学生分组，确定"演一演"的具体分工、进度。	1. 组织学生分组外出活动。 2. 指导学生筛选与主题相关的资料。 3. 指导讲传说的注意点。 4. 教师点评。 5. 指导学生规划"演一演"的进度安排。	讲传说时需要注意：故事完整；语言通俗易懂；吸引人；声情并茂。

第三课时：项目实施2

学生活动	教师活动	知识点（教学点）解析
1. 学生交流排练进度及排练时遇到的困难。 2. 观看视频，学生交流表演和讲故事的区别。 3. 学生修改规划。	1. 指导学生解决排练中遇到的困难。 2. 播放视频，引导学生总结表演和讲故事的区别。 3. 指导学生修改规划。	表演课本剧需要注意：改编不能脱离主题；台词、表情、动作不脱离人物性格；准备简单的道具、音乐。

续表

第四课时：项目成果展示和分享		
学生活动	教师活动	知识点（教学点）解析
1. 学生分组演一演"七狸山塘"的传说故事。 2. 相互评分。 3. 评选"最佳剧本改编""最佳导演""最佳演员""最佳表演组"。	1. 组织学生汇报演出。 2. 讲解评比要求。	

项目评价：
1. 活动自评表。

评价内容	星级
认真参与每一次小组活动	☆☆☆☆
积极完成组内布置的任务	☆☆☆☆
自己在小组中有所成长	☆☆☆☆

2. "演一演"评价表。

评价内容	教师评价	学生互评
改编切合主题	☆☆☆☆	☆☆☆☆
表演符合人物性格	☆☆☆☆	☆☆☆☆
有简单的道具、音乐	☆☆☆☆	☆☆☆☆
让人们看了能留下印象	☆☆☆☆	☆☆☆☆

项目成果：
"山塘街传说故事大会"照片。

附：

"演一演"小组分工表

分工内容	姓　名
统筹安排、协调工作（导演）	
编剧	
演员	
音乐制作	
道具制作	
备注	

三年级(画一画)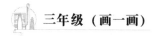

制作山塘街吉祥物

单元主题：街巷——街	项目活动：制作山塘街吉祥物	建议年级：三年级

项目描述：
　　很多人把山塘街称作"七狸山塘"，就是因为这条街上有七只狸猫的石像，这些狸猫的石像分别建在山塘河沿途的七座石拱桥处。美仁狸，象征优雅；通贵狸，象征富贵；文星狸，象征学识；彩云狸，象征幸福；白公狸，象征健康；海涌狸，象征缘分；分水狸，象征机遇。

任务：
　　近期，姑苏区古城保护委员会向社会征集以七只狸猫为原型的吉祥物，请同学们通过了解山塘街的历史概况及"七狸"背后的含义，画出心目中的"七狸"，为山塘街代言。

核心素养： 　1. 文化理解与传承素养：文化理解、文化认同、文化践行。 　2. 创新素养：创新思维、创新实践。 　3. 合作素养：愿景认同、责任分担、协同共进。	关联学科： 　语文、美术、劳动。

项目目标：
　　1. 了解山塘街历史变化，认识山塘街的七只狸猫，知道每只狸猫背后的含义。
　　2. 能运用传统或现代的工具、材料和媒介，创作平面、立体或动态等表现形式的美术作品，表达自己的独特感悟与创意。

材料准备：
　　1. 山塘街视频。2. 制作泥塑的相关材料和制作工具。3. 相关评价表。

作品表现方式：
　　山塘街吉祥物泥塑。

第一课时：项目导入		
学生活动	教师活动	知识点（教学点）解析
1. 学生观看视频。 2. 学生交流：自己眼中的山塘街及"七狸"的名称、含义。 3. 学生讨论分组，确定自己制作吉祥物的狸猫蓝本。	1. 教师播放山塘街视频。组织交流：关于山塘街，你都知道些什么？ 2. 展示山塘街"七狸"的外形。 3. 发布任务：近期，姑苏区古城保护协会向社会征集以七只狸猫为原型的吉祥物，请同学们通过了解山塘街的历史概况及"七狸"背后的含义，制作心目中的"七狸"，为山塘街代言。	七狸的名称及含义： 　美仁狸、通贵狸、文星狸、彩云狸、白公狸、海涌狸、分水狸。 　美仁狸，象征优雅。 　通贵狸，象征富贵。 　文星狸，象征学识。 　彩云狸，象征幸福。 　白公狸，象征健康。 　海涌狸，象征缘分。 　分水狸，象征机遇。

续表

第二课时：项目实施1		
学生活动	教师活动	知识点（教学点）解析
1. 学生实地参观山塘街。 2. 学生分组寻找"狸猫"，运用多种感官感受"狸猫"特点。 3. 回校后，学生交流本组"狸猫"的特点。 4. 小组交流、讨论本组制作山塘街吉祥物的计划，绘制吉祥物的草图。	1. 教师带领学生参观，指导学生做好记录。 2. 教师组织交流。 3. 教师指导学生制定计划，鼓励学生运用多种素材进行制作。	制作吉祥物的注意点： 拟人化，特点凸显。 熟悉化，贴近生活。 娱乐化，老少皆宜。

第三课时：项目实施2		
学生活动	教师活动	知识点（教学点）解析
1. 学生着手制作山塘街创意吉祥物。 2. 小组组员之间相互帮助，小组与小组间相互学习。 3. 如有现场就完成的，向同学展示并修改。	1. 引导学生关注制作吉祥物的注意点。 2. 及时解答学生在创作中的问题。	

第四课时：项目成果展示和分享		
学生活动	教师活动	知识点（教学点）解析
1. 各小组轮流上台交流本组制作的山塘街吉祥物的含义及特色。 2. 相互评分。 3. 评选"最具特色吉祥物"。	1. 组织学生汇报。 2. 讲解评比要求，组织评比。	

项目评价：
1. 活动自评表。

评价内容	星级
认真参与每一次小组活动	☆☆☆☆
掌握设计吉祥物的要点	☆☆☆☆
自己在小组活动中有进步	☆☆☆☆

2. 吉祥物泥塑评价表。

评价内容	教师评价	学生互评
构思新颖、造型独特	☆☆☆☆	☆☆☆☆
线条流畅、色彩鲜艳	☆☆☆☆	☆☆☆☆
生动形象、吸引人	☆☆☆☆	☆☆☆☆

续表

项目成果：
山塘街吉祥物。

附：

制作吉祥物小组分工表

分工内容	姓　　名
统筹安排、协调工作（组长）	
吉祥物草图设计	
材料准备	
吉祥物制作	
备注	

 四年级（写一写）

"七狸"的山塘奇旅记

单元主题：街巷——街	项目活动："七狸"的山塘奇旅记	建议年级：四年级
项目描述： 　　白居易任苏州刺史期间对苏州城外西北河道进行疏浚，利用天然河道开挖成直河，始称山塘河，山塘街因河而得名，又因白居易主持修建，又称"白公堤"。相传，明代刘伯温为了镇守张士诚的龙脉，在山塘街七座古桥边分别建造了一只石狸，很多人因此就把这里称作"七狸山塘"。		
任务： 　　传说故事通常都蕴含着了人们对生活的美好愿望，请同学们通过了解山塘街的历史概况、传说故事，写一写关于山塘"七狸"在山塘街上可能会发生的故事。		
核心素养： 　1. 文化理解与传承素养：文化理解、文化认同、文化践行。 　2. 创新素养：创新人格、创新思维。 　3. 合作素养：愿景认同、责任分担、协同共进。	关联学科： 　　语文、道德与法治。	
项目目标： 　1. 多角度了解山塘街历史变化，能用自己的话把山塘街的传说故事讲清楚、讲明白。 　2. 发挥想象，描写"七狸"的山塘奇旅。		
材料准备： 　　相关评价表。		
作品表现方式： 　　山塘"七狸"的奇旅故事。		

街巷——街

续表

第一课时：项目导入		
学生活动	教师活动	知识点（教学点）解析
1. 学生交流发言。 2. 学生围绕的山塘街及"七狸"展开想象。	1. 教师引导学生回顾山塘街的历史、传说故事等。 2. 引导学生想象：七只狸猫会在山塘街有怎样的奇遇呢？ 3. 发布任务：传说故事通常都蕴含着了人们对生活的美好愿望，请同学们通过了解山塘街的历史概况及传说故事，写一写山塘"七狸"在山塘街上可能会发生的故事。	

第二课时：项目实施1		
学生活动	教师活动	知识点（教学点）解析
1. 学生交流查找到的山塘街资料。 2. 学生交流"七狸"奇旅可能发生的背景、地点、事情。 3. 学生互相点评。 4. 学生分组，确定"七狸"奇旅的主人公，安排具体分工、制定进度规划。	1. 教师指导学生筛选与主题相关的资料。 2. 教师讲解编写故事的注意点。 3. 教师点评。 4. 教师指导学生规划撰写"七狸"奇旅的进度安排。	编写故事要注意： 1. 故事名称新颖。 2. 故事内容有声有色。 3. 故事人物塑造典型。 4. 故事具有启发性和教育性。 5. 故事选材贴近生活。

第三课时：项目实施2		
学生活动	教师活动	知识点（教学点）解析
1. 学生交流编写进度及编写时遇到的困难。 2. 学生交流编写大纲。 3. 学生完成编写。	1. 指导学生修改、完善编写大纲。 2. 指导学生解决编写中遇到的困难。	

第四课时：项目成果展示和分享		
学生活动	教师活动	知识点（教学点）解析
1. 学生分组交流"七狸"奇旅。 2. 相互评分。 3. 评选"最佳故事内容""最具创意故事""最具教育性故事""最佳主人公"。	1. 组织学生汇报。 2. 讲解评比要求。 3. 组织评比。	

085

续表

项目评价：
1. 活动自评表。

评价内容	星级
认真参与每一次小组活动	☆☆☆☆
积极履行自己的职责	☆☆☆☆
掌握撰写故事的要点	☆☆☆☆

2. "奇旅故事"评价表。

评价内容	教师评价	学生互评
故事名称新颖	☆☆☆☆	☆☆☆☆
内容有声有色	☆☆☆☆	☆☆☆☆
选材贴近生活	☆☆☆☆	☆☆☆☆
人物形象典型	☆☆☆☆	☆☆☆☆
故事具有教育性	☆☆☆☆	☆☆☆☆

项目成果：
"山塘'七狸'奇旅故事会"照片。

附：

"奇旅故事"小组分工表

分工内容	姓　名
统筹安排、协调工作（组长）	
资料搜集、整理	
大纲编写	
故事编写	
备注	

五年级（辩一辩）

辩山塘街和平江路的异同

单元主题：街巷——街	项目活动：辩山塘街和平江路的异同	建议年级：五年级

项目描述：
山塘景区人文景观、自然景观丰富，吴地文化氛围浓郁，资源实体体量巨大，具有以千年古街、民俗文化活动与宗教祭祀活动场所、明清古建筑群、会馆公所等为主的40多种旅游资源类型。山塘街始建于公元825年，距今已有近1200年的历史，被誉为"老苏州的缩影""吴文化的窗口"。 　　平江路，北接拙政园，南眺双塔，全长1606米，是苏州一条历史悠久的经典水巷。早在南宋的苏州地图《平江图》上，平江路即清晰可辨，是当时苏州东半城的主干道。800多年来，不但平江路的河流形态、街道建制与原先基本相仿，而且还保留着"水路并行，河街相邻"的水乡格局。

任务：
两条街都能体现苏州特色，结合自己的经验，通过实地探索，辩一辩山塘街和平江路的异同。

核心素养： 　1. 文化理解与传承素养：文化理解、文化认同、文化践行。 　2. 审辩思维：质疑批判、分析论证、综合生成。	关联学科： 　语文、道德与法治、信息技术。

项目目标：
1. 了解山塘街和平江路的异同，多维度地热爱家乡。 　2. 掌握辩论的方法并在讨论会中积极运用。

材料准备：
1. 有关山塘街、平江路的视频、图片。2. 相关评价表。

作品表现方式：
山塘街和平江路异同讨论会。

第一课时：项目导入		
学生活动	教师活动	知识点（教学点）解析
1. 学生观看视频。 2. 学生交流：自己眼中的山塘街和平江路。 3. 学生讨论分组，确定本组研究方向。	1. 教师播放山塘街、平江路的视频。 2. 组织交流：关于山塘街和平江路，你们都知道些什么？	山塘街 　整个街道呈河路并行的格局，建筑精致典雅、粉墙黛瓦、体量协调、疏朗有致，是苏州古城风貌精华之所在。

续表

学生活动	教师活动	知识点（教学点）解析
	3. 发布任务：两条街都能体现苏州特色，请同学们联系自己经验，通过实地探索，辩一辩山塘街和平江路的异同。	山塘老街——山塘老街全长360米。虽仅有七里山塘的十分之一，却是山塘的精华所在。被称为"老苏州的缩影、吴文化的窗口"，老街重现了当年山塘的繁盛，店肆林立、会馆齐聚。既有苏州老字号采芝斋、黄天源、五芳斋、绿杨馄饨店，也有中国缂丝泰斗王金山的工作室、刺绣、紫檀木雕、石雕、玉雕、蓝印花布大师前店后坊式的店铺。横跨山塘河的通贵桥桥孔与水中的倒影，浑然一圆，曾让建筑大师贝聿铭为此击节叫好。 作为苏州水上旅游精品项目的重要组成部分，山塘河游船从古戏台码头——虎丘往返的四十分钟，游客可看到通贵桥、星桥、陕西会馆、普福禅寺、山东会馆门头、桐桥遗址、贝家祠堂、观音阁、敕建报恩禅寺、普济桥、五人墓、青山桥、绿水桥、张国维祠堂、斟酌桥、李鸿章祠堂等景点，并可领略到山塘地区独特的水巷风貌、典型的江南民居风格、鲜活的民俗民风、迷人的景观灯光，像欣赏一幅缓缓展开的画卷，从小桥流水枕河人家的水巷风貌，逐渐展现出恬美、疏朗的田园风光。所有游船都配备了电子语音讲解系统，让游客在观赏迷人景色的同时，还能了解到山塘街古老而又浓厚的历史文化底蕴。 平江路： 平江路周遭保留了大批老式民宅，远望也难得不见高楼钢筋。河道西面的民居多依河而建，上了年纪的老房子，白墙青瓦，木栅花窗，木料多用棕红或棕黑色，清淡分明。外墙多已斑驳，却如丹青淡剥。墙面剥落处又攀生出许多的藤萝蔓草，随风摇曳，神采灵动。河道窄处两岸似乎援手可握，宽处可容一船周转裕如，也不过隔水可呼。 与平江路垂直相接的是诸多狭小的街巷，悬桥巷、狮林寺巷、传芳巷、东花桥巷、曹胡徐巷、丁香巷、大小新桥巷、卫道观前、中张家巷、大儒巷、萧家巷、钮家巷等，每一个名字背后都可能有着长长的故事。巷子里是高高的垣墙夹着曲折的街巷，颇有些曲径通幽的意境。不知高墙内深藏了多少私家花园，园林讲究市园相隔，俗者屏之，然而这也显出了苏州生活的另一面，市井生活与清修别院从来便是互为表里，共为苏州文化空间的魂魄，清雅高远的文人趣味自然提炼了苏州的精神气韵，而"大隐于市"的美学体味也需要人间烟火来成全。

续表

第二课时：项目实施1		
学生活动	教师活动	知识点（教学点）解析
1. 学生实地参观山塘街和平江路，思考异同角度。 2. 收集相关资料。 3. 采访原住居民。	1. 教师带领学生参观，指导学生做好记录。 2. 引导学生多角度思考并用相关资料佐证。	异同：街巷的整体布局、商业气息、适合人群、特色文化等角度思考。

第三课时：项目实施2		
学生活动	教师活动	知识点（教学点）解析
1. 学生分组交流确定本组的研究主题。 2. 梳理相关资料。 3. 根据讨论结果，编写提纲。	1. 教师组织交流。 2. 教师引导学生在同一维度下进行比较。 3. 组织交流提纲，拓宽异同维度。	

第四课时：项目成果展示和分享		
学生活动	教师活动	知识点（教学点）解析
1. 交流分享，评出"我的发现最多"奖。 2. 相互评分。	1. 组织学生汇报。 2. 组织评奖。	

项目评价：
活动自评表。

评价内容	星级
认真参与每一次小组活动	☆☆☆☆
掌握了多角度说异同的方法	☆☆☆☆
知道了山塘街与平江路的异同	☆☆☆☆

项目成果：
"山塘街和平江路异同讨论会"照片和相关文稿。

附：

山塘街、平江路研究任务单

导学：同学们，经过上周的学习，我们对山塘街和平江路有了初步认识。今天，我们将走出学校，请根据你们选择的主题，将实地探索获得的内容按要求填写在下面的表格内。

研究内容	山塘街	平江路
不同之处		
相同之处		

 六年级（创一创）

设计山塘街文创产品

单元主题：街巷——街	项目活动：设计山塘街文创产品	建议年级：六年级
项目描述： 　　传统元素和现代艺术融合已经成为最近的流行趋势，如虎丘塔样式的雪糕、苏州博物馆建筑样式的冰箱贴、吴王夫差剑造型的玩偶…… 　　"文创"是指文化创意，是以文化为元素，融合多元文化，整理相关学科，利用不同载体而构建的再造与创新的文化现象，重在对文化资源、文化概念等进行不同角度和层次的创新解读和挖掘、再现。		
任务： 　　以山塘街为素材，围绕山塘街的景点、文化特色、历史等方面，为山塘街设计创意文创产品，让更多地区的人们认识山塘街。		
核心素养： 1. 文化理解与传承素养：文化理解、文化认同、文化践行。 2. 创新素养：创新思维、创新实践。		关联学科： 　　语文、美术、信息技术。
项目目标： 1. 能将自己对家乡的热爱通过文创产品的形式展现出来。 2. 了解山塘街的历史变化，认识山塘街的特色和主要景点。 3. 能运用传统或现代的工具、材料和媒介，创作平面、立体或动态等表现形式的美术作品，以此表达自己独特的感悟与创意。		
材料准备： 1. 制作文创产品的相关材料和工具。2. 相关评价表。		

续表

作品表现方式：
　　山塘街创意文创设计图。

第一课时：项目导入		
学生活动	教师活动	知识点（教学点）解析
1. 学生观看PPT。 2. 学生交流：自己眼中的山塘街代表性标志。 3. 学生讨论分组，确定本组文创产品主题。	1. 教师播放山塘街PPT。 2. 组织交流：关于山塘街，你们都知道些什么？ 3. 补充介绍山塘街的历史、景点。 4. 发布任务：请同学们以山塘街为素材，围绕山塘街的景点、文化特色、历史等方面，为山塘街设计文创产品，让更多地区的人们认识山塘街。	山塘街：整个街道呈河路并行的格局，建筑精致典雅、粉墙黛瓦、体量协调、疏朗有致，是苏州古城风貌精华之所在。 　　山塘老街——山塘老街全长360米，虽仅有七里山塘的十分之一，却是山塘的精华所在。被称为"老苏州的缩影、吴文化的窗口"，老街重现了当年山塘的繁盛：店肆林立、会馆齐聚。既有苏州老字号采芝斋、黄天源、五芳斋、绿杨馄饨店，也有中国缂丝泰斗王金山的工作室、刺绣、紫檀木雕、石雕、玉雕、蓝印花布大师前店后坊式的店铺。横跨山塘河的通贵桥桥孔与水中的倒影，浑然一圆，曾让建筑大师贝聿铭为此击节叫好。 　　吴一鹏故居-明代南京吏部尚书吴一鹏故居，（吴一鹏，字南夫，号白楼居士，明弘治年间官至礼部侍郎、南京吏部尚书，83岁逝世，谥号端。）故居占地面积5000多平方米，建筑面积6000多平方米，是苏州城外最大的古建筑群。其正门临古街水巷，厅堂楼阁齐备，扁作梁架，青石鼓墩柱础，轩敞古朴。各进门楼砖雕精美绝伦，规制颇高，后花园和主体建筑呼应，内有荷花池、假山、船厅等，为江南名宅的典范之作。 　　修葺后的吴一鹏故居建筑群落为四路五进。东路建筑为桃花坞木刻年画工作室。这里不仅全面展示了发源于山塘，为世界文化遗产申报项目的桃花坞木刻年画，而且还全过程演示了此画制作的复杂的过程。 　　作为苏州水上旅游精品项目的重要组成部分，山塘河游船从古戏台码头——虎丘往返约四十分钟，游客可看到通贵桥、星桥、陕西会馆、普福禅寺、山东会馆门墙、桐桥遗址、贝家祠堂、观音阁、敕建报恩禅寺、普济桥、五人墓、青山桥、绿水桥、张国维祠堂、斟酌桥、李鸿章祠堂等景点，并可领略到山塘地区独特的水巷风貌，典型的江南民居风格、鲜活的民俗民风、迷人的景观灯光，像欣赏一幅缓缓展开的画卷，从小桥流水枕河人家的水巷风貌，逐渐展现出恬美、疏朗的田园风光。所有游船都配备了电子语音讲解系统，让游客在观赏迷人景色的同时，还能了解到山塘街古老而又浓厚的历史文化底蕴。
第二课时：项目实施1		
学生活动	教师活动	知识点（教学点）解析
1. 学生实地参观山塘街。 2. 学生分组探索本组的创意主题。 3. 小组交流、讨论，制定本组山塘街文创产品设计计划。	1. 带领学生参观，指导学生做好记录。 2. 教师组织交流，指导学生制定计划，鼓励学生运用多种素材进行设计。选择山塘街具有代表性的物品进行设计。	

续表

第三课时：项目实施2		
学生活动	教师活动	知识点（教学点）解析
1. 学生着手绘制山塘街文创产品设计图或制作文创产品。 2. 小组组员之间相互帮助、小组与小组间相互学习。 3. 如有现场就完成的，向同学展示并修改。	1. 引导学生关注设计文创产品的注意点。 2. 及时回答学生在创作中的问题。	文创产品设计的注意点： 1. 实用性。 2. 艺术性。 3. 创造性。 4. 文化背景。
第四课时：项目成果展示和分享		
学生活动	教师活动	知识点（教学点）解析
1. 各小组轮流上台交流本组设计的山塘街文创产品的含义及特色。 2. 相互评分。 3. 评选"最具特色文创""最有创意文创""最实用文创"。	1. 组织学生汇报。 2. 讲解评比要求。	

项目评价：
1. 活动自评表。

评价内容	星级
积极完成自己在小组内要完成的任务	☆☆☆☆
掌握设计文创产品的要点	☆☆☆☆
自己在小组活动中有进步	☆☆☆☆

2. 文创作品评价表。

评价内容	教师评价	学生互评
文创产品文化背景	☆☆☆☆	☆☆☆☆
文创产品实用性	☆☆☆☆	☆☆☆☆
文创产品艺术性	☆☆☆☆	☆☆☆☆
文创产品创造性	☆☆☆☆	☆☆☆☆

项目成果：
山塘街文创产品设计图和文创作品。

附:

山塘街文创产品设计小组分工表

分工内容	姓　　名
统筹安排、协调工作（组长）	
资料搜集及整理	
文创产品草图设计	
文创产品设计制作	
备注	

街巷——路

一年级（认一认）

按图索"迹"

单元主题：街巷——路	项目名称：按图索"迹"	建议年级：一年级

项目描述：
　　平江路北起东北街，南至干将路，两侧延伸出许多横街窄巷，另有平江河与之平行，构成了"河街相邻，水陆并行"的双棋盘格局。整个平江历史街区面积约为1.16平方千米，为大运河苏州段七个遗产点之一，是苏州古城迄今保存最完整的历史文化保护区。

任务：
　　通过观察平江百巷图，选择感兴趣的某个地点，按图索"迹"，对照地图到平江路走一走，看一看，完成打卡，并观察所选地点的特点，与同学们交流。

核心素养： 　1. 文化理解与传承素养：文化理解、文化认同、文化践行。 　2. 合作素养：愿景认同、责任分担、协同共进。	关联学科： 　语文、数学、综合实践活动。

项目目标：
　1. 能浸润姑苏文化，提高文化认同、文化自信。
　2. 能读懂地图"百巷苏州（平江路）"，学会在真实情境中使用地图、辨别方位。

材料准备：
　1. 地图：百巷苏州（平江路）。2. 相关评价表。

作品表现方式：
　平江路百巷打卡图。

第一课时：项目导入		
学生活动	教师活动	知识点（教学点）解析
1. 观看平江路宣传照片。 2. 学生交流、小组讨论。 3. 观看苏州市旅游咨询中心发布的地图：百巷苏州（平江路）。 4. 学生讨论观看后的感想。预设：平江路上不同名字的桥、小巷…… 5. 认识地图上的图标等，学习使用地图。 6. 学生小组合作、沟通，交流自己感兴趣的地点。	1. 教师展示照片。 2. 组织学生交流：你们知道照片中的地方是哪里吗？你们是怎么看出来的？你们去过平江路吗？ 3. 教师提问：看完这张图，你们都发现了什么？你们对哪些地方感兴趣？ 4. 引导学生认识地图上的图标，包括表示方位的S、N、E、W图标及不同地点标识，并引导学生学习使用地图。	苏州在宋元时又名"平江"。据志载：宋政和三年（1113）正月，敕升苏州为平江府。元至元十二年（1275），以苏州为平江路治所。直到至正二十七年（1367），朱元璋攻克平江之后，改设为苏州府。苏州城作为平江府、路所管辖若干县的统治中心，又有"平江城"之称，平江路之名便源于此。

街巷——路

续表

学生活动	教师活动	知识点（教学点）解析
	5. 发布任务：按图索"迹"——小组成员确定"百巷苏州（平江路）"中自己感兴趣的几个地点，并找到图标所在的具体位置，完成打卡，并观察所选地点的特点，与小组成员交流。	百巷苏州（平江路）

第二课时：项目实施 1		
学生活动	教师活动	知识点（教学点）解析
1. 学生到平江路实地参观，根据地图，找到要打卡的地点。 2. 学生在实践参观的过程中，记下感兴趣的地方。	1. 分组引导学生参观。 2. 进行适当讲解，教学生认识方向、根据标识图案识别地点，并指导学生做相关记录。	

第三课时：项目实施 2		
学生活动	教师活动	知识点（教学点）解析
1. 学生根据地图，交流自己找到的打卡点。 2. 小组成员互相交流分享走过了哪些道路、看到了什么、听到了什么。 3. 组内成员对之后的小组汇报展示进行任务分工。	1. 教师组织学生交流。 2. 根据学生的打卡点，将学生分为几个小组，如平江路——桥、平江路——街巷、平江路——博物馆等。 3. 根据"百巷苏州（平江路）"全面认识平江路。	平江历史街区包含桥、街巷、里弄、众多美食等。比如：苏州古城内现今尚存古桥 45 座，平江历史街区中就有古桥 13 座，是城内古桥最集中之地。这些古桥的始建年代大多已逾八百年，其位置、名称、周边环境等基本未变。《平江图》所标示的通利桥、朱马交桥、胡厢使桥、唐家桥、新桥、雪糕桥等，现今仍能一一见到。

续表

第四课时：项目成果展示和分享		
学生活动	教师活动	知识点（教学点）解析
1. 各小组轮流上台展示，交流本组的打卡点，以及在这个打卡点观察到的景物和收获。 2. 相互评分。 3. 评选"最具特色打卡点""最美打卡点""最高人气打卡点""最炫打卡点"。	1. 组织学生汇报，并给出相应建议。 2. 讲解评比要求。 3. 组织颁奖仪式。	

项目评价：
活动自评表。

评价内容	星级
认真参与每一次小组活动	☆☆☆☆
积极完成小组布置的任务	☆☆☆☆
自己在小组活动中有进步	☆☆☆☆

项目成果：
　　画一画景点（选做）。

 二年级（说一说）

名人笔下的平江路

单元主题：街巷——路	项目名称：名人笔下的平江路	建议年级：二年级
项目描述： 　　千百年来，苏州是诗人的灵感之地，在吴门烟水的滋润下，一篇篇诗词流传至今。它们为我们营造了一个诗情画意的苏州，一个隽永缤纷的苏州，穿梭在那些或斑驳或萧条，或繁华或自然的景象里，好像穿越回了以前，与诗人们产生瞬间的共鸣。		
任务： 　　走进名人笔下的平江路，感受平江路在不同名人笔下，在不同历史时期的美，再结合自己对平江路的认识，为古人介绍一下现在的平江路是什么样子。		
核心素养： 　　1. 文化理解与创新素养：文化认同。 　　2. 沟通素养：深度理解、有效表达。 　　3. 合作素养：责任分担。		关联学科： 　　道德与法治、语文、美术。

街巷——路

续表

项目目标：
  1. 品味、欣赏名人笔下的平江路诗词、文章及相关人物故事。
  2. 有感情地朗诵古诗词。
  3. 能够搜索有关平江路的诗词、文章以及故事，并结合自己对平江路的认识，详细、生动地进行讲解。

材料准备：
  1. 有关古城的诗句。2. 相关评价表。

作品表现方式：
  小组成员上台朗诵有关平江路的作品，并介绍一下现在的平江路是什么样子。

第一课时：项目导入		
学生活动	教师活动	知识点（教学点）解析

1. 欣赏诗词《送人游吴》。
2. 学生交流、小组讨论。
3. 学生对照诗词，观看古城照片。
4. 学生尝试朗诵。
	1. 出示《送人游吴》诗词。
	2. 教师提问：这首诗描绘的是什么地方？
	3. 出示相关图片，介绍作者、诗词内容及创作背景。
	4. 播放音乐，引导学生进行朗诵。
	5. 发布任务：搜集、朗诵名人笔下的平江路，再结合自己对平江路的认识，为古人介绍一下现在的平江路是什么样子。
		送人游吴
		（唐）杜荀鹤
		君到姑苏见，人家尽枕河。
		古宫闲地少，水港小桥多。
		夜市卖菱藕，春船载绮罗。
		遥知未眠月，乡思在渔歌。
		创作背景：
		  此诗为送友人漫游苏州之作，诗人对姑苏城很熟悉，也非常喜爱，所以当友人前往这富庶繁华的典型水乡城市时，诗人忍不住热情地介绍姑苏城的特点，意思是鼓励友人游历。
		译文：
		  你到姑苏时将会看到，那儿的人家房屋都临河建造。姑苏城中屋宇相连，没有什么空地；即使在河汊子上，也架满了小桥。夜市上充斥着卖菱藕的声音，河中的船上，满载着精美的丝织品。
		  遥想远方的你，当月夜未眠之时，听到江上的渔歌声，定会触动你的思乡之情。

第二课时：项目实施1		
学生活动	教师活动	知识点（教学点）解析
1. 欣赏诗词《泊平江百花洲》。 2. 学生了解相关创作背景，理解大概意思。 3. 课后搜集名人笔下的有关苏州平江路的诗词或文章。	1. 教师出示诗词。 2. 教师指导学生了解诗词内容。 3. 教师指导学生进一步了解名人笔下的平江路，可以在父母的帮助下上网查阅、摘抄资料。	泊平江百花洲 （宋）杨万里 吴中好处是苏州，却为王程得胜游。 半世三江五湖棹，十年四泊百花洲。 岸傍杨柳都相识，眼底云山苦见留。 莫怨孤舟无定处，此身自是一孤舟。

099

续表

学生活动	教师活动	知识点（教学点）解析
		创作背景： 　　宋光宗绍熙元年（1190）年初，杨万里伴送金国贺正旦使北返，行船至平江停泊在百花洲时，感慨自己一生漂泊，写作此诗以抒怀。 译文： 　　吴中风光的绝妙佳处在苏州，我为王事奔走便得来此一游。半生间乘船历遍了三江五湖，十年以来四度停泊在百花洲。两岸的杨柳和我都是旧相识，眼前的白云青山殷勤将我留。莫怨孤舟东飘西荡了无定处，此身就是无依无靠一叶孤舟。

第三课时：项目实施2

学生活动	教师活动	知识点（教学点）解析
1. 学生交流搜集到的有关苏州平江路的诗词。 2. 自行朗诵诗词。 3. 思考怎样向名人介绍现在的平江路。	1. 组织学生进行交流分享。 2. 教师讲解相关朗诵技巧。	朗诵的注意点： 1. 主题把握。 　　要准确找到作品内情感高亢、激昂或者悲伤、难过的部分，加以细心琢磨和感受，把高潮的重点用恰当的语调表达出来。 2. 恰当的停顿。 　　朗读时，有些句子较短，按书面标点停顿就可以。有些句子较长，结构也较复杂，句中虽没有标点符号，但为了表达清楚意思，中途也可以短暂停顿。 3. 节奏的掌控。 　　把握好节奏可以使得朗诵生动活泼，更具魅力。 4. 语调。 　　语调的升降可以更加细致地表达不同的情绪。

第四课时：项目成果展示和分享

学生活动	教师活动	知识点（教学点）解析
1. 各小组轮流上台展示搜集到的诗词，并选出代表进行朗诵展示。 2. 完成自评表。 3. 评选"最佳诗词朗诵者""最高人气诗词朗诵者""最具特色诗词朗诵者"。	1. 组织学生汇报。 2. 讲解评比要求。 3. 组织颁奖仪式。	

项目评价：
1. 活动自评表。

评价内容	星级
在活动前准备充分，积极搜集资料	☆☆☆☆
在小组合作中积极参与	☆☆☆☆
自己在小组活动中有进步	☆☆☆☆

2. 诗词朗诵评价表。

评价内容	教师评价	学生互评
发音准确	☆☆☆☆	☆☆☆☆
声音响亮	☆☆☆☆	☆☆☆☆
语速恰当	☆☆☆☆	☆☆☆☆
节奏优美	☆☆☆☆	☆☆☆☆
富有感情	☆☆☆☆	☆☆☆☆

项目成果：
诗词朗诵及演讲。

 三年级（画一画）

手绘平江路

单元主题：街巷——路	项目名称：手绘平江路	建议年级：三年级

| 项目描述：
平江路是苏州的一条历史老街，一条沿河的小路，其河名为平江河。平江历史街区是苏州古城迄今为止保存最为完整的一个区域，堪称古城缩影。 |||

| 任务：
深入了解平江路，小组之间合作完成一份平江路手绘游览路线图。 |||

核心素养： 1. 文化理解与传承素养：文化理解。 2. 创新素养：创新思维、创新实践。 3. 合作素养：责任分担、协商共进。	关联学科： 语文、美术。

| 项目目标：
1. 深入了解平江路的布局。
2. 通过绘制平江路游览路线图，增强空间观念，发展抽象思维能力。 ||

续表

材料准备：
   1. 各类平江路游览地图。2. 相关评价表。

作品表现方式：
   平江路手绘游览路线图。

第一课时：项目导入		
学生活动	教师活动	知识点（教学点）解析

1. 观看平江路宣传片，了解平江路的建筑、布局。
2. 观察、总结路线图的组成部分有哪些。
3. 了解手绘路线图的步骤。
4. 小组讨论。
5. 学生小组合作、沟通。
	1. 教师播放宣传片。
	2. 出示各类景点的游览路线图，引导学生观察异同点。
	3. 引导学生学习手绘路线图的步骤。
	4. 组织学生交流讨论：如何为平江路设计一份手绘地图？
	5. 发布任务：苏州作为旅游城市，每年吸引大量游客前来游玩，平江路几乎是游客们的必打卡项目。我们为游客们设计一张平江路手绘游览路线图，大家可以借此对平江路进行深入的了解。
		1. 平江路的建筑、布局……
		2. 手绘路线图制作步骤。
		  （1）准备必要的工具和材料。
		  （2）绘制地图轮廓：在画板上画出地图的轮廓线，确保地图的准确性和美观度。
		  （3）绘制旅游路线：在地图轮廓完成后，使用不同颜色的笔来标注不同的旅游路线，注意路线的起点和终点，并标注沿途的景点和重要地点。
		  （4）添加地图元素：在绘制旅游路线后，添加地名、地标、建筑物等元素，使用彩色笔或画笔，注意色彩搭配和比例协调。
		  （5）加入文字说明：在地图上加入文字说明，如旅游路线的时间安排、景点介绍、注意事项等。

第二课时：项目实施1		
学生活动	教师活动	知识点（教学点）解析
1. 实地走访，拍照记录。 2. 绘制游览路线图草稿，着重标出要展示的打卡点。	教师带领学生参观、指导学生记录。	

第三课时：项目实施2		
学生活动	教师活动	知识点（教学点）解析
1. 小组交流总结平江路的重要地点。 2. 小组绘制路线图草稿，并根据相关信息不断修正，完成终稿。	指导学生绘制路线图。	

续表

第四课时：项目成果展示和分享		
学生活动	教师活动	知识点（教学点）解析
1. 各小组派代表交流本组设计的游览路线图。 2. 对每组的游览路线图进行打分。 3. 评选"金牌设计组""银牌设计组""铜牌设计组""优秀设计组"。	1. 组织学生汇报。 2. 讲解评比要求。 3. 组织颁奖仪式。	

项目评价：
平江路手绘游览路线图评价表。

评价内容	自我评价	同学评价	教师评价	家长评价
路线设计合理，比例合理	☆☆☆☆	☆☆☆☆	☆☆☆☆	☆☆☆☆
有重要景点的标注及简单介绍	☆☆☆☆	☆☆☆☆	☆☆☆☆	☆☆☆☆
图案精美，文字端正，布局美观	☆☆☆☆	☆☆☆☆	☆☆☆☆	☆☆☆☆

项目成果：
平江路手绘游览路线图。

四年级（写一写）

品味四季平江

单元主题：街巷——路	项目名称：品味四季平江	建议年级：四年级

项目描述：
　　品味四季平江，就是体验平江路在不同季节中的韵味和风情。每个季节的平江路都有着独特的魅力，无论是漫步在石板路上，还是坐在河边的茶馆里，都能感受到这座城市的历史和文化底蕴。品味四季平江，就是品味苏州的历史、文化和风情。

任务：
　　感受平江路四季变迁之下的美景，记录平江路的美。

核心素养： 　　1. 文化理解与传承素养：文化认同、文化践行。 　　2. 创新素养：创新思维。 　　3. 沟通素养：愿景认同、责任分担。	关联学科： 道德与法治、语文、综合实践活动。

续表

项目目标：
1. 实地参观平江路，运用自己喜欢的方式记录自己对"四季平江"的见闻、感受和想象。
2. 利用在线平台和数字设备获取学习资源，开展合作学习。

材料准备：
1. 平江路四季风景照片。2. 相关评价表。

作品表现方式：
表现平江路的四季之美的美文、照片、绘画作品等。

第一课时：项目导入		
学生活动	教师活动	知识点（教学点）解析
1. 观看平江路四季风景摄影照片。 2. 学生交流、小组讨论：你们认为哪个季节的平江路最美？ 3. 美文欣赏。 4. 学生交流。 5. 学生小组合作、沟通，交流自己最喜欢哪个季节下的平江路，并说说原因。	1. 教师展示照片。 2. 组织学生交流。 3. 教师引导学生学习、欣赏美文《四季平江路》，了解其中的内容与写法。 4. 引导学生交流：作者笔下的平江路，哪个季节最吸引你们？ 5. 发布任务：让我们在不同的季节走进平江路，感受平江路四季变迁之下的美景，用自己喜欢的方式来记录那里的美。	美文欣赏： 　　四季平江路 　　去平江路的次数多了，有时会变得迷茫。最初对这里的喜爱，似乎在日益拥挤的人流里渐渐淡去。偶尔在清晨，或是人流稀少的时间再访平江路，褪去繁华表象的老街呈现出原本的模样。四季的流转在这一刹那重新清晰了起来。岁月与自然和鸣而成的乐章，依然浑厚而清澈。 　　春的盎然在这里，也变得沉静而内敛。繁花若与老宅、流水相遇，总觉得也沾染了一些温婉的文气，不那么张扬，却又显出另一番韵味。那柳梢的新绿，或枝头的粉与红，都和了水汽，如同被点缀进江南水墨画里了一般。 　　平江路的夏则肆意了许多。也许是天太蓝的缘故，古老的街巷也在这片湛蓝的笼罩下更为活跃了，浓重的绿肆意挥洒，无尽的生机四处蔓延着。 　　秋更具有两面性。天气好的时候，蔚蓝的天和灿黄的叶将整个平江路染出油画般的浓烈色彩，雾重的时候，小桥流水，又是一番婉约姿态。 　　平江路的冬比意想中更亮丽动人，古老水乡的墨色与漫天大雪实在是太为般配，若再有一些残叶红果点缀，便美得让人不知身在何处了。 　　再熟悉的地方，也藏着陌生的风景与不曾探访的美好，访客所需要的，仅一双发现美好的眼睛和一颗耐得住等待的心而已。

街巷——路

续表

第二课时：项目实施1		
学生活动	教师活动	知识点（教学点）解析
1. 学生到平江路实地参观。 2. 学生在平江路走一走，看一看，记下自己感兴趣的地方。	教师带领学生参观，进行适当的讲解，指导学生记录。	

第三课时：项目实施2		
学生活动	教师活动	知识点（教学点）解析
1. 学生根据地图，交流令自己印象深刻的美景。 2. 学生交流。 预设：写作、拍摄、绘画等。 3. 小组创作。	1. 教师提问：今天我们欣赏了平江路的美景，我们可以用什么方式来记录平江路的美？ 2. 根据不同的记录方式，将学生分成写作小组、绘画小组、摄影小组等。 3. 组织学生进行小组创作，必要时可以再次前往平江路进行观察或拍摄。	拍摄建议： 1. 古色古香的老街风景。 2. 古旧斑驳的粉墙黛瓦。 3. 特色小店+标志牌+静物。 4. 平江路夜景。

第四课时：项目成果展示和分享		
学生活动	教师活动	知识点（教学点）解析
1. 各小组轮流上台交流本组的作品。 2. 相互评分。 3. 评选"特色平江路""最美平江路""魅力平江路"。	1. 组织学生汇报。 2. 讲解评比要求。 3. 组织颁奖仪式。	

项目评价：
1. 活动自评表。

评价内容	星级
自己搜集资料，整理资料	☆☆☆☆
认真完成所分配的任务	☆☆☆☆
能根据他人建议完善自己作品	☆☆☆☆

2. "平江路四季之美"作品评价表。

评价内容	教师评价	学生互评
标题新颖吸引人	☆☆☆☆	☆☆☆☆
内容突出四季之特点	☆☆☆☆	☆☆☆☆
画面（文字）细腻优美	☆☆☆☆	☆☆☆☆

项目成果：
　　表现平江路四季之美的美文、照片、绘画作品等。

五年级（辩一辩）

原住民搬与不搬

单元主题：街巷——路	项目名称：原住民搬与不搬	建议年级：五年级

项目描述：
  平江路作为历史悠久的街区，拥有丰富的文化遗产和历史建筑，这些建筑是城市历史记忆的重要载体，保护这些建筑对于维护城市的历史风貌和文化底蕴具有重要意义。原住民作为历史的见证者和传承者，他们的生活方式和文化习俗也是平江路历史文化的重要组成部分。而随着城市的发展和人口的增长，平江路原住民的生活环境和居住条件可能无法得到有效的改善。搬迁可以为他们提供更好的居住环境和生活条件，同时也可以为城市的发展腾出更多的空间。因此，平江路原住民的搬与不搬，是一个值得探讨的问题。

任务：
  辩一辩"平江路原住民搬与不搬"。

核心素养： 1. 文化理解与传承素养：文化理解、文化认同。 2. 审辩思维：质疑批判、分析论证。 3. 沟通素养：深度理解、有效表达。	关联学科： 语文、综合实践活动。

项目目标：
  1. 能够通过多种途径获取信息，整理与归纳信息，并恰当地利用信息。
  2. 能够用表格、图像、音频等多种媒介，呈现自己的观察与探究所得。
  3. 能够运用搜集的资料，对平江路原住民搬与不搬的问题进行简单剖析，撰写简单的辩论稿。
  4. 用自己喜欢的方式表达、展示探索和研究成果，运用合理的语言论证自己的观点。

材料准备：
  1. 平江路居民住宅的视频介绍。2. 相关评价表。

作品表现方式：
  "平江路原住民搬与不搬"辩论赛。

第一课时：项目导入		
学生活动	教师活动	知识点（教学点）解析
1. 观看平江路的民居介绍。 2. 学生交流、小组讨论。 3. 学生思考交流：对于原住民来说，住在平江路有什么利弊？	1. 教师播放平江路民居介绍。 2. 教师提问：你们身边有居住在平江路的人吗？你们了解这些平江路原住民的生活吗？ 3. 发布任务： 辩论赛：平江路原住民应该搬走还是不搬？	

第二课时：项目实施 1		
学生活动	教师活动	知识点（教学点）解析

1. 了解辩论赛的含义、规则、流程和技巧。
2. 观摩辩论现场视频，进一步熟悉辩论赛流程及技巧。
3. 学生交流。
4. 学生围绕主题发表观点，由此确定正、反方，确定辩论小组。
	1. 教师播放辩论现场视频。教师介绍辩论赛的含义、规则、流程和技巧。
	2. 组织学生交流：你们对辩论赛有哪些了解？
	3. 引导学生，安排辩论赛的相关任务。
	4. 教师提问：你们认为平江路原住民应该"搬"还是"不搬"。
		辩论稿格式参考：
		（一）开头
		  1. 称呼（顶格）。
		  2. 问好（"大家好"空两格）。
		  3. 点出辩题与立场：如主持人、各位评委老师、大家好。我方的辩题（我方观点）是……
		（二）讲出定义，说明观点
		  开宗明义，……（辩题的意思）下面我方将从……方面进行论述。
		  首先……其次……
		  就辩论词来说，内容不固定，但主要包括提出己方观点；对观点进行阐释；对观点进行论证，最好有理有据，逻辑清晰；结论。
		（三）结尾
		  综上所述，我方坚持观点……

第三课时：项目实施 2		
学生活动	教师活动	知识点（教学点）解析
1. 小组根据主题搜集相关资料。 2. 围绕"原住民搬与不搬"的主题书写辩论稿要点。	教师指导学生收集整理资料，书写辩论要点。	

第四课时：项目成果展示和分享		
学生活动	教师活动	知识点（教学点）解析

1. 组织辩论赛。
2. 小组评价辩论赛各个环节，并相互评分。
3. 评选"最佳辩手""最佳辩论组"。
	1. 组织学生汇报。
	2. 组织颁奖仪式。
		参与辩论赛需要注意以下几点：
		  1. 清晰地表达自己的观点。
		  2. 准确地把握话题。
		  3. 合理地运用论据和证据。
		  4. 尊重对手和评委。

项目评价：
1. 活动自评表。

评价内容	星级
主动搜集相关资料，与组员分享资料	☆☆☆☆
积极参加讨论，敢于发表自己的意见	☆☆☆☆
能根据主题书写条理清晰论据充分的辩论稿	☆☆☆☆

续表

2. 辩手评价表。

评价内容	同学评价	教师评价
内容的深度与准确性	☆☆☆	☆☆☆
表达的清晰度与流畅性	☆☆☆	☆☆☆
逻辑的严密性	☆☆☆	☆☆☆
应变能力	☆☆☆	☆☆☆
团队合作	☆☆☆	☆☆☆

项目成果：
1. 辩论稿。2. 辩论赛。

 六年级（刨一刨）

平江路 vlog

单元主题：街巷——路	项目名称：平江路 vlog	建议年级：六年级

项目描述：
　　2023 年 7 月，正在江苏省苏州市考察的习近平总书记来到平江历史街区，了解历史文化名城保护情况。平江路常常吸引各地游客前来一睹风采，作为苏州人，我们应如何把苏州古城文化传播给大家？我们能不能拍摄一个平江路 vlog，来宣传展示平江路的韵味呢？

任务：
　　通过课堂学习、实地走访调查等方式，进一步深入了解平江路的历史文化与现代发展。小组之间合作制作平江路 vlog，介绍宣传平江历史街区。

核心素养： 1. 文化理解与传承素养：文化认同。 2. 创新素养：创新实践。 3. 合作素养：责任分担。	关联学科： 道德与法治、语文、美术、信息技术。

项目目标：
　　1. 了解苏州平江路的特点、内涵及传承价值，形成对苏州古城保护的传承与创新意识。
　　2. 通过查阅资料、实地考察、调查访问等方式，深入了解平江路的历史、人文、建筑、布局等。
　　3. 了解视频制作的基本知识与技能，尝试小视频拍摄与剪辑。

材料准备：
　　1. 平江路 vlog 任务分工表。2. 拍摄设备、拍摄道具。3. 相关评价表。

续表

作品表现方式： 平江路vlog。		
第一课时：项目导入		
学生活动	教师活动	知识点（教学点）解析
1. 课前了解平江路的历史、人文、建筑、布局等基本情况。 2. 学生通过课前实地走访的方式，分享自己在平江路的所见所闻。 3. 学生小组合作、沟通。	1. 教师提前布置课前任务：了解平江路的相关情况并实地走访。 2. 教师提问：你们对平江路有哪些了解？组织学生交流。 3. 根据学生对平江路的分享，将学生分为河道桥梁小组、特色商铺小组、博物馆小组等。 4. 发布任务：拍摄vlog展示平江路，宣传平江路。	平江路拥有诸多河道桥梁、特色商铺、博物馆、名人故居、街巷里弄等。 河道桥梁：平江路区域河道交叉，桥梁密集。这里的桥梁有平桥、拱桥、石桥等，千姿百态，每一座桥有每一座桥的特色。 特色商铺：平江路上商铺林立，这些商铺经营范围涵盖了衣食住行，还有一些特色店铺藏在小巷子里，需要大家去寻找。 博物馆：平江路区域内有许多博物馆，比如中国昆曲博物馆、评弹博物馆、状元博物馆、民俗博物馆等。 名人故居：历史上有很多名人居住在苏州，平江路区域保存了许多名人故居，比如潘世恩故居、韩崇故居等。 街巷里弄：平江路其实不仅仅是一条路，深入走进去的话，你会发现平江路区域有很多的小巷子，比如钮家巷、大儒巷、丁香巷等。
第二课时：项目实施1		
学生活动	教师活动	知识点（教学点）解析

1. 观看并了解vlog。
2. 交流讨论不同类型vlog的异同点。
3. 初步学习vlog制作。
4. 小组交流任务分工，完成平江路vlog小组分工表。
	1. 教师展示不同类型的vlog。
	2. 引导学生发现不同类型vlog的异同点。
	教师提问：这些vlog有什么相同点和不同点？
	3. 介绍拍摄vlog的步骤。
	4. 根据拍摄步骤，组织学生分工。
	5. 指导学生填写小组分工表，分析其可行性，并提出修改意见。
		拍摄vlog步骤：
		 1. 制定大纲。
		  明确拍摄主题和故事，这是至关重要的一步，做一个大体规划，拍摄时减少思考时间，高效完成拍摄。
		 2. 写分镜头。
		  根据大纲设计镜头，一方面提前想好构图，另一方面后期制作时，可以快速高效地完成制作。
		 3. 执行拍摄。
		  拍摄时多拍一些空镜头、小动物、精美摆件、优美景色的画面进行转场，及时记录下拍摄时发生的趣味事件。
		 4. 后期剪辑。
		  按照先前设计的分镜头排列粗剪，再挑选合适的音乐进行精剪，适当添加音效和字幕来增加视听美感。

续表

第三课时：项目实施2		
学生活动	教师活动	知识点（教学点）解析
1. 实地走访，拍摄视频所需素材。 2. 准备视频介绍词。 3. 进行视频后期剪辑。 4. 交流讨论视频制作中的困难。	1. 教师提示相关注意点。 2. 教师引导学生对视频进行进一步的修改与加工。	拍摄注意点： 　1. 对照着拍摄大纲进行拍摄，注意拍摄角度和拍摄效果。 　2. 考虑到现场拍摄会存在杂音，可以将介绍词与后期配音剪辑相结合。 　3. 剪辑过程中如发现问题，还应进行补充拍摄。适当运用各类剪辑软件进行后期制作。

第四课时：项目成果展示和分享		
学生活动	教师活动	知识点（教学点）解析
1. 各小组轮流展示平江路vlog，交流拍摄设计意图。 2. 评价每组视频。 3. 评选"最佳内容奖""最佳合作奖""最佳效果奖""最佳创意奖"。	1. 组织学生汇报。 2. 讲解评比要求。 3. 组织颁奖仪式。	

项目评价：
平江路 vlog 评价表。

项目	评价标准	星级
视频内容	视频基本完整，内容积极向上，围绕平江路进行介绍	☆
	视频完整，内容积极向上，具体介绍平江路的特色，如历史、人文、建筑等	☆☆
	视频完整，介绍了平江路特色，有一定创意，从不同角度凸显平江路特有的韵味	☆☆☆
视频效果	画面基本稳定，音质基本清晰，语言表达合理，口齿清晰	☆
	画面稳定，音质清晰，语言表达流畅，感情充沛，制作较为精美	☆☆
	画面流畅，色彩和谐，音质清晰；语言流畅，感情充沛；制作精美，有配乐和字幕	☆☆☆

项目成果：
　　平江路 vlog。

附：

平江路 vlog 小组分工表

序号	任务	任务明细	截止日期	负责人	备注
1	制定大纲				
2	写分镜头				
3	执行拍摄				
4	后期剪辑				

街 巷
巷

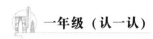

一年级（认一认）

平江九巷我来认

单元主题：街巷——巷	项目名称：平江九巷我来认	建议年级：一年级

项目描述：
　　平江九巷位于世界文化遗产中国大运河苏州段遗产点平江历史街区腹地，平江路主街西侧，是"运河十景"之平江古巷的重要组成部分，也是连接平江路和观前商圈的重要区域节点。该区域涵盖古城20号、28号两个街坊，有9条东西向贯通性街巷，从南至北分别为建新巷、钮家巷、肖家巷、大儒巷、南显子巷—南石子街、悬桥巷、菉葭巷、曹胡徐巷、东花桥巷。

任务：
　　通过观察平江九巷手绘地图，选择感兴趣的某个地点，对照地图到对应的巷子走一走，看一看，完成打卡，准确辨认平江九巷。

核心素养： 　1. 文化理解与传承素养：文化理解、文化认同、文化践行。 　2. 合作素养：愿景认同、责任分担、协同共进。	关联学科： 　语文、数学、综合实践活动。

项目目标：
　1. 能浸润姑苏文化，提高文化认同、文化自信。
　2. 能看懂平江九巷手绘地图，学会在真实情境中使用地图、辨别方位。

材料准备：
　1. "平江九巷"宣传片。2. 相关评价表。

作品表现方式：
　平江九巷打卡图。

第一课时：项目导入		
学生活动	教师活动	知识点（教学点）解析
1. 观看平江九巷宣传片。 2. 学生交流、小组讨论。 3. 学习观看手绘地图：平江九巷。 4. 观看地图，学生讨论观看后的感想。 5. 学习认识地图上的方位、图标等。	1. 教师播放视频。 2. 教师提问：你们知道视频中的地方是哪里吗？你们能根据视频说出平江九巷是哪九条巷吗？组织学生交流。 3. 教师播放PPT照片。	在平江路西侧，由南至北分布着九条巷子，即平江九巷。 平江九巷纵横交错，西邻观前街，东接平江路，景区与商圈和谐相融，苏式生活的市井烟火、历经百年沧桑的古宅、见证时代变迁的古井古树，处处体现出"城区即景区、旅游即生活"。

街巷——巷

续表

学生活动	教师活动	知识点（教学点）解析
6. 学生小组合作、沟通，交流自己感兴趣的地点。	4. 教师提问：看完这张图，你们都发现了什么？你们能在地图上圈画出平江九巷吗？组织学生交流。 5. 引导学生认识地图上的图标，包括表示方位图标、不同地点标识，并引导学生学习使用地图。 6. 发布任务：通过观察平江九巷手绘地图，选择感兴趣的某个地点，对照地图到对应的巷子走一走，看一看，准确辨认平江九巷，完成打卡。	平江九巷手绘地图 （图源："苏州姑苏发布"微信公众号）

第二课时：项目实施1

学生活动	教师活动	知识点（教学点）解析
1. 学生到平江九巷实地参观，根据地图，找到自己要打卡的地点。 2. 学生在实践参观的过程中，记录下自己感兴趣的地方。	教师引导学生参观，进行适当地讲解，并指导学生做相关记录。	

第三课时：项目实施2

学生活动	教师活动	知识点（教学点）解析
1. 学生根据地图，交流自己找到的打卡点。 2. 小组成员互相交流分享走过了哪些道路、看到了什么、听到了什么。	1. 教师组织学生交流。 2. 根据打卡点，将学生分为9个小组，分别对应平江九巷。 3. 根据平江九巷对姑苏历史文化做介绍。	在这些看似平平无奇的巷子中，却隐藏着多处名人故居、历史遗迹以及丰富的文化内涵。这里被称为一座没有围墙的博物馆，拥有多达41处的省级文物保护单位、市级文物保护单位以及苏州特有的控制保护建筑。 在这里，每一座老宅子背后都藏着说不完的故事。平江九巷是个历史文化的宝库，蕴藏着丰富的历史遗迹和文化内涵。每一处角落都散发着沉淀了几百年的历史和人文气息。

续表

第四课时：项目成果展示和分享		
学生活动	教师活动	知识点（教学点）解析
1. 参与"平江九巷连连看"比赛。 2. 计分员打分并公布各小组得分。 3. 评选"默契合作小组""行动敏捷小组""火眼金睛小组""知识渊博小组"。	1. 讲解"平江九巷连连看"比赛规则，出示PPT。 2. 设置比赛小组及计分员。 3. 组织学生参与比赛。 4. 组织颁奖仪式	

项目评价：
1. 活动自评表。

评价内容	星级
认真参与每一次小组活动	☆☆☆☆
积极完成小组布置的任务	☆☆☆☆
自己在小组活动中有进步	☆☆☆☆

项目成果：
画一画景点（选做）。

 二年级（说一说）

平江九巷故事会

单元主题：街巷——巷	项目名称：平江九巷故事会	建议年级：二年级
项目描述： 　　平江九巷承载着许多名人故事。许多名人故居散布在平江九巷的角角落落，让这里的人文故事说不完、道不尽。历史的厚重感和名人的足迹，给平江九巷增添了别样的魅力。		
任务： 　　深入了解平江九巷，开展故事会，与大家分享与平江九巷有关的古老的故事。		
核心素养： 　　1. 文化理解与创新素养：文化理解、文化认同。 　　2. 沟通素养：善于表达。		关联学科： 　　语文、科学、美术、综合实践活动。
项目目标： 　　1. 深入了解平江九巷的布局，浸润姑苏文化，提高文化认同、文化自信。 　　2. 在了解平江九巷的故事的基础上较完整地讲述故事，表达自己的所见所闻、所感所想。		

续表

材料准备： 　1. 各类平江九巷故事相关的文字记录。2. 相关评价表。		
作品表现方式： 　平江九巷故事会。		
第一课时：项目导入		
学生活动	教师活动	知识点（教学点）解析
1. 欣赏平江九巷之悬桥巷的名人故事。 2. 学生交流、小组讨论。 3. 学生对照故事内容，深入了解悬桥巷的名人故事。 4. 学生自由朗读。	1. 讲述平江九巷之悬桥巷的名人故事。 2. 教师提问：这则故事中讲述了有关悬桥巷的哪些故事？听了这些故事你们有什么感受？组织学生交流。 3. 出示相关图片，介绍悬桥巷名人顾颉刚、钱伯煊、方嘉谟。 4. 发布任务：深入了解平江九巷，开展故事会，与大家分享与平江九巷有关的古老的故事。	悬桥巷的名人故事： 　顾氏是江南望族，明朝万历年间，顾兰台举家迁入苏州城，从此开启了顾氏世代读书的家风。在祖父的教导与熏陶下，顾颉刚未能行路，就学识字；未能自食，已读《大学》；未能自衣，就诵《左传》。顾颉刚在悬桥巷内，书写着自己的传奇人生。 　钱伯煊祖上三代从医，尤精于中医妇科，名列于当代中医妇科八大名家。他医术高明，从医严肃认真并服务周到，深得人们信赖。从开业起，上门求治者就往来不断。中年以后，自成一家，名扬江南。直至 86 岁高龄才离岗退休，辛勤耕耘整整七十年有余，晚年亦在此颐养天年。主编《女科方萃》《钱伯煊妇科医案》等。 　走在悬桥巷内，一不小心就会走进故事里。与钱伯煊既为校友又为近邻的方嘉谟，也在这条巷子里留下了悬壶济世的身影。可以说，悬桥巷是那时远近闻名的求医好去处。方嘉谟苦心钻研西医之法，放弃了钮家巷的祖宅，在悬桥巷重新择地建屋，并开办了一个小的西洋医院，从新学到新居，他人生的医学事业就此展开，无数寻医问诊的故事便发生在这墙内墙外。
第二课时：项目实施 1		
学生活动	教师活动	知识点（教学点）解析
1. 学生到平江九巷实地参观，根据地图，找到自己要打卡的地点。 2. 学生在实践参观的过程中，记录下自己感兴趣的故事。	1. 教师引导学生参观，进行适当地讲解，并指导学生做相关记录。 2. 组织学生进行交流分享。 3. 教师指导学生分组。	

续表

	第三课时：项目实施2	
学生活动	教师活动	知识点（教学点）解析
1. 学生交流搜集到的有关平江九巷的历史故事。 2. 根据自己的兴趣进行小组划分。 3. 学习讲故事的方法与技巧。	1. 组织学生进行交流分享。 2. 教师介绍进一步了解平江九巷的历史故事的方法，可以在父母的帮助下上网查阅、摘抄。 3. 教师讲解讲故事的方法与技巧。	讲故事的方法和技巧： 　1. 选择一个吸引人的主题，确保能够引起听众的兴趣。 　2. 明确故事的主题，并围绕这个主题来组织故事内容，确保故事的连贯性和吸引力。 　3. 运用角色扮演、动作、道具等，以增加故事的吸引力和感染力。
	第四课时：项目成果展示和分享	
学生活动	教师活动	知识点（教学点）解析
1. 各小组轮流上台展示搜集的平江九巷故事，并选出代表进行讲故事展示。 2. 完成自评表。 3. 评选"最佳故事讲述者""最高人气故事讲述者""最具特色故事讲述者"。	1. 组织学生汇报，开展"平江九巷故事会"。 2. 讲解评比要求。 3. 颁奖仪式。	

项目评价：
1. 活动自评表。

评价内容	星级
在活动前准备充分，积极搜集资料	☆☆☆☆
在小组合作中积极参与	☆☆☆☆
自己在小组活动中有进步	☆☆☆☆

2. 故事会评价表。

评价内容	教师评价	学生互评
发音清晰，声音响亮	☆☆☆☆	☆☆☆☆
语速恰当，富有感情	☆☆☆☆	☆☆☆☆
情节生动，具有吸引力	☆☆☆☆	☆☆☆☆

项目成果：
　　故事会。

三年级（画一画）

平江九巷特色路牌设计

单元主题：街巷——巷	项目名称：平江九巷特色路牌设计	建议年级：三年级

项目描述：
在苏州平江路西侧，由南至北分布着九条巷子：建新巷、钮家巷、肖家巷、大儒巷、南显子巷—南石子街、悬桥巷、菉葭巷、曹胡徐巷、东花桥巷。平江九巷纵横交错，西邻观前街，东接平江路，景区与商圈和谐相融，苏式生活的市井烟火、历经百年沧桑的古宅、见证时代变迁的古井古树，处处体现出"城区即景区、旅游即生活"。

任务：
实地走访平江九巷，为平江九巷设计特色路牌，打造平江九巷特色招牌。

核心素养： 1. 文化理解与传承素养：审美情趣、文化认同。 2. 创新素养：勇于创新。	关联学科： 语文、美术、道德与法治。

项目目标：
1. 能够深入了解平江九巷的布局，感悟古城文化底蕴。
2. 了解路牌的含义和基本知识，明确路牌设计的方法。
3. 能运用传统或现代的工具、材料和媒介，自己动手设计制作路牌，表达自己的所见所闻、所感所想，学会以视觉形象的方式与他人交流。

材料准备：
1. 各类路牌标志。2. 平江九巷宣传片。3. 相关评价表。

作品表现方式：
平江九巷特色路牌。

第一课时：项目导入		
学生活动	教师活动	知识点（教学点）解析
1. 观看平江九巷宣传片，了解平江九巷的建筑、布局、历史。 2. 观察、总结路牌的组成部分有哪些。 3. 了解手绘路牌的步骤。 4. 小组讨论。 5. 学生小组合作、沟通。	1. 教师播放宣传片。 2. 出示路牌标志。 你注意过路牌吗？我们可以借助拼音认识地名。 教师提问：仔细观察，思考路牌由哪些部分组成？ 3. 引导学生学习手绘路牌的步骤。	制作创意路牌的注意点： 1. 路牌的颜色：采用鲜艳的彩色设计，便于辨认，也让城市更加美观。 2. 路牌的形状：采用矩形设计，符合常见的路牌规格，简洁明了。 3. 路牌的标志：在路牌上添加平江九巷的标志性元素，增强苏州街巷特色。 4. 路牌的字体：采用简洁明了的字体，确保市民能够快速识别道路名称，减少误导。

续表

学生活动	教师活动	知识点（教学点）解析
	4. 组织学生交流讨论：如何为平江九巷设计一份有创意的特色路牌？ 5. 发布任务：实地走访平江九巷，为平江九巷设计特色路牌，打造平江九巷特色招牌。	

第二课时：项目实施1		
学生活动	教师活动	知识点（教学点）解析
1. 实地走访，拍照记录。 2. 自由组合小组，确定要绘制路牌的街巷。	教师带领学生参观、指导学生记录。	

第三课时：项目实施2		
学生活动	教师活动	知识点（教学点）解析
1. 小组交流总结平江九巷的特色。 2. 小组绘制特色路牌，并根据相关信息不断修正，完成终稿。	指导学生绘制特色路牌。	

第四课时：项目成果展示和分享		
学生活动	教师活动	知识点（教学点）解析
1. 各小组派代表，交流本组设计的特色路牌。 2. 对每组的特色路牌进行打分。 3. 评选"金牌设计组""银牌设计组""铜牌设计组"和"优秀设计组"。	1. 组织学生汇报。 2. 讲解评比要求。 3. 组织颁奖仪式。	

项目评价：
路牌设计评价表。

评价内容	自我评价	同学评价	教师评价	家长评价
路牌设计合理、规范	☆☆☆☆	☆☆☆☆	☆☆☆☆	☆☆☆☆
图案精美，文字端正，布局美观	☆☆☆☆	☆☆☆☆	☆☆☆☆	☆☆☆☆
能巧妙体现街巷特色，宣传古城文化	☆☆☆☆	☆☆☆☆	☆☆☆☆	☆☆☆☆

项目成果：
平江九巷特色路牌。

四年级（写一写）

畅想未来的平江N巷

单元主题：街巷——巷	项目名称：畅想未来的平江N巷	建议年级：四年级

项目描述：
　　平江九巷位于世界文化遗产中国大运河苏州段遗产点平江历史街区腹地，平江路主街西侧，是"运河十景"之平江古巷的重要组成部分，也是连接平江路和观前商圈的重要区域节点。该区域北至白塔东路、南至干将东路、西至临顿路、东至平江路，总面积约48.9万平方米，涵盖古城20号、28号两个街坊，有9条东西向贯通性街巷，从南至北分别为：建新巷、钮家巷、肖家巷、大儒巷、南显子巷—南石子街、悬桥巷、菉葭巷、曹胡徐巷、东花桥巷。

任务：
　　感受苏州九巷的美景与发展现状，畅想未来的平江N巷，用文字记录下来。

核心素养： 1. 文化理解与传承素养：文化认同、文化践行。 2. 创新素养：创新思维、勇于探索。 3. 沟通素养：善于表达、合作共进。	关联学科： 　　语文、综合实践活动。

项目目标：
　　1. 观察周围的世界，能记录自己想象中的"未来的平江N巷"。
　　2. 利用在线平台和数字设备获取学习资源，开展合作学习。

材料准备：
　　1. 平江九巷的照片、美文。2. 相关评价表。

作品表现方式：
　　学生文章：畅想未来的平江N巷。

第一课时：项目导入		
学生活动	教师活动	知识点（教学点）解析
1. 观看平江九巷摄影照片。 2. 学生交流、小组讨论：你们认为平江九巷中哪条巷子最吸引自己？ 3. 美文欣赏。 4. 学生交流。 5. 学生小组合作，展开畅想。	1. 教师展示照片。 2. 组织学生交流。 3. 教师播放PPT，引导学生学习、欣赏《平江九巷》，了解诗歌内容。 4. 引导学生交流：平江九巷是姑苏历史的见证，未来的平江N巷会有哪些变化和发展呢？ 5. 发布任务：感受苏州九巷的美景与发展现状，畅想未来的平江N巷，用文字记录下来。	美文欣赏： 　　平江九巷 平江九巷， 是一支承载着历史记忆的笔。 它见证着城市的变迁， 留下了名人的足迹， 更是古城的沧桑缩影。 但鲜少有人去了解， 小巷里那些， 古桥古井。

续表

学生活动	教师活动	知识点（教学点）解析
		古井古桥， 是江南的符号。 河流、小桥、船只， 与人们的生活交织在一起， 描绘了苏州的江南风貌。 走一走平江九巷， 小桥流水依旧本色， 如老照片一般泛出旧时江南。 逛一逛平江九巷， 未来的你， 是否会有新模样？ （选编自"苏州姑苏发布"微信公众号）

第二课时：项目实施1

学生活动	教师活动	知识点（教学点）解析
1. 学生到平江九巷实地参观。 2. 学生在平江九巷走一走，看一看，记录下自己感兴趣的地方。	教师带领学生参观，进行适当的讲解，指导学生记录。	

第三课时：项目实施2

学生活动	教师活动	知识点（教学点）解析
1. 学生根据手绘地图，交流令自己印象深刻的街巷。 2. 学生交流。 3. 自由分小组，确定本组研究的具体街巷。 4. 小组创作。	1. 教师组织学生交流。 教师提问：今天我们欣赏了平江九巷的美景，畅想未来，你们希望未来的平江N巷有什么变化和发展？ 2. 组织学生进行小组创作，必要时可以再次前往某条街巷进行观察。	平江九巷发展保护方向： "平江九巷"项目坚持"产、城、人"融合发展，以"城区即景区、旅游即生活"的理念，加强对"平江九巷"区域的活态保护，进一步串联强化平江路与观前街"景区+商圈"的互动关系，实现生活、文化、商业、旅游、社区良性互动与和谐相融。 "平江九巷"项目将建设集古城成片保护样板区、苏式生活示范区、传统文化展示区、时尚产业策源地于一体的历史文化与现代文明交相辉映的综合性片区，成为大运河遗产活化利用的"城市会客厅"，打造产业融合的高质量示范项目、区域更新的国家级示范项目，面向世界贡献古城保护的苏州方案。

续表

第四课时：项目成果展示和分享		
学生活动	教师活动	知识点（教学点）解析
1. 各小组轮流上台交流本组的作品。 2. 相互评分。 3. 评选"最具特色平江N巷""最美平江N巷""最有魅力平江N巷"。	1. 组织学生汇报。 2. 讲解评比要求。 3. 组织颁奖仪式。	

项目评价：

1. 活动自评表。

评价内容	星级
自己搜集资料，整理资料	☆☆☆☆
积极主动与小组同学配合，听取他人建议	☆☆☆☆
畅想未来的平江N巷，并用文字流畅记录	☆☆☆☆

2. 畅想未来的平江N巷习作评价表。

评价内容	教师评价	学生互评
紧扣主题撰写	☆☆☆☆	☆☆☆☆
想象合情合理	☆☆☆☆	☆☆☆☆
文字细腻优美	☆☆☆☆	☆☆☆☆

项目成果：
学生习作。

 五年级（辩一辩）

论平江九巷商业化的利弊

单元主题：街巷——巷	项目名称：论平江九巷商业化的利弊	建议年级：五年级

项目描述：
目前，苏州平江九巷城市更新项目启动，将按照"城区即景区、旅游即生活"的理念，持续做精"食四时之鲜，居园林之秀，听昆曲之雅，用苏工之美"的"苏式生活典范"，对平江九巷进行活态保护、更新改造，建设历史文化与现代文明交相辉映的综合性片区。
平江九巷商业气息渐浓，前来观赏的游客也越来越多。

任务：
辩一辩"平江九巷商业化的利弊"。

续表

核心素养： 　　1. 文化理解与传承素养：文化认同、文化践行。 　　2. 审辩思维：质疑批判、分析论证。 　　3. 沟通素养：深度理解、有效表达。	关联学科： 语文、综合实践活动。

项目目标：
　　1. 通过多种途径获取信息，整理与归纳信息，并恰当地利用信息。
　　2. 用表格、图像、音频等多种媒介，呈现自己的观察与探究所得。
　　3. 运用搜集的资料，对街巷商业化的利弊进行简单剖析，撰写简单的辩论稿。
　　4. 用自己喜欢的方式表达、展示探索和研究成果，运用合理的语言论证自己的观点。

材料准备：
　　1. 平江九巷的视频。2. 相关评价表。

作品表现方式：
　　"平江九巷商业化的利弊"辩论赛。

第一课时：项目导入		
学生活动	教师活动	知识点（教学点）解析
1. 观看平江九巷的资料。 2. 学生交流、小组讨论。 3. 学生思考交流：平江九巷商业化的利弊。	1. 教师播放平江九巷的资料。 教师提问：平江九巷商铺林立，是否有过于商业化的现象？ 2. 发布任务： 辩论赛：平江九巷商业化的利弊。	平江九巷位于世界文化遗产中国大运河苏州段遗产点平江历史街区腹地，平江路主街西侧，是"运河十景"之平江古巷的重要组成部分，也是连接平江路和观前商圈的重要区域节点。

第二课时：项目实施1		
学生活动	教师活动	知识点（教学点）解析
1. 观看视频。 2. 学生交流。 3. 学生发表观点，由此确定正、反方，确定辩论小组。 4. 拟写辩论稿。	1. 播放视频，指导辩论。 （1）播放视频，讲解辩论赛的基本流程。 （2）观看视频后教师总结：辩论前，要做充分的准备。辩论时，既要证明自己，又要反驳别人。 2. 引导学生讨论，安排辩论赛的相关任务。 教师提问：平江九巷过于商业化有哪些利弊？	辩论赛流程： 　　1. 各方主辩人表明观点。 　　2. 自由辩论：此时双方争先恐后，阐述观点，各抒己见，针锋相对地反驳对方，掀起辩论的高潮。 　　3. 各方三辩总结陈述，重申所持观点的正确性（在辩论的过程中，如出现冷场或卡壳的现象，主持人相机调控。）。

续表

学生活动	教师活动	知识点（教学点）解析
	3. 引导辩论小组搜集相关资料。 4. 讲解辩论稿书写要点。	

<table>
<tr><td colspan="3" align="center">第三课时：项目实施2</td></tr>
<tr><td>学生活动</td><td>教师活动</td><td>知识点（教学点）解析</td></tr>
<tr><td>小组内学生开展"平江九巷商业化的利弊"主题辩论赛。</td><td>教师深入组内进行指导。</td><td>参与辩论赛需要注意以下几点：
1. 清晰地表达自己的观点。
2. 准确地把握话题。
3. 合理地运用论据和证据。
4. 尊重对手和评委。</td></tr>
</table>

<table>
<tr><td colspan="3" align="center">第四课时：项目成果展示和分享</td></tr>
<tr><td>学生活动</td><td>教师活动</td><td>知识点（教学点）解析</td></tr>
<tr><td>1. 开展班级辩论赛。
2. 评选"最佳辩手""最佳辩论组"。</td><td>1. 组织学生汇报。
2. 举行颁奖仪式。</td><td></td></tr>
</table>

项目评价：
1. 活动自评表。

评价内容	星级
积极参加讨论，吸纳他人建议与意见	☆☆☆☆
能用收集到的资料佐证自己的观点，并有条理地表达	☆☆☆☆

2. 辩手评价表。

评价内容	同学评价	教师评价
内容的深度与准确性	☆☆☆☆	☆☆☆☆
表达的清晰度与流畅性	☆☆☆☆	☆☆☆☆
逻辑的严密性	☆☆☆☆	☆☆☆☆
应变能力	☆☆☆☆	☆☆☆☆
团队合作能力	☆☆☆☆	☆☆☆☆

项目成果：
    1. 辩论稿。2. 辩论赛。

六年级（创一创）

制作平江九巷特色橡皮章

单元主题：街巷——巷	项目名称：制作平江九巷特色橡皮章	建议年级：六年级

项目描述：
　　平江九巷纵横交错，西邻观前街，东接平江路，景区与商圈和谐相融，苏式生活的市井烟火、历经百年沧桑的古宅、见证时代变迁的古井古树，处处体现出"城区即景区、旅游即生活"的特色。

任务：
　　通过课堂学习、实地走访调查等方式，进一步深入了解平江九巷的历史文化与现代发展。小组合作制作平江九巷特色橡皮章。

核心素养： 　1. 文化理解与传承素养：文化认同、文化践行。 　2. 创新素养：探究精神。 　3. 合作素养：善于沟通、团结共进。	关联学科： 　语文、信息技术。

项目目标：
　1. 通过查阅资料、实地考察、调查访问等方式，深入了解平江九巷的历史、人文、建筑、布局等。
　2. 了解印章制作的基本知识与技能，尝试制作平江九巷特色橡皮章。

材料准备：
　1. 有关印章的图片、实物。2. 平江九巷特色橡皮章项目分工表。

作品表现方式：
　　平江九巷特色橡皮章。

第一课时：项目导入		
学生活动	教师活动	知识点（教学点）解析
1. 学生通过课前实地走访，分享自己在平江九巷的所见所闻。 2. 小组讨论。 3. 自由组合小组。	1. 教师提前布置课前任务：了解平江九巷的历史、人文、建筑、布局等基本情况。 2. 教师展示图片，讲解印章的起源和分类。 教师提问：你们知道印章是从哪个时期开始流行起来的吗？印章的起源是什么？印章有哪些分类？	橡皮章，是使用小型雕刻刀具在专用于刻章的橡皮砖（与普通橡皮擦不同）上进行阴刻或阳刻，制作出可反复盖印的图案的一种物品。 印章的雕刻根据技法与最后的效果可以分成阳刻与阴刻两大类。阳刻：把文字笔画留住，将其余刻去。相反，阴刻则把书写的文字笔画刻去。根据印章使用印泥后的效果，阳刻的印章也称为朱文，阴刻的印章也称为白文。

续表

学生活动	教师活动	知识点（教学点）解析
	3. 发布任务：通过课堂学习、实地走访调查等方式，进一步深入了解平江九巷历史文化与现代发展。小组合作制作平江九巷特色橡皮章。	

| 第二课时：项目实施1 |||

学生活动	教师活动	知识点（教学点）解析
1. 了解印章。 2. 初步学习橡皮章制作。 3. 小组交流任务分工，完成项目分工表。	1. 教师展示不同类型的印章。 2. 介绍制作橡皮章的步骤。 步骤一：准备材料。 橡皮垫片、铅笔、剪刀、刀片、印泥或颜料。 步骤二：设计图案。 使用铅笔在橡皮垫上设计自己喜欢的图案。 步骤三：雕刻图案。 使用刀片小心地将图案刻在橡皮垫上。 步骤四：粘贴底座。 将制作好的橡皮章粘贴在底座上，以便使用。 步骤五：测试和润色。 测试橡皮章，以确保图案清晰可见，可以使用彩色笔或颜料使图案更鲜艳。 3. 根据制作步骤，组织学生分工。 4. 指导学生填写项目分工表，分析其可行性，提出修改意见。	制作橡皮章时，需要注意一些事项，以确保制作过程的顺利和作品的质量。 1. 材料选择： 　　选择适合雕刻的橡皮砖，而不是普通的橡皮擦。普通橡皮的尺寸和软硬度可能不适合雕刻。 　　新手可以从纯白色橡皮砖（如"大白"）开始尝试，再逐渐尝试其他颜色和质地的橡皮砖。 2. 雕刻技巧： 　　下刀时建议将刀呈45°向外推，这样不容易伤到自己。 　　线条雕刻可以从粗线条开始练习，逐渐过渡到细线条。 　　雕刻时尽量保持橡皮章的平稳，避免移动导致线条歪斜。 3. 图案转印： 　　使用洗甲水或清水将图案转印到橡皮砖上时，注意洗甲水的用量，避免用量过多导致图案模糊。 　　转印时要轻柔且均匀，避免损坏素材纸。 4. 墨水补充： 　　对于常用的颜色，可以考虑购买同一色号的补充墨水，以保证长期使用。 5. 清洁与保养： 　　使用可塑橡皮作为清洁工具，处理章子上残留的印泥。 　　橡皮章使用后应妥善保存，避免阳光直射和高温环境。

续表

第三课时：项目实施2

学生活动	教师活动	知识点（教学点）解析
1. 实地走访，收集制作印章所需素材。 2. 动手制作。 3. 交流讨论橡皮章制作中的困难。	1. 教师提示相关注意点。 2. 教师指导制作，引导学生对橡皮章进行进一步的修改与加工。	制作注意点： 　1. 先轮廓，后具体；先大后小。 　2. 入刀不要太深，行刀不宜太快，控制力度与节奏。 安全注意事项： 　1. 雕刻时要戴手套，保护好双手。 　2. 使用刀具时要小心谨慎，避免误伤自己或他人。

第四课时：项目成果展示和分享

学生活动	教师活动	知识点（教学点）解析
1. 各小组轮流展示平江九巷特色橡皮章。 2. 评价每组作品。 3. 评选"最佳内容奖""最佳合作奖""最佳效果奖""最佳创意奖"。	1. 组织学生汇报。 2. 讲解评比要求。 3. 组织颁奖仪式。	

项目评价：
项目分工表。

任务	成员
准备材料	
设计图案	
雕刻图案	
粘贴底座	
测试润色	

项目成果：
　　平江九巷特色橡皮章。

街巷——里

一年级（认一认）

认苏州里弄特色

单元主题：街巷——里	项目活动：认苏州里弄特色	建议年级：一年级

项目描述：
　　在苏州这些中西合璧的建筑里，分布最广的是受海派文化影响的"里弄"，它们分布于苏州城内的各处，在传统民居里点缀夹杂。这类20世纪20—30年代兴建的建筑以简洁的立面造型和抽象的几何形体进行组合，空间布局更为灵活自由。

任务：
　　通过查阅资料、实地走访等方式，了解苏州著名里弄的名字、里弄的由来以及里弄的建筑特色，能清楚进行介绍。

核心素养：	关联学科：
1. 文化理解与传承素养：文化理解、文化认同、文化践行。 2. 合作素养：愿景认同、责任分担、协同共进。	语文、道德与法治。

项目目标：
　　1. 知道苏州几条著名里弄的名字，了解苏州里弄的特色。感受苏州历史的魅力。
　　2. 表达自己在苏州里弄的所见所闻、所感所想。学会认真倾听，在他人的话语中获取自己需要的信息。

材料准备：
　　1. 苏州里弄的视频及图片。2. 相关评价表。

作品表现方式：

"苏州里弄知多少"连线图

承德里　　　同德里、同益里　　　迎晓里　　　信孚里　　　长鋈村

阊门　　　观前街　　　五卅路　　　平江路

第一课时：项目导入		
学生活动	教师活动	知识点（教学点）解析
1. 学生观看视频及图片。 2. 学生交流：自己眼中的苏州里弄。 3. 学生观看《都挺好》的同德里取景视频。 4. 学生明确项目任务。	1. 教师播放苏州里弄的视频及图片。 2. 组织交流：关于苏州里弄，你们都知道些什么？ 3. 介绍苏州里弄的历史、作用及存在意义。	里弄的特点：建筑由单层单户转变为多层多户；里弄建筑的密度比传统住宅高；里弄建筑逐渐向小型化发展，在房产开发过程中，传统的设计、营造方式也在发生变化。

续表

学生活动	教师活动	知识点（教学点）解析
	4. 发布任务：请同学们通过查阅资料、实地走访等方式，了解苏州著名里弄的名字、里弄的由来以及里弄的建筑特色。	苏州民国时期的里弄建筑是时代的产物，它从一开始就烙印了中西结合的哲思，在建造过程中改革原来苏式传统营造方式，是20世纪初特有的城市记忆。

第二课时：项目实施1

学生活动	教师活动	知识点（教学点）解析
1. 在教师与志愿者的带领下，学生实地参观苏州里弄。 2. 回校后，学生交流本组在参观中的收获及遇到了什么困难，是否解决，如何解决，未解决的困难打算如何处理。	1. 教师带领学生参观，指导学生做好记录。 2. 回校后指导学生整理收获。引导学生继续在课余时间认识里弄。	

第三课时：项目实施2

学生活动	教师活动	知识点（教学点）解析
1. 学生交流本组参观的里弄的样子、历史及背后的含义。 2. 交流本组是通过什么方法找到需要的资料的，以及如何通过资料获取到自己所需要的内容的。 3. 学生分组完成"苏州里弄知多少"连线图的出题。	1. 指导学生组织发言的内容。 2. 引导学生对自己的寻找过程进行总结。 3. 提醒学生出题时应将答案分散开来。	承德里：观前街。 同德里、同益里：五卅路。 迎晓里：平江路。 信孚里：五卅路。 长鋆村：阊门。

第四课时：项目成果展示和分享

学生活动	教师活动	知识点（教学点）解析
1. 比一比，赛一赛：学生完成"苏州里弄知多少"连线图。 2. 相互评分。	1. 组织学生完成连线比赛。 2. 讲解评比规则。	

续表

项目评价：
1. 活动自评表。

评价内容	星级
了解苏州里弄的名称与特色	☆☆☆☆
学会就不同想法与他人商量	☆☆☆☆
积极参与小组活动	☆☆☆☆

2. 连线图评价表。

评价内容	教师评价	学生互评
连线游戏规则清晰	☆☆☆☆	☆☆☆☆
连线图内容正确	☆☆☆☆	☆☆☆☆

项目成果：
"苏州里弄知多少"连线图。

附：

苏州里弄研究任务单

导学：同学们，经过上周的学习，我们对苏州里弄有了初步认识。今天，我们将走出学校，去实地走访苏州里弄，请你们将获取到的信息按要求填写在下面的表格内。

研究内容	记录内容（写一写、画一画）
名称	
地理位置	
让你印象最深的地方	

二年级（说一说）

说迎晓里的故事

单元主题：街巷——里	项目活动：说迎晓里的故事	建议年级：二年级

项目描述：
　　迎晓里古名仁孝里，缘起大儒王敬臣居住在巷中，王敬臣以孝行名闻乡里，邻里称他为"仁孝先生"。明朝万历年间，苏州知府朱文科为他立牌坊，"仁孝坊"的巷名就是由此而来的。

任务：
　　通过了解迎晓里的历史概况、故事，用自己的语言讲一讲迎晓里的故事，演一演迎晓里的故事。

核心素养：	关联学科：
1. 文化理解与传承素养：文化理解、文化认同、文化践行。 2. 合作素养：愿景认同、责任分担、协同共进。	语文、道德与法治。

项目目标：
　　1. 了解迎晓里的历史，能用自己的话把迎晓里背后的故事讲清楚、讲明白。
　　2. 能大致改编迎晓里的故事，用简单的表演演绎迎晓里的故事。

材料准备：
　　1. 苏州里弄的视频及图片。2. 相关评价表。

作品表现方式：
　　迎晓里故事大会。

第一课时：项目导入		
学生活动	教师活动	知识点（教学点）解析
1. 学生观看视频及图片。 2. 学生交流：自己听说过的苏州里弄的故事。 3. 学生观看王敬臣的相关视频。	1. 教师播放苏州里弄的视频及图片。 2. 组织交流：关于苏州里弄，你们都知道些什么？回顾之前查找到的相关信息。 3. 介绍迎晓里的传说故事。 4. 发布任务：请同学们通过了解迎晓里的历史概况、故事，用自己的语言讲一讲迎晓里的故事，演一演迎晓里的故事。	据明史的记载和民间传说，王敬臣最为让人佩服的是他的忠孝仁义。王敬臣的父亲有一次患有疽背之疾，为帮父亲减轻痛苦，王敬臣常常是嘴对着父亲的背疾处进行吮舐，使得父亲的病体后来渐渐得以恢复。还有一次，他父亲得了瞽眩病，不能正常行走，王敬臣每晚都睡在父亲床边的地下，而为了照顾好父亲，他更是连衣服也不脱，只要听到咳嗽声就立刻爬起来悉心服侍自己的父亲。而他对待自己的继母也十分孝顺，就像对待自己的生母一样。在讲究忠孝道德的明代，王敬臣的孝行从此闻名天下，大家称他为"仁孝先生"，明朝万历年间，苏州知府朱文科特地为他立牌坊，题名"仁孝坊"。

续表

第二课时：项目实施1

学生活动	教师活动	知识点（教学点）解析
1. 学生交流查找到的迎晓里的故事。 2. 学生尝试讲一讲迎晓里的故事。 3. 学生互相点评。 4. 学生分组，确定"演一演"的具体分工，规划进度。 5. 学生进一步完善、练习。	1. 教师指导学生筛选与主题相关的资料。 2. 教师指导讲故事的注意点。 3. 教师点评。 4. 教师指导学生规划"演一演"的进度安排。 5. 教师结合学生的实际表现予以指导。	讲故事需要注意： 　1. 故事完整。 　2. 语言通俗易懂。 　3. 声情并茂，吸引人。

第三课时：项目实施2

学生活动	教师活动	知识点（教学点）解析
1. 学生交流排练进度及排练时遇到的困难。 2. 观看视频，学生交流表演和讲故事的区别。 3. 学生修改进度规划，小组内演绎。	1. 指导学生解决排练中遇到的困难。 2. 播放视频，引导学生总结表演和讲故事的区别。 3. 指导学生修改进度规划。	表演课本剧需要注意： 　1. 改编不能脱离主题。 　2. 台词、表情、动作不脱离人物性格。 　3. 准备简单的道具、音乐。

第四课时：项目成果展示和分享

学生活动	教师活动	知识点（教学点）解析
1. 学生分组演一演王敬臣家里发生的故事。 2. 相互评分。 3. 评选"最佳剧本改编""最佳导演""最佳演员""最佳表演组"。	1. 组织学生汇报。 2. 讲解评比要求。	

项目评价：
1. 活动自评表。

评价内容	星级
认真参与每一次小组活动	☆☆☆
积极完成组内布置的任务	☆☆☆
自己在小组中有所成长	☆☆☆

续表

2. "演一演"评价表。

评价内容	教师评价	学生互评
改编切合主题	☆☆☆☆	☆☆☆☆
表演符合人物性格	☆☆☆☆	☆☆☆☆
有简单的道具、音乐	☆☆☆☆	☆☆☆☆
让人们看了能留下印象	☆☆☆☆	☆☆☆☆

项目成果：
"迎晓里故事大会"照片及文稿。

附：

"演一演"小组分工表

分工内容	姓　　名
统筹安排、协调工作（导演）	
编剧	
演员	
音乐制作	
道具制作	
备注	

三年级（画一画）

涂鸦东升里

单元主题：街巷——里	项目活动：涂鸦东升里	建议年级：三年级

项目描述：
　　东升里紧邻平江历史文化街区，由酱油弄、志恒里、东升里三条巷子构成。小巷中，画满了各种别出心裁的以爱情为主题的涂鸦和墙绘。

任务：
　　通过了解苏州里弄的历史概况、建筑特色，画出自己眼中的苏州里弄，将自己对苏州的爱融入其中。

续表

核心素养： 　1. 文化理解与传承素养：文化理解、文化认同、文化践行。 　2. 创新素养：创新思维、创新实践。 　3. 合作素养：愿景认同、责任分担、协同共进。	关联学科： 　语文、劳动、美术。

项目目标：
　1. 了解苏州里弄的由来、特色。
　2. 能运用传统或现代的工具、材料和媒介，创作平面、立体或动态等表现形式的美术作品，学会以视觉形象的方式与他人交流。

材料准备：
　1. 苏州里弄的视频及图片。2. 相关评价表。

作品表现方式：
　"爱在苏州里弄里"涂鸦展示活动。

第一课时：项目导入		
学生活动	教师活动	知识点（教学点）解析
1. 学生观看视频及图片。 2. 学生交流：自己了解的苏州里弄是什么样的。 3. 学生讨论分组，确定自己绘制的蓝本。	1. 教师播放苏州里弄的视频及图片。 2. 组织交流：关于苏州里弄，你们都知道些什么？ 3. 发布任务：洛朗的学校组织一场关于"爱"的涂鸦展示活动，他想邀请同学们一起以"爱"为主题，结合苏州里弄特色进行涂鸦创作。请大家通过了解苏州里弄的历史概况、建筑特色，画出自己眼中的苏州里弄，将自己对苏州的爱融入其中。	爱墙坐落在巴黎市北蒙马特高地半山腰上的一个街头小公园里。公园是一个巴黎街头随处可见的公众休憩场所，墙也是一面不是特别高大厚重的普通石墙，但是墙上有用三百多种文字写成的"我爱你"。 东升里紧邻平江历史街区，由酱油弄、志恒里、东升里三条巷子构成。东升里邀请中外艺术家联合创作，通过涂鸦、墙绘、装置等艺术形式对古城旧街坊进行升级改造。小巷中，画满了各种别出心裁的以爱为主题的涂鸦和墙绘。

第二课时：项目实施1		
学生活动	教师活动	知识点（教学点）解析
1. 学生分组实地参观苏州里弄。 2. 回校后，学生交流本组里弄的特点。 3. 小组交流、讨论，本组绘制"爱在苏州里弄里"的计划和分工。	1. 教师带领学生参观，指导学生做好记录。 2. 教师组织交流。 3. 教师指导学生制定计划，鼓励学生运用多种素材进行创作。	

续表

第三课时：项目实施2		
学生活动	教师活动	知识点（教学点）解析
1. 学生着手绘制"爱在苏州里弄里"涂鸦作品。 2. 小组组员之间相互帮助、小组与小组间相互学习。 3. 如有现场就完成的，向同学展示并修改。	1. 引导学生关注绘制注意点，注意"爱"与"苏州里弄"的结合。 2. 及时回答学生在创作中的问题。	
第四课时：项目成果展示和分享		
学生活动	教师活动	知识点（教学点）解析
1. 各小组轮流上台交流。 2. 相互评分。 3. 评选"最具爱意的苏州里弄"。	1. 组织学生汇报。 2. 讲解评比要求。	

项目评价：
1. 活动自评表。

评价内容	星级
认真参与每一次小组活动	☆☆☆☆
自己对苏州里弄有所认识	☆☆☆☆
自己在小组活动中有进步	☆☆☆☆

2. "爱在苏州里弄里"涂鸦作品评价表。

评价内容	教师评价	学生互评
主题契合	☆☆☆☆	☆☆☆☆
创作方式多样	☆☆☆☆	☆☆☆☆
视觉效果优秀	☆☆☆☆	☆☆☆☆

项目成果：
"爱在苏州里弄里"涂鸦作品。

附：

"爱在苏州里弄里"涂鸦小组分工表

分工内容	姓　　名
统筹安排、协调工作（组长）	
草图设计	
材料准备	
绘画制作	
备注	

四年级（写一写）

里弄保护倡议书

单元主题：街巷——里	项目活动：里弄保护倡议书	建议年级：四年级

项目描述：
在苏州这些中西合璧的建筑里，分布着很多"里弄"，随着旅游业的发展，很多游客纷纷前往打卡，这也给环境保护带来了新的挑战。法国小学生洛朗在寒假里和妈妈一起回东升里的外婆家。他发现外面的大马路上很干净，但弄堂里面的地面有点脏。他想写一封信让住在周围的人都能够保护苏州里弄，可是他不会写中文。

任务：
通过了解苏州里弄的历史、意义之后，完成一份"苏州里弄保护倡议书"。

核心素养：	关联学科：
1. 文化理解与传承素养：文化理解、文化认同、文化践行。 2. 创新素养：创新人格、创新思维。 3. 合作素养：愿景认同、责任分担、协同共进。	语文、英语、道德与法治。

项目目标：
1. 了解苏州里弄的历史和意义，能用规范的语言写一份倡议书，把对家乡的热爱传播出去。
2. 听人说话时能把握主要内容，能就不同的意见与人商讨，学会与人商量。

材料准备：
1. 苏州里弄视频。2. 相关评价表。

作品表现方式：
苏州里弄保护倡议书。

第一课时：项目导入		
学生活动	教师活动	知识点（教学点）解析
1. 学生交流：自己眼中的苏州里弄是什么样的。 2. 学生观看苏州里弄相关视频。	1. 教师播放里弄视频。 2. 组织交流。 3. 发布任务：法国小学生洛朗在寒假里和妈妈一起回东升里的外婆家。他发现外面的大马路上很干净，但弄堂里面的地面有点脏。他想写一封信，让住在周围的人都能够保护苏州里弄，可是他不会写中文，请大家通过了解苏州里弄的历史、意义之后，帮他完成一份"苏州里弄保护倡议书"吧。	

街巷——里

续表

第二课时：项目实施1		
学生活动	教师活动	知识点（教学点）解析
1. 学生交流查找到的苏州里弄的历史及意义。 2. 学生学习倡议书的书写格式。 3. 学生自拟倡议书的内容。 4. 学生互相点评。	1. 教师指导学生筛选与主题相关的资料。 2. 教师讲解写倡议书时的注意点。 3. 教师点评。	倡议书一般由标题、称呼、正文、结尾、落款五部分组成。 倡议书标题一般由文种名单独组成，即在第一行正中用较大的字体写"倡议书"三个字。另外，标题还可以由倡议内容和文种名共同组成。如"把遗体交给医学界利用的倡议书"。 称呼一般顶格写在第二行开头。倡议书的称呼可依据倡议的对象而选用适当的称呼。如"广大的青少年朋友们："" 广大的妇女同胞们："等。有的倡议书也可不用称呼，而在正文中指出。需要特别指出的是，倡议书像其他专用书信一样，不写问候语。 正文一般在第三行空两格写正文。倡议书的内容需包括以下方面： 　　写明倡议书的背景原因和目的。 　　写明倡议的具体内容和要求。这是正文的重点部分。倡议的内容一定要具体化。开展怎样的活动，都做哪些事情，具体要求是什么，建议分条开列。这样写往往清晰明确，一目了然。 　　结尾要表示倡议者的决心和希望或者写出某种建议。 　　落款即在右下方写明倡议者单位、集体或个人的名称或姓名，署上发倡议的日期。
第三课时：项目实施2		
学生活动	教师活动	知识点（教学点）解析
1. 学生交流撰写倡议书的进度及遇到的困难。 2. 完成的学生进行交流。 3. 学生修改。	1. 指导学生解决遇到的困难。 2. 指导学生修改。	
第四课时：项目成果展示和分享		
学生活动	教师活动	知识点（教学点）解析
1. 学生交流"苏州里弄保护倡议书"。 2. 相互评分。 3. 评选"最具号召力的倡议书"。	1. 组织学生汇报。 2. 讲解评比要求。 3. 组织评比。	

续表

项目评价：
1. 活动自评表。

评价内容	星级
认真参与每一次小组活动	☆☆☆
掌握倡议书的格式	☆☆☆

2. "苏州里弄保护倡议书"评价表。

评价内容	教师评价	学生互评
格式正确	☆☆☆	☆☆☆
倡议目的明确	☆☆☆	☆☆☆
倡议内容清晰	☆☆☆	☆☆☆
建议具有可操作性	☆☆☆	☆☆☆

项目成果：
苏州里弄保护倡议书。

五年级（辩一辩）

原住民生活 vs 外地客消费

单元主题：街巷——里	项目活动：原住民生活 vs 外地客消费	建议年级：五年级

项目描述：
　　同德里与同益里是苏州古城内较为少见、保存相对完好的纯居住民国建筑群。两条巷内共有19栋20世纪30年代的民国两层西式洋房、30个石库门、127户居民，平均每个石库门住有4户居民。
　　2023年中秋、国庆长假苏州市文旅行业势头强劲，经综合测算，节日期间苏州市累计接待游客1781.5万人次，实现旅游收入约230.4亿元，按可比口径较2019年分别增长43.3%和25.8%。

任务：
　　随着电视剧《都挺好》的热映，拍摄地同德里已经成了许多外地游客来苏州游玩的打卡地之一，但这里仍有不少居民在此居住，频繁的游客打卡让原本安静的居住区变得嘈杂，居民意见连连。该如何平衡好原住民生活和外地客的消费这个难题呢？请思考。

核心素养： 　1. 文化理解与传承素养：文化理解、文化认同、文化践行。 　2. 审辩思维：质疑批判、分析论证、综合生成。	关联学科： 　语文、道德与法治、信息技术。

街巷——里

续表

项目目标：
1. 了解苏州里弄的建筑特色及历史，多维度热爱家乡。
2. 掌握辩论的方法并在讨论会中积极运用。

材料准备：
1.《都挺好》相关视频。2. 相关评价表。

作品表现方式：
"原住民生活vs外地客消费"辩论会。

第一课时：项目导入		
学生活动	教师活动	知识点（教学点）解析
1. 学生交流：自己眼中的同德里。 2. 学生讨论分组，确定本组研究方向。	1. 组织交流：《都挺好》的视频片段给你的感受。 2. 教师介绍辩论的定义、类型、基本规则和常见辩论技巧。 3. 发布任务：随着电视剧《都挺好》的热映，拍摄地同德里已经成了许多外地游客来苏州游玩的打卡地之一，但仍有不少居民在此居住，频繁的游客打卡让原本安静的居住区变得嘈杂，居民意见连连。该如何平衡好原住民生活和外地客的消费这个难题呢？	同德里位于言桥西南，同益里之北，东口隔五卅路与草桥弄相望，西端南通同益里。原为宋平江府的木兰堂遗址。 同德里曾经的主人是旧上海三大亨之一——杜月笙。20世纪30年代，杜月笙来苏州看投资项目，经人推荐找到了这个地方，虽然不过是一片废弃被填埋的鱼塘，但位置就在苏州古城的中心地带。于是杜老板拍板，出资建起了当时在上海滩非常潮流、时髦的石库门建筑出租，取"共沐德泽"之意，命名"同德里"。 随着电视剧《都挺好》的热播，剧中很多取景地也都被顶上了热搜，成为各方游客争相参观的打卡地，这其中就包括"苏家老宅"的同德里，最热闹的时候每天都有四五千人来到同德里打卡拍照。顺应热潮，双塔街道以同德里为窗口，将其作为古城宣传的一个中心点，借助同德里的打卡热潮带动周边古迹的推广。

第二课时：项目实施1		
学生活动	教师活动	知识点（教学点）解析
1. 学生实地参观同德里。 2. 学生分组确定辩论的主题。 3. 回校后，学生讨论、交流同德里及周围环境的情况并进行思考。根据需要上网搜集信息，为辩论做准备。	1. 教师带领学生参观、访谈，指导学生做好记录。 2. 教师组织交流。	

续表

第三课时：项目实施2		
学生活动	教师活动	知识点（教学点）解析
1. 学生填写辩论准备表。 2. 小组讨论，修改完善表格。 3. 小组收集并整理出一份论据详实的准备表。	1. 教师引导学生填写辩论表。 2. 教师巡视，适时点拨。 3. 小组整合，最终呈现出一份最详实的准备表。	
第四课时：项目成果展示和分享		
学生活动	教师活动	知识点（教学点）解析
1. 辩论开始，正反方交流观点。 2. 台下观众提问。 3. 学生进行投票，评选出最佳辩手。	1. 推选学生代表，上台进行辩论。 2. 剩余学生作为观众，提问环节可随机提问。 3. 组织学生进行投票，评选出获胜方。 4. 教师补充此次辩论意义。	

项目评价：
1. 活动自评表。

评价内容	星级
认真参与每一次小组活动	☆☆☆☆
掌握了多种辩论方法	☆☆☆☆

2. 辩论活动评价表。

评价内容	教师评价	学生互评
论据是否合理	☆☆☆☆	☆☆☆☆
是否用到辩论技巧	☆☆☆☆	☆☆☆☆
辩论是否有说服力	☆☆☆☆	☆☆☆☆
团队合作情况	☆☆☆☆	☆☆☆☆
最终呈现效果	☆☆☆☆	☆☆☆☆

3. 辩论准备表。

辩论观点	
辩论证据	
辩论方法	

项目成果：
"原住民生活vs外地客消费"辩论会照片和相关文稿。

 六年级（创一创）

设计里弄建筑文创

单元主题：街巷——里	项目活动：设计里弄建筑文创	建议年级：六年级

项目描述：
"文创"是指文化创意，是以文化为元素、融合多元文化、整理相关学科、利用不同载体而构建的再造与创新的文化现象，重在对文化资源、文化概念等进行不同角度和层次的创新解读和挖掘、再现。

任务：
结合苏州里弄特色，创作文创产品。

核心素养： 1. 文化理解与传承素养：文化理解、文化认同、文化践行。 2. 创新素养：创新思维、创新实践。	关联学科： 语文、美术、信息技术。

项目目标：
1. 认识苏州里弄的建筑特色，能将自己对家乡的热爱通过文创产品的形式展现。 2. 能运用传统或现代的工具、材料和媒介，创作平面、立体或动态等表现形式的美术作品，学会以视觉形象的方式与他人交流。

材料准备：
1. 苏州里弄视频。2. 相关评价表。

作品表现方式：
苏州里弄建筑特色文创产品。

第一课时：项目导入		
学生活动	教师活动	知识点（教学点）解析
1. 学生观看视频。 2. 学生交流：自己对苏州里弄和文创产品的了解。 3. 学生讨论分组，确定本组文创产品主题。	1. 教师播放苏州里弄视频。 2. 组织交流：关于苏州里弄的文创产品，你们都知道些什么？ 3. 发布任务：法国小学生洛朗想从苏州带点具有里弄建筑特色的文创产品回法国，你们有什么好的想法吗？请将你们的想法通过自己的动手实践变成实物吧。	

续表

第二课时：项目实施1		
学生活动	教师活动	知识点（教学点）解析
1. 学生实地参观承德里，寻找能代表里弄建筑特色的标志性物品。 2. 回校后，学生交流本组主题的特点。 3. 小组交流、讨论，制定本组苏州里弄建筑特色文创产品的设计计划。	1. 教师带领学生参观，指导学生做好记录。 2. 教师组织学生交流。 3. 教师指导学生制定计划，鼓励学生运用多种素材进行设计。	

第三课时：项目实施2		
学生活动	教师活动	知识点（教学点）解析
1. 学生着手绘制苏州里弄建筑特色文创产品设计图或制作文创产品。 2. 小组组员之间相互帮助、小组与小组间相互学习。 3. 如有现场就完成的，向同学们展示并修改。	1. 引导学生关注设计文创产品的注意点。 2. 及时回答学生在创作中的问题。	文创产品设计的注意点： 1. 实用性。 2. 艺术性。 3. 创造性。 4. 文化背景。

第四课时：项目成果展示和分享		
学生活动	教师活动	知识点（教学点）解析
1. 各小组轮流上台交流本组设计的苏州里弄建筑特色文创产品的含义及特色。 2. 相互评分。 3. 评选"最具特色文创""最有创意文创""最实用文创"。	1. 组织学生汇报。 2. 讲解评比要求。	

项目评价：
1. 活动自评表。

评价内容	星级
积极完成自己在小组内的任务	☆☆☆☆
掌握设计文创产品的要点	☆☆☆☆
自己在小组活动中有进步	☆☆☆☆

续表

2. 文创作品评价表。		
评价内容	教师评价	学生互评
文创产品文化含义	☆☆☆☆	☆☆☆☆
文创产品实用性	☆☆☆☆	☆☆☆☆
文创产品艺术性	☆☆☆☆	☆☆☆☆
文创产品创造性	☆☆☆☆	☆☆☆☆

项目成果：
　　苏州里弄建筑特色文创产品设计图或实物。

附：

苏州里弄建筑特色研究任务单

导学：同学们，经过上周的学习，我们对苏州里弄有了初步认识。今天，我们将走出学校，根据你们选择的主题实地探索，将获取到的内容按要求填写在下面的表格内。

研究内容	记录内容（写一写、画一画）
建筑部件名称	
建筑部件的位置	
建筑部件的样子	

苏州里弄建筑特色文创产品设计小组分工表

分工内容	姓　　名
统筹安排、协调工作（组长）	
资料搜集及整理	
文创产品草图设计	
文创产品设计图绘制	
备注	

匠艺——苏绣

一年级（认一认）

有趣的双面绣

单元主题：匠艺——苏绣	项目名称：有趣的双面绣	建议年级：一年级

项目描述：
　　苏绣是苏州地区刺绣产品的总称，为江苏省苏州市民间传统美术作品。苏绣起源于苏州，是四大名绣之一，国家级非物质文化遗产之一。作为苏州人，要能先认识苏绣、了解苏绣，才能做苏绣艺术的传承人和发扬者。

任务：
　　学生可以从了解著名的苏绣作品开始，认识苏绣；实地探访苏绣工作室，走近苏绣，知道苏绣作品的基本特点和制作苏绣的基本工具。

核心素养： 　1. 文化理解与传承素养：文化理解、文化认同、文化践行。 　2. 合作素养：愿景认同、责任分担、协同共进。	关联学科： 　道德与法治、语文、数学、综合实践活动。

项目目标：
　1. 初步了解苏绣的基本特点，并产生深入探究的兴趣，感受中华优秀传统文化的魅力。
　2. 初步认识制作苏绣的基本工具，并说出它们的名字和作用。

材料准备：
　　1. "我是苏绣传承人"任务单。2. 相关评价表。3. 关于苏绣的图片、实物、介绍视频。

作品表现方式：
　　完成"我是苏绣传承人"任务单，能认出身边的苏绣作品。

第一课时：项目导入		
学生活动	教师活动	知识点（教学点）解析
1. 观看苏绣文化介绍视频、作品照片，初步了解苏绣。 2. 学生交流、小组讨论：图片中是哪种苏州传统技艺？看了这些苏绣作品，你们有什么感受？你们在哪里见过这些苏绣作品吗？ 3. 组建研究小组，通过活动任务单明确每位组员的任务、需要搜集的资料、完成各项工作的时间节点等。	1. 教师播放苏绣介绍视频。 2. 讲解苏绣的起源和发展历程。 3. 展示苏绣作品，让学生感受苏绣的美。 4. 组织学生交流看了这些苏绣作品的感受。 5. 发布任务：从著名的苏绣作品开始，结合你们对苏绣工作室的实地探访经历，了解苏绣的样子，认识苏绣工具。 6. 组织学生填写小组分工表。	苏绣起源于苏州，是中国最古老的刺绣技艺之一，拥有超过两千年的历史。苏绣以其图案秀丽、构思巧妙、绣工细致、针法活泼和色彩清雅的独特风格而闻名，是中国四大名绣之一。

匠艺——苏绣

续表

第二课时：项目实施1		
学生活动	教师活动	知识点（教学点）解析
1. 学生了解外出实践活动的相关事项，学习礼貌用语，检查随身携带的资料物品。 2. 小组成员明确此次外出实践的任务。 3. 学生参观卢建英苏绣工作室。 4. 学生记录下自己感兴趣的地方，可以用纸笔记录，也可以拍照记录。 5. 回学校小组讨论、汇总信息。	1. 规范外出实践要保持的安全、纪律、卫生等重要事项。 2. 规范学生与人交流时的礼貌用语。 3. 教师带领学生参观、指导学生记录。 4. 回校后，教师指导学生汇总、整理记录的信息，引导学生确定介绍苏绣的顺序和内容。	认识制作苏绣作品需要用到的工具。通过工作室老师的讲解，了解苏绣相关知识，锻炼学生听讲和记录的能力。

第三课时：项目实施2		
学生活动	教师活动	知识点（教学点）解析
1. 学生交流学习到的苏绣知识，着重交流苏绣工具。 2. 交流本组是通过什么方法找到需要的资料的，如何通过资料获取自己所需要的内容。 3. 学生分组完成信息的分类汇总。	1. 引导学生为参观苏绣工作室有目的地获取信息。 2. 指导学生有重点的发言。 3. 引导学生对信息进行分类汇总。	苏绣需要准备以下材料和工具： 　　底稿、底料、绣花线、绑线和连绑线。绷框、站架、手扶板、剪刀、羊毛针、绣花针、卷尺。

第四课时：项目成果展示和分享		
学生活动	教师活动	知识点（教学点）解析
1. 比一比，赛一赛：学生完成"我是苏绣传承人"任务单。 2. 相互评分。 3. 总结。	1. 组织学生完成任务单。 2. 讲解评分规则。	

项目评价：
1. 活动自评表。

评价内容	星级
了解苏绣的特点	☆☆☆☆
认识苏绣的常用工具	☆☆☆☆
积极参与小组活动	☆☆☆☆

续表

2. 任务单评价表。

评价内容	教师评价	学生互评
能准确找出图片中的苏绣	☆☆☆☆	☆☆☆☆
能列举几个苏绣作品的名称	☆☆☆☆	☆☆☆☆
能准确说出常用苏绣工具的名称	☆☆☆☆	☆☆☆☆
能准确找到生活物品中的苏绣元素	☆☆☆☆	☆☆☆☆

项目成果：
"我是苏绣传承人"任务单。

二年级（说一说）

针尖上的艺术讲解员

单元主题：匠艺——苏绣	项目名称：针尖上的艺术讲解员	建议年级：二年级

项目描述：
全国各地来苏州旅游的游客络绎不绝，假如你们是小小讲解员，你们能从苏绣的历史、工艺和传承等方面，对苏绣进行详细的介绍吗？

任务：
请同学们作为苏绣传承人，结合苏绣的专业知识，做苏绣作品的讲解员。

核心素养： 1. 文化理解与传承素养：文化理解、文化认同、文化践行。 2. 合作素养：愿景认同、责任分担、协同共进。	关联学科： 语文、数学、综合实践活动。

项目目标：
1. 初步了解苏绣的历史、工艺、传承情况，并产生深入探究的兴趣。
2. 能用普通话交谈，学会认真倾听，听人说话时能把握主要内容，并能简要转述。
3. 能运用传统或现代的工具、材料和媒介，向别人介绍苏绣艺术。

材料准备：
1. 相关评价表。2. 关于苏绣的PPT、图片、视频。3. 拍摄视频的设备。

作品表现方式：
苏绣讲解视频。

匠艺——苏绣

续表

第一课时：项目导入		
学生活动	教师活动	知识点（教学点）解析
1. 观看苏绣作品照片。 2. 学生交流、小组讨论：图片中哪个是苏州的传统技艺？你们是怎么看出来的？你们的生活中有哪些苏绣作品？ 3. 观看视频，学生讨论观看后的感想。 4. 组建研究小组，通过活动任务单明确每位组员的任务、需要搜集的资料、各项工作的时间节点等。	1. 教师播放PPT和照片（利用苏绣作品照片引入本课学习）。 2. 教师播放视频《苏绣》。 3. 组织学生交流。 4. 教师组织课堂学习，初步介绍苏绣的历史、工艺和传承等知识。 5. 发布任务：录制苏绣作品的讲解视频。 6. 组织学生填写小组分工表。	苏绣的历史可以追溯到春秋时期，当时吴人在迎宋史节的礼仪中就有使用绣有图案的衣物。到了五代时期，苏州虎丘塔出土的刺绣品精致，展现了当时刺绣的高超技艺。宋代，苏州城内出现了专门从事刺绣的坊巷，刺绣艺术得到了极大的发展。明代，苏绣分为日用品、欣赏品和戏衣三类，并在原料、针法、色彩等方面形成了独特的风格。清代是苏绣的全盛时期，苏州被誉为"绣市"，几乎家家有绣绷，户户在刺绣。清皇室还在苏州织造衙门下设绣作，专门为宫廷生产刺绣用品。
第二课时：项目实施1		
学生活动	教师活动	知识点（教学点）解析
1. 学生初步确定讲解视频录制内容。 2. 初次汇报：汇报进展，提出遇到的问题，包括但不限于以下几方面。 （1）准备讲稿；（2）团队分工；（3）时间地点；（4）工具方法。 3. 以苏绣照片作为背景，拍摄介绍视频初稿（教师协助出示苏绣照片供参考）。 4. 小组交流介绍视频初稿。	1. 教师组织学生进行小组汇报。 2. 教师指导学生拍摄视频。教师提出视频应有的要素及注意事项（如：明确介绍思路，确定介绍重点、拍摄视角、苏绣选择，文字说明等），指导学生完成苏绣介绍视频初稿。	用直尺测量苏绣作品的大小。 撰写苏绣作品介绍词，确保内容准确、用词恰当、语言生动。
第三课时：项目实施2		
学生活动	教师活动	知识点（教学点）解析
1. 在团队分工拍摄视频过程中，可以根据成员的特长和兴趣合理分工，提高视频制作的效率和品质。 2. 校审视频的问题：文本问题、拍摄问题、讲解问题等。 3. 对问题进行记录与探索，进一步修正介绍视频，完成终稿。	教师组织学生进行苏绣纪录片观看或实地走访，进一步细化视频拍摄内容，并提供学生需要的帮助。	细化讲解词，训练表达能力。

151

续表

第四课时：项目成果展示和分享		
学生活动	教师活动	知识点（教学点）解析
1. 播放各小组的苏绣介绍视频。 2. 对每组的介绍视频进行打分。 3. 评选"金牌讲解组""银牌讲解组""铜牌讲解组""优秀讲解组"。	1. 讲解评比要求。 2. 组织学生汇报。 3. 组织学生观看讲解视频，投票选出金牌、银牌、铜牌、优秀讲解组。	以自己的方式将家乡文化、特色传递给更多的人，让更多的人了解苏州传统技艺。

项目评价：
1. 活动自评表。

评价内容	星级
认真参与资料收集	☆☆☆☆
积极完成小组布置的任务	☆☆☆☆
在小组活动中有进步	☆☆☆☆

2. "苏绣讲解视频"评价表。

评价内容	教师评价	学生互评
展示有特色的苏绣作品	☆☆☆☆	☆☆☆☆
能详细表达苏绣的特点	☆☆☆☆	☆☆☆☆
能介绍苏绣的刺绣工艺	☆☆☆☆	☆☆☆☆
能介绍苏绣的历史和传承现状	☆☆☆☆	☆☆☆☆
能拍摄制作生动的讲解视频	☆☆☆☆	☆☆☆☆

项目成果：
苏绣讲解视频。

 三年级（画一画）

设计苏绣徽章纹样

单元主题：匠艺——苏绣	项目名称：设计苏绣徽章纹样	建议年级：三年级

项目描述：
苏绣展现了刺绣艺术的精湛技艺和独特魅力。学校向同学们征集一个含有苏绣元素的学校徽章。

续表

任务：	
请你们结合学校的文化背景，设计一个含有学校特色的苏绣徽章纹样。	

核心素养：	关联学科：
1. 文化理解与传承素养：文化理解、文化认同、文化践行。 2. 创新素养：创新思维、创新实践。 3. 合作素养：愿景认同、责任分担、协同共进。	语文、数学、美术。

项目目标：
1. 了解学校的历史渊源，能够选取适合的元素融入校徽的创作。
2. 了解苏绣工艺，尤其是底稿绘画环节，能合理地将苏绣元素与校徽设计结合。
3. 能运用传统或现代的工具、材料和媒介，表达自己的所见所闻、所感所想，学会以视觉形象的方式与他人交流。

材料准备：
1. 相关评价表。2. 关于绣花徽章的PPT、图片。3. 关于苏绣徽章的图片、照片。

作品表现方式：
苏绣徽章纹样作品。

第一课时：项目导入		
学生活动	教师活动	知识点（教学点）解析
1. 观看绣花徽章照片。 2. 学生交流、小组讨论：生活中哪里可以看见绣花徽章？它们分别是什么样的？苏绣徽章和常见的绣花徽章上的刺绣有什么异同？ 3. 通过学习不同刺绣徽章的案例，总结刺绣徽章纹样设计的特点。 4. 学生讨论，如何将刺绣技艺运用到徽章的制作中。 5. 组建研究小组，通过活动任务单明确每位组员的任务、需要搜集的资料、各项工作的时间节点等。	1. 教师播放PPT，展示生活中的绣花徽章。 2. 教师播放苏绣徽章的照片，引导学生思考。 3. 组织学生交流。 4. 发布任务：设计有学校特色的苏绣徽章纹样，配以简单文字说明。 5. 组织学生填写小组分工表。	

第二课时：项目实施1		
学生活动	教师活动	知识点（教学点）解析
1. 学生明确设计主题和方向。 2. 初次汇报：汇报进展，提出遇到的问题，包括但不	1. 教师简单介绍学校历史背景，明确纹样设计主题。 2. 教师组织讨论，引导学生搜集学校背景资料，可以	平江实验学校历史渊源 　　学校坐落苏州古城东隅，南临干将路，西依平江路，北靠全晋会馆，东傍相门古城墙，是苏州古代三大学

续表

学生活动	教师活动	知识点（教学点）解析
限于以下几方面：（1）明确纹样主题；（2）团队分工；（3）时间地点；（4）工具方法。 3. 小组交流介绍搜集到的背景资料，确定苏绣徽章纹样主题元素。	通过网络搜集、实地走访等方法。 3. 教师引导学生选定苏绣徽章纹样中的主题元素，如银杏叶、大成殿等。	宫之长洲县学所在地。学校历史可追溯到南宋咸淳元年（1265）。学校有"三古"：古殿（大成殿）、古树（18棵古银杏）、古碑。

第三课时：项目实施2

学生活动	教师活动	知识点（教学点）解析
1. 在团队分工过程中，可以根据成员的特长和兴趣进行合理分工，提高作品制作效率和品质。以下是一种可能的分工方式：（1）资料组；（2）绘画组；（3）文案组；（4）介绍组。 2. 讨论、发现作品的问题。 3. 对问题进行记录与探索，进一步完善作品，完成终稿。	教师组织学生根据搜集到的学校背景资料，设计苏绣徽章纹样初稿。	用直尺、圆规等确定苏绣作品纹样的大小并进行设计。 撰写苏绣徽章纹样介绍词，确保内容准确、用词恰当、语言生动。 运用不同的画图方法，画出徽章纹样的草图并上色。

第四课时：项目成果展示和分享

学生活动	教师活动	知识点（教学点）解析
1. 各小组介绍学校苏绣徽章纹样设计的大概情况。 2. 对每组的纹样设计和介绍情况进行打分。 3. 评选"金牌设计组""银牌设计组""铜牌设计组""优秀设计组"。	1. 讲解评比要求。 2. 组织学生汇报。 3. 组织学生观察纹样设计作品，投票选出金牌、银牌、铜牌、优秀设计组。	

项目评价：
1. 活动自评表。

评价内容	星级
完成小组分配的任务	☆☆☆☆
在与别人的交流中取得进步	☆☆☆☆
能将学到的知识运用到设计中	☆☆☆☆

续表

2. "苏绣徽章纹样设计"评价表。

评价内容	教师评价	学生互评
纹样清晰、简洁	☆☆☆☆	☆☆☆☆
纹样能表现学校特色	☆☆☆☆	☆☆☆☆
纹样能够与苏绣技艺相结合	☆☆☆☆	☆☆☆☆

项目成果：
苏绣徽章纹样设计稿。

 四年级（写一写）

苏绣作品诞生记

单元主题：匠艺——苏绣	项目名称：苏绣作品诞生记	建议年级：四年级

项目描述：
　　刺绣作品不仅具有很高的艺术价值，还蕴含着丰富的文化内涵。每一幅苏绣作品，都凝结着绣娘的心血，体现了苏州人独特的审美情趣。

任务：
　　为了将苏绣艺术介绍给更多外地的朋友，你作为学校记者团的成员，请着手写一篇"苏绣作品诞生记"，详细记录一幅苏绣作品诞生的过程。

核心素养： 　1. 文化理解与传承素养：文化理解、文化认同、文化践行。 　2. 创新素养：创新人格、创新思维。 　3. 合作素养：愿景认同、责任分担、协同共进。	关联学科： 　语文、美术、综合实践活动。

项目目标：
　1. 培养将苏绣艺术传播出去的热情。
　2. 能认真倾听别人的发言，把握别人说话时的主要内容。
　3. 详细了解苏绣的历史、工艺、传承情况，并能用生动、流畅的语言文字描述出来。

材料准备：
　1. 相关评价表。2. 视频《苏绣》、苏绣作品图片。

作品表现方式：
　　新闻稿《苏绣作品诞生记》。

续表

第一课时：项目导入		
学生活动	教师活动	知识点（教学点）解析
1. 观看苏绣作品照片。 2. 观看视频，学生交流、小组讨论：一幅苏绣作品的诞生需要哪几个步骤？ 3. 组建研究小组，通过活动任务单明确每位组员的任务、需要搜集的资料、各项工作的时间节点等。 4. 学生分组了解苏绣的基本针法（每小组选择一到两种）。	1. 教师播放照片和视频《苏绣》。 2. 组织学生交流。 3. 教师组织课堂学习，使学生了解一幅苏绣作品诞生的过程。 4. 发布任务：写一篇《苏绣作品诞生记》，可以配上插图。 5. 教师组织学生分小组选取需要了解的针法。 6. 组织学生填写小组分工表。	苏绣作品制作过程： 　　1. 装绷架：把布绷在绷架上，保证布绷得紧紧的，方便刺绣。这是专业绣娘的设备，业余爱好者没有绷架，可以直接用绣绷代替。 　　2. 描线：把要绣的图案用铅笔或毛笔描到绣布上。 　　3. 劈线：练习针法时，往往用的是1/2股线，即把一根线劈成两根。绣娘的作品用线基本是1/8股，细致些的为1/32股。 　　4. 起小针：开始绣的时候先起个小针，把线固定在布上。 　　5. 基本针法：齐针、滚针、接针、散套、打籽、戗针。

第二课时：项目实施1		
学生活动	教师活动	知识点（教学点）解析
1. 各小组确定要介绍的苏绣作品。 2. 学生了解苏绣的工具准备。 3. 分组讨论不同针法的特点。 4. 交流苏绣作品诞生的具体过程。	1. 教师组织学生分小组汇报不同针法的特点。 2. 教师指导学生总结。	齐针：一针挨着一针整齐地绣，注意边缘排列齐整。 滚针：第二针和第一针从侧面重合一部分，这种针法多用在勾线上。 接针：第二针紧接第一针的针尾，针脚需要等长。在绣行书、草书的转折处可以用这种针法。 散套：前一批和后一批针脚如鱼鳞一般层层覆盖，又像犬牙一样相互错开，针脚不必整齐。 打籽：在针出绣面之后，随即一手拉住线，用针芒在近绣面的线末端，在线上朝内绕两圈，即成一籽。 戗针：顺纹样形体，一批一批由外向里排绣，并且按颜色深浅换色，形成渐变效果。也就是按纹形用齐针分层刺绣，只是每层可以长短穿插自然一些，一层一层地前后衔接而成。

续表

第三课时：项目实施2		
学生活动	教师活动	知识点（教学点）解析
1. 各小组根据自己选取的苏绣作品名称，拍摄图片，记录相关资料。 2. 根据苏绣工作室老师的讲解，发现文稿可能存在的问题：制作步骤、历史背景、工艺细节、传承情况、内涵精神等。 3. 对问题进行记录与探索，进一步修正作品，完成终稿。	教师组织学生以小组为单位，每个小组选取一个典型苏绣作品，分析针法，共同撰写《苏绣作品诞生记》。	以图配文的方式，完成文稿，训练学生的写作能力。

第四课时：项目成果展示和分享		
学生活动	教师活动	知识点（教学点）解析
1. 各小组介绍自己的文稿。 2. 对每组的文稿进行打分。 3. 评选"金牌小记者""银牌小记者""铜牌小记者""优秀小记者"。	1. 讲解评比要求。 2. 组织学生汇报。 3. 组织学生阅读每组的报道文稿，投票选出金牌、银牌、铜牌、优秀小记者。	能根据了解的苏绣知识撰写文稿，语言通顺、内容详实。让更多的人了解苏州传统技艺——苏绣。

项目评价：
1. 活动自评表。

评价内容	星级
认真参与小组活动	☆☆☆☆
积极完成小组任务	☆☆☆☆
在小组活动中有进步	☆☆☆☆

2. 新闻稿评价表。

评价内容	教师评价	学生互评
语言通顺	☆☆☆☆	☆☆☆☆
能准确表现苏绣作品的制作过程	☆☆☆☆	☆☆☆☆
能详细介绍苏绣作品中不同针法的特点	☆☆☆☆	☆☆☆☆
配图和文稿内容匹配	☆☆☆☆	☆☆☆☆
文稿语言生动、有吸引力	☆☆☆☆	☆☆☆☆

项目成果：
新闻稿《苏绣作品诞生记》。

五年级（辩一辩）

传统手工 vs 现代智能

单元主题：匠艺——苏绣	项目名称：传统手工 vs 现代智能	建议年级：五年级

项目描述：
　　如今国潮正当时，许多含有传统文化元素的日用品成为人们的选择。苏绣是传统手工技艺的代表，一幅苏绣作品往往凝聚着绣娘们无数个日夜的心血。在高速发展的当下，苏绣作品却并未能全方位、商品化地进入大众市场，走进寻常百姓的生活。

任务：
　　在这样的困局之下，我们是坚守传统手工，还是利用现代智能机器替代缓慢的手工呢？请在辩论会中发表你的看法。

核心素养： 　1. 文化理解与传承素养：文化理解、文化认同、文化践行。 　2. 审辩思维：质疑批判、分析论证、综合生成。	关联学科： 　信息技术、语文、美术。

项目目标：
　1. 了解中华优秀传统文化的主要代表性成果，感受中华优秀传统文化的魅力。
　2. 能辩证地思考坚守传统苏绣工艺的利弊。
　3. 积极参与讨论，能清晰地表达自己的所思所想。
　4. 能广泛搜集、整合资料，并形成自己的思考。

材料准备：
　1. 相关评价表。2. 苏绣作品的照片（手工刺绣、电脑刺绣两组）。

作品表现方式：
　　辩论稿、辩论视频。

第一课时：项目导入		
学生活动	教师活动	知识点（教学点）解析
1. 观看苏绣作品照片。 2. 小组讨论：完成一幅这么大的苏绣作品需要多长时间？电脑完成一幅刺绣作品需要多久呢？你们喜欢哪一个作品？ 3. 小组代表发言，交流讨论结果。	1. 教师播放两组照片。 2. 组织学生交流。 3. 教师出示问题： （1）如果你们是消费者，你们愿意购买哪个作品？ （2）如果你们是刺绣工坊的老板，你们会怎么给不同的商品制定价格？ 4. 发布任务："传统手工VS现代智能"辩论会。	刺绣是我国的传统手工艺术，电脑刺绣系统是工程CAD软件的一种，它通过计算机辅助设计功能，将设计者的构思转化为磁盘或者纸带等媒介上的针迹点信号，用这些信息控制电脑绣花机完成刺绣工作。

续表

第二课时：项目实施1		
学生活动	教师活动	知识点（教学点）解析
1. 确定辩题及正、反方。 2. 小组讨论，确定立论方向。 3. 小组讨论，明确组内成员分工。	1. 教师组织学生进行分组，小组讨论选定议题。 2. 引导学生组内分工，进行任务分配。 3. 准备辩论会，明确一辩、二辩、三辩、四辩职责。	

第三课时：项目实施2		
学生活动	教师活动	知识点（教学点）解析
1. 陈词立论。 2. 攻辩环节。 3. 自由辩论：本环节由正方先发言，双方各三分钟时间。 4. 观众提问。 5. 总结陈词。	教师主持辩论会，引导学生按照流程发言。	

第四课时：项目成果展示和分享		
学生活动	教师活动	知识点（教学点）解析
1. 学生点评。 2. 学生投票。 3. 评选"金牌辩手""银牌辩手""铜牌辩手"。	1. 讲解评选要求。 2. 组织学生点评。 3. 组织学生投票，选出"金牌辩手""银牌辩手""铜牌辩手"。	

项目评价：
1. 活动自评表。

评价内容	星级
认真参与小组活动	☆☆☆☆
运用一定的辩论方法	☆☆☆☆
知道传统手工和现代工艺各自的优劣	☆☆☆☆

2. 辩论评价表。

评价内容	教师评价	学生互评
发言逻辑清晰，言简意赅	☆☆☆☆	☆☆☆☆
发言角度新奇，有说服力	☆☆☆☆	☆☆☆☆
反应灵活，应对能力强	☆☆☆☆	☆☆☆☆
有团队精神	☆☆☆☆	☆☆☆☆

续表

项目成果：
1. 辩论稿。2. 辩论视频。

 六年级（刨一刨）

苏绣电子海报

单元主题：匠艺——苏绣	项目名称：苏绣电子海报	建议年级：六年级
项目描述： 　　近年来，苏州文旅致力于打造自己的 IP，不少游客前来打卡。苏绣起源于苏州，是苏州的传统文化技艺的重要代表之一，但是，苏绣在市场化的过程中遇到了困难。		
任务： 　　为了让更多的外地游客能了解苏绣，请你设计一张电子海报，为苏绣工作室宣传。届时，海报会张贴在平江路边，也会在微博、小红书等社交平台发布，吸引更多人了解苏绣。		
核心素养： 　　1. 文化理解与传承素养：文化理解、文化认同、文化践行。 　　2. 创新素养：创新思维、创新实践。	关联学科： 　　信息技术、语文、美术、数学。	
项目目标： 　　1. 能将自己对苏绣的热爱以电子海报的方式呈现出来。 　　2. 能捕捉苏绣的突出特点，融入海报设计当中。 　　3. 运用适当的美术呈现形式，让海报醒目、特点鲜明、可看性强。 　　4. 能运用传统或现代的工具、材料和媒介，表达自己的所见所闻、所感所想，学会以视觉形象的方式与他人交流。		
材料准备： 　　1. 相关评价表。2. 电影海报、城市宣传海报图片。		
作品表现方式： 　　苏绣电子海报。		
第一课时：项目导入		
学生活动	教师活动	知识点（教学点）解析
1. 学生观看海报作品图片。 2. 学生交流、小组讨论：海报的大小是怎样的？海报的使用场景一般是哪里？海报上的文字有什么特点？海报的画面有什么特点？	1. 教师播放一组电影海报、一组不同城市的宣传海报，引导学生观察海报的特点和要素。 2. 组织学生交流。	海报的定义： 　　海报这一名称，最早起源于上海，是一种宣传方式。旧时，海报是用于戏剧、电影等演出活动的招帖。上海人通常把职业性的戏剧演出称为"海"，而把从事职业性戏剧的表演称

续表

学生活动	教师活动	知识点（教学点）解析
	3. 教师出示问题：如果你们是游客，你们会被什么样子的海报吸引？ 4. 总结海报的特点和要求。 5. 发布任务：设计苏绣电子海报。	为"下海"。包含剧目演出信息的具有宣传性的招徕顾客的张贴物，人们便把它叫作"海报"。正规的海报中通常包括活动的性质、主办单位、时间、地点等内容，多用于影视剧和新品宣传中，形式为图片、文字、色彩等要素的结合。

第二课时：项目实施1

学生活动	教师活动	知识点（教学点）解析
1. 组建研究小组，通过活动任务单明确每位组员的任务、需要搜集的资料、各项工作的时间节点等。 2. 交流、讨论海报中需要呈现苏绣的哪些特点。 3. 交流、讨论需要通过哪些元素来表现苏绣的特征。 4. 初步设计海报。	1. 组织学生填写小组分工表。 2. 组织小组讨论，选定海报主题和各部分具体内容。	量一量校园里的海报大小，明确制作苏绣海报的大小。 小组交流、讨论，训练语言表达能力。

第三课时：项目实施2

学生活动	教师活动	知识点（教学点）解析
1. 学生着手设计电子海报。 2. 组员之间相互帮助、小组与小组间相互学习。 3. 如有现场就完成的，向同学们展示并修改。	1. 教师及时回答学生在设计中的问题（画图中的技巧：比例、配色等）。 2. 学生绘制过程中教师及时引导：可以设计一张英语主题的苏绣海报，让外国人也更了解苏绣。	先运用不同图形和艺术字组合的形式，绘制纸质的海报草图。注意图形的组合和颜色的搭配。 学生选用不同绘图工具完成图形和文字的编辑。 运用简单的英语词语或短语表现苏绣的特征。

第四课时：项目成果展示和分享

学生活动	教师活动	知识点（教学点）解析
1. 对每组海报进行打分。 2. 评选"最佳海报"。	1. 讲解评比要求。 2. 组织学生汇报。 3. 组织学生投票，选出"最佳海报"。	

续表

项目评价：
1. 活动自评表。

评价内容	星级
充分了解苏绣的特点	☆☆☆☆
掌握电子海报设计的要点	☆☆☆☆
自己在小组活动中有进步	☆☆☆☆

2. 电子海报评价表。

评价内容	教师评价	学生互评
主题明确，画面中心内容突出	☆☆☆☆	☆☆☆☆
构图合理，比例恰当；上色均匀，色彩丰富	☆☆☆☆	☆☆☆☆
有创新意识和创造力	☆☆☆☆	☆☆☆☆
整体效果美观大方	☆☆☆☆	☆☆☆☆

项目成果：
　　苏绣电子海报。

匠艺——苏刻

一年级（认一认）

一团和气

单元主题：匠艺——苏刻	项目名称：一团和气	建议年级：一年级

项目描述：
一位笑容可掬、容光满面的老妇人，手中拿着一段卷轴，上面写着"一团和气"四个大字，这就是苏州桃花坞木刻年画的知名作品《一团和气》。学习和研究桃花坞年画，对于发展新的艺术、弘扬中华民族的传统文化有重要意义。

任务：
一年级的学生理解能力和表达能力欠缺，因此，本项目仅要求学生通过观看具体的图片、视频等，认一认年画作品，了解年画是什么。

核心素养： 　1. 文化理解与传承素养：文化理解、文化认同、文化践行。 　2. 合作素养：愿景认同、责任分担、协同共进。	关联学科： 　语文、道德与法治、美术。

项目目标：
1. 学生通过观看图片和视频介绍，了解桃花坞年画代表作品《一团和气》。 　2. 初步知道桃花坞年画的历史渊源、历史故事，以及背后的文化价值。 　3. 学生能简单表达了解桃花坞年画的感受和收获。 　4. 分小组展开交流，畅谈对作品的认识。

材料准备：
1."一团和气"盖章图（空白）。2. 关于桃花坞年画的图片、视频。3. 相关评价表。

作品表现方式：
"一团和气"盖章图。

第一课时：项目导入		
学生活动	教师活动	知识点（教学点）解析
1. 学生观看图片，初步认识桃花坞年画。 2. 自由交流，分享感受。 3. 重点认识作品《一团和气》。 4. 观看作品《一团和气》的视频介绍。	1. 教师出示桃花坞年画作品的图片：你们知道这是什么吗？ 2. 组织学生交流：在哪里见过？ 3. 教师引导：今天我们就来一起走进这幅《一团和气》，了解其中的奥秘吧！ 4. 播放视频，引导学生关注作品特点。	世人常说的"南桃北柳"，指的正是天津杨柳青与苏州桃花坞，也是我国历史上影响力最大的两类年画。桃花坞年画起源自雕版印刷技术的成熟，它的盛行源于姑苏一带的繁盛，商业上的繁荣带动当地经济，而江南美景也孕育着如诗如画的生活场景。文人墨客们纷纷居住于此，也带动了当地文化圈子的进步与发展，人们追求美好生活，享受美好生活。

续表

第二课时：项目实施1		
学生活动	教师活动	知识点（教学点）解析
1. 分享观后感。 2. 自由组合，确定小组。 3. 确定组员，适当调整。	1. 教师引导学生讲一讲在观看作品《一团和气》视频介绍后的感受。 2. 组织外出学习小组分工。 3. 教师对小组进行适当调整。要求：有序参观，不大声喧哗，认真倾听，把握好时间，自由参观时以小组为单位，由小组长带领。	《一团和气》的基础用色包括墨色、灰色、桃红、豆绿、大红、黄色六种，年画"一板一色"的上色方式意味着成品将会使用至少六块木板进行制作，这十分耗费时间，往往只是拓板就要花费六个月的时间，上色又要花费两个月的时间。将轮廓线稿印在纸张上后，每一次不同颜色的上色都要求均匀、精准，一旦产生误差，就会导致之前所作功亏一篑。整套技术需要数年的练习才有可能达到标准水平。

第三课时：项目实施2		
学生活动	教师活动	知识点（教学点）解析
1. 集体参观。 2. 分小组自由参观。 3. 完成"一团和气"盖章图。	1. 教师带领学生进行集体参观。 2. 请小组长带领组员自由参观感兴趣的地方。 3. 组织学生完成"一团和气"盖章图。	学习和研究桃花坞年画，对于发展新的艺术、弘扬中华民族的传统文化有着重要意义。 进行"一团和气"年画盖章，学生在亲身实践中感受到苏刻年画的魅力。

第四课时：项目成果展示和分享		
学生活动	教师活动	知识点（教学点）解析
1. 各小组派代表展示自己的盖章图。 2. 对每组的盖章图进行评价。	1. 组织学生汇报。 2. 组织班级展示，教师点评。	

项目评价：
活动评价表。

评价内容	教师评价	学生互评
能简单介绍桃花坞年画	☆☆☆☆	☆☆☆☆
参观后加深对桃花坞年画的认知	☆☆☆☆	☆☆☆☆
"一团和气"盖章图清晰	☆☆☆☆	☆☆☆☆

项目成果：
"一团和气"盖章图。

二年级（说一说）

纸上的年味儿

单元主题：匠艺——苏刻	项目名称：纸上的年味儿	建议年级：二年级

项目描述： 　　"纸上的年味儿"这个短语充满了文化和传统的韵味。它描绘了一种通过纸张，特别是各种手工艺品，如窗花、对联、年画等，传达出的浓厚的过年氛围。		

| 任务：
　　在中国，春节是最重要的传统节日，人们会通过各种方式来庆祝，请你结合这些传统纸制品，说说年味儿。 |||

| 核心素养：
　　1. 文化理解与传承素养：文化理解、文化认同、文化践行。
　　2. 沟通素养：深度理解、有效表达。 || 关联学科：
　　语文、信息科技、美术。 |

| 项目目标：
　　1. 学习年画的历史背景、文化内涵和艺术特点，学会识别不同地区的年画风格。
　　2. 了解苏州桃花坞年画的特点，理解"纸上的年味儿"及其背后所代表的文化价值。
　　3. 分小组录制介绍视频，说一说自己所理解的"纸上的年味儿"。 |||

| 材料准备：
　　1. 相关评价表。2. 录制设备。3. 关于年画的视频。 |||

| 作品表现方式：
　　录制介绍视频，说一说"纸上的年味儿"。 |||

第一课时：项目导入		
学生活动	教师活动	知识点（教学点）解析
1. 学生观看视频、图片，思考对年画的初步认识。 2. 自由交流，分享感受。	1. 播放一段关于年画的视频。提问：你们知道这是什么吗？它们在春节中有什么意义？ 2. 引导学生思考并分享对年画的初步认识。 3. 教师出示年画、介绍课件。	年画是中国特有的一种绘画体裁，也是中国老百姓喜闻乐见的艺术形式。它反映了人民大众的风俗和信仰，寄托着人们对未来的希望。传统的民间年画多用木版水印制作，主要产地有天津杨柳青、苏州桃花坞和山东潍坊等，内容多为吉祥图案和祝福文字。

续表

第二课时：项目实施1		
学生活动	教师活动	知识点（教学点）解析
1. 学习年画的历史与文化背景。 2. 学习年画的艺术特点。 3. 了解年画的制作方法与技巧。	1. 教师简要介绍年画的起源、发展和演变过程。 2. 分析不同风格的年画作品。 3. 展示年画的制作流程，包括设计草稿、选择材料、上色、剪贴等步骤。分享一些制作年画的技巧和注意事项。	年画作为一种独特的艺术形式，具有以下几个显著的艺术特点： 1. 主题突出，构图饱满对称。 2. 色彩鲜艳，对比强烈。 3. 人物形象夸张，富有装饰性。 4. 地域风格明显。 5. 寓意深刻，象征性强。

第三课时：项目实施2		
学生活动	教师活动	知识点（教学点）解析
1. 学习桃花坞年画的起源和发展。 2. 了解桃花坞年画的艺术特点。 3. 深入理解桃花坞年画的寓意和象征意义。 4. 小组分工，录制"纸上的年味儿"讲解视频。	1. 简要介绍桃花坞年画的起源和发展，为后续学习做铺垫。 2. 详细介绍桃花坞年画的艺术特点。 3. 结合实例，分析桃花坞年画的寓意和象征意义。 4. 指导学生小组做好分工。	归纳整合桃花坞年画的相关知识，并将其运用到讲解词的撰写中。利用新媒体设备，拍摄讲解视频，锻炼学生的信息技术运用能力。

第四课时：项目成果展示和分享		
学生活动	教师活动	知识点（教学点）解析
1. 各小组派代表播放讲解视频，并做简要介绍。 2. 对每组视频进行评价，评选金牌"年味儿"奖、银牌"年味儿"奖、铜牌"年味儿"奖。	1. 组织学生进行视频播放、介绍。 2. 教师组织学生选出金牌"年味儿"奖、银牌"年味儿"奖、铜牌"年味儿"奖，并总评。	通过这些纸制品，人们不仅能够感受到浓浓的年味儿，还能传承和弘扬中华民族的优秀传统文化。这些纸制品不仅仅是装饰品，更是一种文化的传承和表达。

项目评价：
视频评价表。

评价内容	教师评价	学生互评
年味儿足	☆ ☆ ☆	☆ ☆ ☆
介绍时语言简洁、有重点	☆ ☆ ☆	☆ ☆ ☆
团队分工、合作情况好	☆ ☆ ☆	☆ ☆ ☆
视频有创意	☆ ☆ ☆	☆ ☆ ☆

项目成果：
"纸上的年味儿"介绍视频。

三年级（画一画）

私人定制

单元主题：匠艺——苏刻	项目名称：私人定制	建议年级：三年级

项目描述：
　　私人定制通常是为个人准备的产品，能够满足个性化要求。本项目依托私人定制形式，营造"为妈妈定制苏刻年画作品"的情境，最终实现苏刻年画作品的设计与绘画。

任务：
　　让学生结合苏刻知识，进行苏刻年画私人定制活动，在实践操作和课堂展示中，进一步提升对苏刻文化的感知度，从而不断弘扬苏刻文化。

核心素养：	关联学科：
1. 文化理解与传承素养：文化理解、文化认同、文化践行。 2. 创新素养：创新人格、创新思维、创新实践。 3. 合作素养：愿景认同、责任分担、协同共进。	美术、语文、数学、信息技术。

项目目标：
　　1. 学生通过对知识的学习和探究，深入了解苏刻的历史变迁、分类、文化价值等，激发学生对苏刻的探究热情。
　　2. 前期了解苏刻制作的基本知识与技能，尝试自己构思苏刻图案。
　　3. 设计并绘画出私人定制的图案，在画纸上呈现出苏刻的效果。
　　4. 以研究性小组合作的学习方式为主，培养自主探究、合作互助的能力。

材料准备：
　　1. 相关评价表。2. 私人定制表。3. 关于苏刻的PPT、视频、图片、文字介绍。

作品表现方式：
　　私人定制的苏刻年画作品。

第一课时：项目导入		
学生活动	教师活动	知识点（教学点）解析
1. 学生观看视频并进行思考。 2. 学生交流、小组讨论：谈谈自己对苏刻的认识。 3. 学生观看视频、图片、文字介绍，了解苏刻的种类。 4. 小组交流，学生讨论学习收获。	1. 教师播放视频《苏作砚刻》《苏工金属凿刻》等。 2. 组织学生交流。 3. 播放不同种类的苏刻介绍视频，出示文字、PPT及相关图片，帮助学生了解苏刻的种类。 4. 教师引导：学生结合以上学习，选择自己喜欢的苏刻种类，进行组内交流并分工。	苏刻种类： 苏作玉雕。 碑刻。 澄泥石刻。 苏作红木雕刻。 光福核雕。 砖雕。 竹刻。 金属凿刻。 冲山佛雕。 虞山篆刻。

续表

第二课时：项目实施1		
学生活动	教师活动	知识点（教学点）解析
1. 学习苏刻的基本知识和原理。 2. 明确任务，构思方案。 3. 小组讨论、合作：确定成员所要搜集材料的分工。完成苏刻图案内容搜集，并整理成一份详细的设计初稿。小组交流苏刻图案设计构思及简要说明，评价可行性。	1. 教师讲解苏刻的基本知识和原理。 2. 创设情境，提出要求：春节快到了，妈妈想请你设计一幅苏刻年画挂在家中，增添节日的氛围。这节课我们就来一起动动手，设计出妈妈喜欢的苏刻年画吧！ 3. 教师指导学生分组进行设计和制作。	小组讨论分工后，进行作品图案的初步设计，将其画在私人定制表中。 组织语言进行经验分享，畅谈收获。 对苏刻的特点和应用等方面展开深入探讨。

第三课时：项目实施2		
学生活动	教师活动	知识点（教学点）解析
1. 设计并画出苏刻图案。 2. 调整、修改苏刻图案。 3. 进行后期完善。 4. 交流、讨论图案设计中的困难。	1. 教师巡视，适时点拨。 2. 引导学生进行修改。 3. 组织学生进行讨论，交流图案设计中的困难并解惑。	设计、绘制苏刻图案，配上个性化的色彩点缀。粗略估计图案布局，所占配比等。

第四课时：项目成果展示和分享		
学生活动	教师活动	知识点（教学点）解析
1. 组内交流：苏刻图案的选材与设计、苏刻图案设计的心得和困惑。 2. 各小组派代表展示自己设计的苏刻图案，尝试讲解含义。 3. 对每组图案进行评价。 4. 学生填写作品评价表，进行自评和互评。	1. 组织学生汇报。 2. 班级展示、教师点评。 3. 组织学生填写作品评价表，选出"金牌图案定制组""银牌图案定制组""铜牌图案定制组""优秀图案定制组"。	小组合作，制成PPT课件，分享组内作品的制作过程、灵感来源、成果呈现等，锻炼学生的信息整合和软件应用能力。

项目评价：
1. 活动自评表。

评价内容	星级
能说出苏刻的种类名称	☆☆☆☆
能简要介绍自己喜欢的苏刻种类	☆☆☆☆
能和组内同学协作完成项目	☆☆☆☆
能按照步骤完成项目	☆☆☆☆
能准确表达自己的想法	☆☆☆☆

续表

2. 年画作品评价表。

评价内容	教师评价	学生互评
贴合节日主题	☆☆☆☆	☆☆☆☆
设计新颖	☆☆☆☆	☆☆☆☆
团队协作好	☆☆☆☆	☆☆☆☆
有创意	☆☆☆☆	☆☆☆☆

项目成果：
苏刻年画作品。

 四年级（写一写）

推广文案

单元主题：匠艺——苏刻	项目名称：推广文案	建议年级：四年级

项目描述：
　　推广文案是一种用于宣传、推广产品、服务或品牌的文字材料。推广文案需要具备吸引力、说服力和简洁性，以在有限的空间和时间内有效地传达信息。好的推广文案不仅要具有独特之处，还要与目标受众建立情感联系，引起他们的共鸣，从而激发其进一步了解产品的兴趣。

任务：
　　让学生在已有苏刻知识的基础上，学习文案的撰写技巧和知识，为苏刻撰写推广文案，积极弘扬苏刻这一非物质文化遗产。

核心素养： 　1. 文化理解与传承素养：文化理解、文化认同、文化践行。 　2. 沟通素养：深度理解、有效表达。 　3. 合作素养：愿景认同、责任分担、协同共进。	关联学科： 　语文、道德与法治。

项目目标：
　1. 了解文案推广的基本概念，培养学生编写有吸引力、说服力的文案的能力。
　2. 通过案例分析，学生掌握文案推广的策略和技巧。
　3. 以小组合作的方式，撰写苏刻推广文案，并在教师指导下进行修改和完善。

材料准备：
　1. 相关评价表。2. 推广文案案例。3. 思维导图。

作品表现方式：
　苏刻推广文案。

匠艺——苏刻

续表

第一课时：项目导入		
学生活动	教师活动	知识点（教学点）解析
1. 学生阅读成功的案例。 2. 了解推广文案的基本概念和作用。 3. 学生谈谈学习体会。 4. 掌握推广文案的构成要素。	1. 教师展示一些成功的文案案例，激发学生学习兴趣。 2. 教师简要介绍推广文案的基本概念和作用。 3. 引导学生说说文案包含哪些要素。 4. 分析文案的构成要素。	文案写作离不开各个要素，每个要素的和谐搭配能使文案基本完整，至于如何出彩，则要用上更为丰富的写作技巧。

第二课时：项目实施1		
学生活动	教师活动	知识点（教学点）解析

1. 学习写作推广文案的策略和技巧。
2. 学生分析、讨论案例。
3. 学生交流，说一说感受。
4. 总结和评价。
	1. 教师介绍写作推广文案的策略和技巧，如定位目标受众、挖掘卖点、运用修辞手法等。
	2. 选取几个典型的文案推广案例，让学生分析和讨论。
	3. 分析案例。
	4. 总结推广文案的要点和技巧。
		要让推广文案更具吸引力，可以考虑以下几个方面：
		  1. 明确目标受众。
		  2. 突出亮点。
		  3. 创造情感连接。
		  4. 使用生动的语言和形象的描述。
		  5. 内容简洁明了。
		  6. 使用引人入胜的标题。

第三课时：项目实施2		
学生活动	教师活动	知识点（教学点）解析
1. 学生填写思维导图。 2. 学生编写苏刻推广文案。 3. 进行小组交流。 4. 博采众长，小组整合出一份完整的推广文案。	1. 教师引导学生填写思维导图。 2. 教师巡视，适时点拨。 3. 组织学生进行小组讨论，交流各自亮点。 4. 组织学生整合、修改推广文案。	小组讨论和整合，可以锻炼学生的语言表达和组织能力，最终呈现出一份较为完整的苏刻推广文案。

第四课时：项目成果展示和分享		
学生活动	教师活动	知识点（教学点）解析
1. 各小组上台展示自己的推广文案。 2. 交流各小组文案的优点和需要改进之处。 3. 学生进行投票，评选出自己喜欢的推广文案。 4. 将最佳推广文案留存，作为项目成果展示。	1. 组织学生汇报。 2. 教师点评。 3. 组织学生进行投票，选出一份最佳推广文案，作为项目成果展示。	在推广文案的撰写中，学生能够发掘苏刻的文化价值及其背后蕴含的情感态度，有助于学生增强对家乡传统文化的认同感，并将家乡的文化推广给更多的人。

续表

| 项目评价：
推广文案评价表。				
	评价内容	教师评价	学生互评	
	文案语句新颖、生动	☆☆☆☆	☆☆☆☆	
	文案具有产品特色	☆☆☆☆	☆☆☆☆	
	文案创意值	☆☆☆☆	☆☆☆☆	
	文案吸引力	☆☆☆☆	☆☆☆☆	

| 项目成果：
苏刻推广文案。 |
|---|

 五年级（辩一辩）

年画的困局

单元主题：匠艺——苏刻	项目名称：年画的困局	建议年级：五年级
项目描述：
年画作为中国传统文化的重要组成部分，承载了丰富的历史和文化内涵。然而，随着时代的变迁和社会的发展，年画面临着传承与发展的困局。这种困局既体现在传统手艺传承的困难上，也体现在大众审美观念的变化上。 ||||
任务：
五年级学生已经具备辩论的能力，学生结合对"苏刻年画"的认知，分为两方，搜集相关论据，辩一辩"传与不传"。 ||||
核心素养：
1. 文化理解与传承素养：文化理解、文化认同、文化践行。
2. 审辩思维：质疑批判、分析论证、综合生成、反思评估。
3. 合作素养：愿景认同、责任分担、协同共进。 || 关联学科：
语文、信息技术、道德与法治。 ||
项目目标：
1. 培养学生的逻辑思维和批判性思维能力，提高学生的口头表达能力和公众演讲技巧，使学生能够通过辩论形式，有条理地表达自己的观点。
2. 增进学生对特定主题或问题的深入理解和认识，通过辩论活动，学生能够从多角度思考和分析问题。
3. 以辩论的形式，引发学生对传统文化的思考，对如何传承和弘扬优秀传统文化提出自己的想法。 ||||

续表

材料准备：
　　1. 年画的困局：传与不传辩论表。2. 投票箱。3. 相关评价表。

作品表现方式：
　　年画的困局：传与不传辩论赛。

第一课时：项目导入		
学生活动	教师活动	知识点（教学点）解析
1. 了解桃花坞木刻的历史和发展现状。 2. 学习辩论基础知识和技巧。	1. 教师介绍辩论的定义、类型、基本规则和常见辩论技巧。 2. 引导学生了解辩论主题"年画的困局：传与不传"。	辩论要点： （1）明确立场。 （2）了解对手。 （3）逻辑清晰。 （4）精练表达。 （5）有效反驳。

第二课时：项目实施1		
学生活动	教师活动	知识点（教学点）解析
1. 确定正、反方。 2. 小组讨论，确定立论方向。 3. 小组讨论，明确组内成员分工。 4. 根据组内分工，搜集资料。	1. 教师组织学生进行分组。 2. 引导学生组内分工，进行任务分配。 3. 准备辩论会，明确一辩、二辩、三辩、四辩职责。	辩论是学生信息整合能力、语言表达能力、小组分工合作能力等的综合体现，有助于促进学生综合素养的提升。学生需要通过上网等手段搜集信息，为辩论做准备。

第三课时：项目实施2		
学生活动	教师活动	知识点（教学点）解析
1. 学生填写辩论表。 2. 小组讨论，归纳总结。 3. 小组整合出一份完整的辩论论据。	1. 教师引导学生填写辩论表。 2. 教师巡视，适时点拨。	小组讨论和整合，锻炼了学生的语言表达和组织能力，有助于学生最终呈现出一份较为完整的辩论观点表。

第四课时：项目成果展示和分享		
学生活动	教师活动	知识点（教学点）解析
1. 辩论开始，正、反方交流观点。 2. 台下观众提问。 3. 学生进行投票，评选出获胜方。 4. 畅谈获胜感言。	1. 组织学生推选代表，上台进行正、反方辩论。 2. 组织学生进行投票，评选出获胜方。 3. 教师补充此次辩论的意义。	年画的传承与发展需要我们共同努力，只有通过加强传统手艺的保护和传承、推动年画的创新与发展等方式，才能让年画这一传统艺术形式在现代社会中焕发新的活力，继续传承下去。

续表

项目评价：
辩论评价表。

评价内容	教师评价	学生互评
论据合理	☆☆☆	☆☆☆
辩论技巧高超	☆☆☆	☆☆☆
辩论有说服力	☆☆☆	☆☆☆
团队合作好	☆☆☆	☆☆☆

项目成果：
1. 辩论赛。2. 辩论表和相关文稿。

六年级（创一创）

年画重生记

单元主题：匠艺——苏刻	项目名称：年画重生记	建议年级：六年级

项目描述：
宣传手册作为一个良好的展示媒介，因其设计、制作较为方便且适用性高，一直是流行的宣传形式。学生借用宣传手册的形式，与年画产品相结合，制作出一本具有个性化的年画宣传手册。

任务：
六年级学生将多学科知识融合起来，进行头脑风暴，对年画进行创新，并制作宣传手册。

核心素养： 　　1. 文化理解与传承素养：文化理解、文化认同、文化践行。 　　2. 创新素养：创新人格、创新思维、创新实践。 　　3. 合作素养：愿景认同、责任分担、协同共进。	关联学科： 　　语文、美术、信息技术、道德与法治。

项目目标：
1. 通过纪录片《年画重生记》，引导学生主动探究、合作学习，提高观察和分析能力。 　　2. 学生能够了解年画的历史背景、制作工艺和艺术特色，能够认识当代年画艺术的变革和创新。 　　3. 激发学生对传统文化的兴趣与热爱，增强文化自信。引导学生认识到传统与现代的结合对于文化传承的重要性。 　　4. 全班分小组合作，共同设计一份关于年画的宣传手册，内容包括年画的历史、制作工艺、当代创新以及市场前景等。

续表

材料准备：
  1. 各类宣传手册。2. 文具、纸张、装饰物。3.《年画重生记》纪录片。4. 相关评价表。

作品表现方式：
  年画宣传手册。

第一课时：项目导入		
学生活动	教师活动	知识点（教学点）解析
1. 学生翻阅宣传手册。 2. 谈谈宣传手册的亮点。	1. 教师分发不同种类的宣传手册。 2. 引导学生交流讨论。	学生交流宣传手册的亮点，可以提高其语言表达能力。
第二课时：项目实施1		
学生活动	教师活动	知识点（教学点）解析
1. 学生观看《年画重生记》纪录片。 2. 小组进行讨论，分享观看感受。 3. 全班分享。 4. 拓展延伸。	1. 组织学生观看《年画重生记》纪录片，要求学生带着问题观看，如"年画经历了怎样的历史变革""当代年画艺术家是如何创新的"等。 2. 观看结束后，引导学生分小组进行讨论。 3. 引导学生思考如何在现代社会中更好地传承和发展年画艺术，鼓励学生提出自己的想法和建议。	传统与现代的结合对于文化传承很重要，应鼓励学生在日常生活中多关注传统文化。
第三课时：项目实施2		
学生活动	教师活动	知识点（教学点）解析
1. 学生自由选择小组，进行宣传手册制作分工。 2. 分工合作。 3. 交流分享。	1. 教师引导学生从文字撰写、版面设计、图片搜集、绘画等方面进行分工。 2. 教师巡视，适时点拨。	宣传手册需要配上文字、图片，并排版。
第四课时：项目成果展示和分享		
学生活动	教师活动	知识点（教学点）解析
1. 学生展示宣传手册初稿。 2. 交流意见，二次修改。 3. 再次展示，改进并确定最终稿。	1. 组织全班交流。 2. 引导学生提出意见，再次修改。 3. 教师补充修改建议。	学生需要在网上进行宣传手册材料的扫描、设计、排版，最终整合成一份完整的宣传手册。

续表

项目评价：
宣传手册评价表。

评价内容	教师评价	学生互评
宣传手册具有亮点	☆☆☆☆	☆☆☆☆
设计合理	☆☆☆☆	☆☆☆☆
制作精美	☆☆☆☆	☆☆☆☆
宣传效果好	☆☆☆☆	☆☆☆☆

项目成果：
年画宣传手册。

匠艺——苏韵

一年级（认一认）

走近"百戏之祖"

单元主题：匠艺——苏韵	项目名称：走近"百戏之祖"	建议年级：一年级

项目描述：
　　早在 14 世纪，苏州昆山就种下了戏曲艺术花园中的一朵"兰花"——昆曲。昆曲经魏良辅等人的改良而走向全国，自明代中叶独领中国剧坛近 300 年，它糅合了唱、念、做、打、舞蹈及武术等，以曲词典雅、行腔婉转、表演细腻著称，是被誉为"百戏之祖"的南戏系统中的曲种，也是中国汉族传统文化艺术。

任务：
　　认识、了解昆曲的含义、意义及其历史发展，初步探索昆曲与其他类别的中国戏曲剧种（京剧、黄梅戏等）的异同，辨识出具有独特性的昆曲。

核心素养： 　1. 文化理解与传承素养：文化理解、文化认同。 　2. 审辩思维：分析论证。	关联学科： 　语文、音乐。

项目目标：
　1. 能了解昆曲的含义与发展历程。
　2. 能通过认识昆曲的特征，识别出昆曲与其他剧种的不同。
　3. 能够通过分析论证的推理方法，制作对比分类的表格。

材料准备：
　1. 关于昆曲和京剧、川剧、黄梅戏的音频、视频、图片。2. 相关评价表。

作品表现方式：

戏曲对比表

异同	项目	昆曲	京剧	黄梅戏
同	妆造 （可用图表示）			
	角色			
异	唱腔			
	戏文			

匠艺——苏韵

续表

第一课时：项目导入		
学生活动	教师活动	知识点（教学点）解析
1. 观看经典昆曲剪辑视频。 2. 学生交流听后感。 3. 阅读有关昆曲艺术价值的文本，认识昆曲的重要意义。 4. 观看昆曲的发展历史纪录片，了解昆曲发展变化的历史阶段。 5. 观看京剧、黄梅戏的剪辑视频，并交流。 6. 小组合作，回顾昆曲的重要发展阶段。	1. 教师播放经典昆曲剪辑视频。 2. 组织学生交流。 3. 教师介绍昆曲的重要艺术价值。 4. 教师播放昆曲的发展历史纪录片。提问：昆曲经历了哪些重要的发展阶段？ 5. 播放京剧、黄梅戏的剪辑视频，引导学生初步感受几种戏曲剧种的异同。 6. 发布任务：结合课下的资料搜索，分析昆曲的独特之处，并合作制作简易的戏曲对比表。	昆曲发展经历的四个阶段： 　　昆山腔的初期阶段。这一阶段主要在元末明初，昆山腔还只是昆曲的前身，是一种民间声腔，具有鲜明的地方色彩。 　　昆曲的成熟阶段。这一阶段从明朝嘉靖年间开始，一直持续到清朝中叶。在这期间，昆曲吸收了其他声腔的特点，如余姚腔、弋阳腔、海盐腔，并经过魏良辅等人的改革，形成了独特的艺术风格。 　　昆曲的衰落阶段。这一阶段从清朝末期开始，由于受到现代文化的冲击和观众群体的变化，昆曲开始走向衰落。 　　昆曲的再生阶段。进入20世纪中叶后，随着中国传统文化复兴的潮流，昆曲获得了新生，成为中国戏曲文化的重要组成部分。
第二课时：项目实施1		
学生活动	教师活动	知识点（教学点）解析
1. 学生明确要完成的项目任务。 2. 学生观看视频。 3. 学生小组合作交流。	1. 出示戏曲对比表，启发学生的图表意识，引导学生探索发现几种戏曲剧种的异同。 2. 出示昆曲与京剧、黄梅戏的视频。 3. 组织学生交流，比较几种戏曲剧种的异同。	
第三课时：项目实施2		
学生活动	教师活动	知识点（教学点）解析
1. 学生回顾昆曲的相关知识。 2. 再次明确任务，小组合作交流昆曲与京剧、黄梅戏的异同的信息，制作戏曲对比表。 3. 学习如何去比较事物，完善戏曲对比表。	1. 简单复习昆曲的发展历程、艺术价值，强调昆曲的独特性。 2. 重申项目任务，组织学生完成任务。 3. 教师"抛砖引玉"，从起源、唱腔，以及角色行当方面比较京剧、黄梅戏与昆曲，为学生做示范。	起源： 　　黄梅戏的起源最早可追溯到唐代。 　　京剧是清初流行于江南地区。 唱腔： 　　黄梅戏的唱腔属板式变化体，有花腔、彩腔、主调三大腔系。 　　京剧主要分为"西皮"与"二黄"。

续表

学生活动	教师活动	知识点（教学点）解析
		行当： 　　黄梅戏角色行当逐渐发展成正旦、正生、小旦、小生、小丑、老旦、奶生、花脸诸行。 　　京剧行当分七行，即生行、旦行、净行、丑行、杂行、武行、流行。
第四课时：项目成果展示和分享			

学生活动	教师活动	知识点（教学点）解析
1. 学生展示小组制作的戏曲对比表，并简要介绍。 2. 互相评分。	1. 教师组织学生上台展示。 2. 教师进一步总结、评价。 3. 总结此次项目实施的问题。	

项目评价：
活动自评表。

评价内容	星级
认真参与每一次的小组活动	☆☆☆☆
积极地完成小组布置的任务	☆☆☆☆
自己在小组活动中有进步	☆☆☆☆

项目成果：
戏曲对比表。

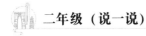

二年级（说一说）

唱响昆曲经典之声

单元主题：匠艺——苏韵	项目名称：唱响昆曲经典之声	建议年级：二年级

项目描述：
　　昆曲代表了江南苏州的美学趣味，楚楚风致。昆曲抒情性很强，温柔细腻，演唱上注重声音、节奏和咬字吐音，与舞蹈巧妙结合，是一种歌、舞等表演手段相结合的综合艺术。自元代汤显祖的经典剧目《牡丹亭》后，昆曲作品数量在明代出现爆发式增长，清代的《长生殿》《桃花扇》等成为昆曲剧目的经典之作。

续表

任务：
认识、了解几个经典的昆曲剧目名称及其艺术特点，演出经典剧目中的某一桥段。

核心素养： 1. 文化理解与传承素养：文化认同、文化践行。 2. 沟通素养：深度理解、有效表达。	关联学科： 语文、音乐。

项目目标：
1. 能了解昆曲的艺术特征，说一说昆曲经典剧目的名称。
2. 能合作演唱经典昆曲剧目中的桥段。

材料准备：
1. 昆曲经典剧目的视频、音频资料。2. 相关评价表。

作品表现方式：
3~5分钟的昆曲演唱。

第一课时：项目导入		
学生活动	教师活动	知识点（教学点）解析
1. 观看《长生殿》《桃花扇》经典桥段。 2. 学生了解经典昆曲剧目的作者、年代、剧中人物。 3. 小组合作、交流观后感。	1. 教师播放视频。 2. 教师介绍经典昆曲剧目的作者、年代、剧中人物。 3. 教师组织学生交流。 4. 发布任务：认识、了解几个经典的昆曲剧目名称及其演唱特点，结合对昆曲演唱特征的了解，小组成员共同编排经典剧目中的某一桥段。	经典昆曲的名称、作者、年代、主人公： 《长生殿》是清初剧作家洪昇创作的传奇剧本，剧中主角为历史变迁背景下的唐明皇、杨贵妃。 《桃花扇》是清代文学家孔尚任创作的传奇剧本，全剧以侯方域、李香君的悲欢离合故事为主线。

第二课时：项目实施1		
学生活动	教师活动	知识点（教学点）解析
1. 学生观看视频。 2. 学生小组合作、交流。 3. 学生了解昆曲的演唱特征，并模仿演唱。 4. 再次明确任务。	1. 播放经典的昆曲视频。 2. 组织学生交流昆曲的演唱特征。 3. 教师总结强调昆曲的演唱特征，并引导学生试着结合这些特征，进行模仿演唱。 4. 重申任务：结合对昆曲演唱特征的了解，小组成员共同编排经典剧目中的某一桥段。	昆曲的艺术表现特征： 　节奏速度：放慢拍子，延缓节奏，慢曲子（即"细曲"）以便在旋律进行中运用较多的装饰性花腔。 　声调字音：对字音严格要求，平、上、去、入逐一考究，每唱一个字，都要注意咬字的头、腹、尾，即吐字、过腔和收音，使音乐布局的空间增大。 　载歌载舞：说唱与舞蹈紧密结合，从而适应叙事写景的演出，创造出许多偏重于描写的舞蹈表演。

续表

第三课时：项目实施2		
学生活动	教师活动	知识点（教学点）解析
1. 学生合作分工。 2. 模仿经典剧目的桥段。	1. 教师进行针对性的指导。 2. 教师根据播放的视频桥段指导学生模仿演绎。	经典昆曲剧目的主要剧情： 　《长生殿》前半部分写唐玄宗、杨贵妃在长生殿盟誓，"安史之乱"中，杨贵妃殒命。后半部分大都采自野史，"安史之乱"后玄宗、贵妃甚是相思，他们的精诚感动了上天，在织女等的帮助下，终于在月宫中团圆。 　《桃花扇》全剧以侯方域、李香君的悲欢离合为主线，展现了明末南京的社会现实。同时也揭露了弘光政权衰亡的原因，歌颂了对国家忠贞不渝的民族英雄和底层百姓，展现了明朝遗民的亡国之痛。

第四课时：项目成果展示和分享		
学生活动	教师活动	知识点（教学点）解析
1. 学生合作小组演绎经典剧目的桥段。 2. 互相评分。	1. 教师组织学生上台展示。 2. 教师进一步总结、评价。 3. 总结此次项目实施的问题。	

项目评价：
活动自评表。

评价内容	星级
认真参与每一次的小组活动	☆☆☆☆
积极地完成小组布置的任务	☆☆☆☆
自己在小组活动中有进步	☆☆☆☆

项目成果：
　经典剧目片段演唱。

三年级（画一画）

执彩手绘昆妆

单元主题：匠艺——苏韵	项目名称：执彩手绘昆妆	建议年级：三年级
项目描述： 　　有"百戏之祖""百戏之师"之称的昆曲，已经陪伴戏曲美学走过了六百多年的时间，凭借其绝美的妆造，仍经久不衰。生旦净丑、一颦一蹙，活现了角色的生命之感；明代服饰风格的延续，清代服饰的融合，刺绣和盘扣元素，中式的雅致尽显其中。		
任务： 　　认识、了解昆曲的妆面、发饰、服饰，合作制作"昆曲妆、发、服"一览表，开展"昆曲妆、发、服"设计大赛，设计出符合你们心中昆曲角色人物的妆面、发饰或服饰。		
核心素养： 　1. 文化理解与传承素养：文化认同、文化践行。 　2. 创新素养：创新思维、创新实践。		关联学科： 　语文、美术。
项目目标： 　1. 能说出昆曲妆、发、服的具体特征。 　2. 能够区分认识生旦净丑角色的不同妆面。 　3. 能设计出符合角色的妆面、发饰或服饰。		
材料准备： 　1. 昆曲妆面、发饰或服饰的设计视频。2. 水彩笔、纸张。3. 相关评价表。		
作品表现方式： 　1. "昆曲妆、发、服"一览表。 	类别	特征 | 　　　|---|---| 	妆	生、旦 | 		净、丑 | 	发	| 	服	| 　2. 昆曲的妆面、发饰、服饰的设计图。		

第一课时：项目导入		
学生活动	教师活动	知识点（教学点）解析
1. 观看昆曲生、旦、净、丑的角色妆面的设计和化妆视频。 2. 学生观察学习并总结生、旦妆面的特征。 3. 学生观察学习并总结净、丑妆面的特征 4. 学生小组合作、交流讲述作者、年代、剧中人物艺术表现形式等特点。	1. 教师播放昆曲生、旦、净、丑角色的妆面的设计和化妆视频。 2. 组织学生交流。教师提问：生、旦角色的妆面各有什么特点？ 3. 教师组织学生分析、归纳妆面特点。 4. 发布任务：认真回忆课上的教师总结的生、旦、净、丑妆面特点，完成"昆曲妆、发、服"一览表并设计昆曲的妆面、发饰、服饰。	生、旦、净、丑妆面的特点： 　生、旦的妆面：白净红润，强调面貌端正。 　净、丑的妆面：净丑要丑扮，强调夸张式图面。

第二课时：项目实施1		
学生活动	教师活动	知识点（教学点）解析
1. 学生明确要完成的项目任务。 2. 学生进行妆面的设计。 3. 学生小组合作交流。	1. 回顾生旦、净、丑妆面的整体特点。 2. 根据特点进行昆曲妆面的设计。 3. 组织学生自主交流妆面的设计理念。	

第三课时：项目实施2		
学生活动	教师活动	知识点（教学点）解析
1. 学生观看昆曲发饰和服饰的图片和视频。 2. 学生讨论、总结昆曲发饰和服饰特点，并完成"昆曲妆、发、服"一览表。 3. 学生再次明确任务，进行昆曲发饰或服饰的设计。	1. 教师出示昆曲发饰和服饰的图片和视频。 2. 组织学生讨论昆曲发饰和服饰的特点。 3. 教师重申项目任务，协助学生进行昆曲发饰或服饰的设计。	昆曲的发饰： 　"贴片子"是一种把女性的额发、鬓发图案化的装扮，需要把发片用刨花水梳理后，分别贴在演员的额头和两鬓。 昆曲的服饰： 　传统昆曲通常把服装称作行头，昆曲服饰延续了明代的风格，又融合了清代的服饰特色，以红、白、蓝、黄、黑、紫、粉等颜色为主色调。

续表

第四课时：项目成果展示和分享		
学生活动	教师活动	知识点（教学点）解析
1. 学生展示小组制作的"昆曲妆、发、服"一览表。 2. 学生展示小组合作制作的昆曲的妆面、发饰或服饰。 3. 互相评分。	1. 教师组织学生上台展示。 2. 教师进一步总结、评价。 3. 总结此次项目实施的问题。	
项目评价： 活动自评表。		

评价内容	星级
认真参与每一次的小组活动	☆☆☆☆
积极地完成小组布置的任务	☆☆☆☆
自己在小组活动中有进步	☆☆☆☆

项目成果：
1. "昆曲妆、发、服"一览表。2. 昆曲的妆面、发饰或服饰的设计图。

 四年级（写一写）

我给昆曲打广告

单元主题：匠艺——苏韵	项目名称：我给昆曲打广告	建议年级：四年级
项目描述： 　　昆曲历经六百年的时间流转，仍然保留着十分丰富的文化信息，为人们提供了一座接近中国古代文化和古典文学文本的桥梁。		
任务： 　　了解昆曲戏折子的文本特征，试着写一写，小组成员共同编写一段故事，用昆曲的文本特征演绎出来，每人2~3句，形成一段完整的故事。		
核心素养： 　　1. 创新素养：创新思维、创新实践。 　　2. 合作素养：愿景认同、责任分担、协商共进。		关联学科： 语文、音乐。
项目目标： 　　1. 能说出昆曲戏折子的文本特征。 　　2. 能够根据昆曲戏折子的文本特征写2~3句故事。 　　3. 能小组合作编写一段带有昆曲戏折子特征的完整故事。		

续表

材料准备：
1. 《牡丹亭》《春香闹学》《小放牛》等折子戏视频和文本。2. 相关评价表。

作品表现方式：
　　创作一段带有昆曲戏折子特征的完整故事。

第一课时：项目导入		
学生活动	教师活动	知识点（教学点）解析
1. 学生观看昆曲《牡丹亭》、折子戏《春香闹学》和昆曲传统民间小戏《小放牛》的视频。 2. 学生观察并讨论折子戏的文本结构。 3. 学生小组分工、交流昆曲折子戏的文本特征。	1. 教师展示昆曲《牡丹亭》、折子戏《春香闹学》和昆曲传统民间小戏《小放牛》的视频。 2. 教师展示昆曲折子戏的文本。 3. 组织学生交流。 4. 发布任务：认真回忆课上教师总结的昆曲折子戏的结构特征，初步结合具体文本分析折子戏的内容特征。	好的折子戏矛盾冲突尖锐激烈，人物形象鲜活生动，故事情节相对完整，其思想观点有较强的人民性；在结构安排上，往往别出心裁，不落俗套，一下子就能吸引观众。

第二课时：项目实施1		
学生活动	教师活动	知识点（教学点）解析
1. 学生明要完成的项目任务。 2. 学生合作进行故事情节设计。 3. 学生小组合作交流。	1. 回顾《春香闹学》《小放牛》的结构特征。 2. 协助学生根据文本特征设计故事情节。 3. 组织学生交流故事情节设计过程、理念。	

第三课时：项目实施2		
学生活动	教师活动	知识点（教学点）解析
1. 学生继续体会《春香闹学》《小放牛》的文本内容特征。 2. 学生讨论、总结戏折子的文本内容特征。 3. 学生再次明确任务，小组合作进行昆曲戏折子创作。	1. 教师再次出示《春香闹学》《小放牛》的文本内容。 2. 组织学生小组讨论文本的具体写作结构和内容。 3. 重申项目任务，教师协助学生根据故事情节设计昆曲的文本，每人2~3句，小组合作创作一段故事。	文本特征： 　　代言性即剧本里的人物都要演员去扮演，演员代角色去说话、行动。 　　叙事性即演故事时既要演又要叙，折子戏中的许多情节、故事是剧作家借角色之口叙述出来的，并不是完全是直接在舞台上演出来的。 　　抒情性表现在四个方面：其一，宾白的诗词化，如定场白、开场白等；其二，曲词对诗词的融合与创新；其三，营造戏曲意境；其四，强烈的抒情色彩。

续表

第四课时：项目成果展示和分享		
学生活动	教师活动	知识点（教学点）解析
1. 学生能够总结出昆曲戏折子的文本特征。 2. 学生展示小组合作完成的昆曲戏折子情节创作。 3. 互相评分。	1. 教师组织学生上台展示。 2. 教师进一步总结、评价。 3. 总结此次项目实施的问题。	

项目评价：
活动自评表。

评价内容	星级
认真参与每一次的小组活动	☆☆☆☆
积极地完成小组布置的任务	☆☆☆☆
自己在小组活动中有进步	☆☆☆☆

项目成果：
完整的昆曲折子戏故事文本设计。

 五年级（辩一辩）

当昆曲遇上流行乐

单元主题：匠艺——苏韵	项目名称：当昆曲遇上流行乐	建议年级：五年级

项目描述：
　　中国传统戏曲凝结了传统文化的精华，唱腔、曲调、韵白、器乐伴奏等元素都承载着不同的文化基因。流行音乐对于中国而言是舶来品，在传播的过程中存在着生态适应和文化调和的问题。将传统的昆曲唱腔与流行音乐结合是利大于弊，还是弊大于利？这是值得我们探讨的问题。

任务：
　　认识、了解昆曲与流行乐的唱腔特点，辩论昆曲唱腔与流行音乐结合的利与弊。

核心素养： 　1. 文化理解与传承素养：文化认同、文化践行。 　2. 沟通素养：深度理解、有效表达。 　3. 审辩思维：批判辩证。	关联学科： 　语文、音乐、综合实践活动。

项目目标：
　1. 能够了解昆曲在现代音乐领域的发展现状。
　2. 能够认识昆曲与流行音乐的唱腔特点。
　3. 能够分析昆曲唱腔与流行音乐结合的利与弊。

续表

| 材料准备：
1.《探窗》《赤伶》等融入戏腔的流行乐音频。2. 相关评价表。		
作品表现方式：
"当昆曲遇上流行乐"辩论赛。		
第一课时：项目导入		
学生活动	教师活动	知识点（教学点）解析
1. 聆听《探窗》《赤伶》等融入戏腔的流行乐音频。
2. 学生学习、了解流行音乐与包括了昆曲在内的戏曲音乐发展现状，感受其中的不同之处。
3. 学生小组合作、交流。 | 1. 教师播放融入戏腔的流行乐音频。
2. 教师介绍流行音乐与戏曲音乐发展现状。
3. 教师提问：你们认为昆曲唱腔要如何传承？昆曲唱腔与流行音乐结合会不会让昆曲本身的文化内涵减弱？
4. 发布任务。
"当昆曲遇上流行乐"辩论赛——认识、了解昆曲与流行乐的唱腔特点，辩论昆曲唱腔与流行音乐结合的利与弊。 | 流行音乐发展现状：
　　流行音乐凭借根植于大众生活的创作、风格多变、题材新颖、推陈出新而深受年轻人的青睐。
昆曲发展现状：
　　随着时间更迭，昆曲无法跟随时代的变化而进步，年轻一代青少年对昆曲的了解与兴趣越来越少，昆曲的演出舞台和剧场观众也随之减少，昆曲的创作与传承面临困境。如何拓宽昆曲的受众阶层，让更多听众了解、喜欢昆曲，使昆曲创作更符合现代人的音乐审美，是当前昆曲音乐创作者亟待解决的现实问题。 |
| 第二课时：项目实施1 |||
| 学生活动 | 教师活动 | 知识点（教学点）解析 |
| 1. 学生回顾，进一步认识流行音乐与戏曲的发展现状。
2. 学生小组合作交流。
3. 再次明确任务。 | 1. 引导学生回顾流行音乐与戏曲的发展现状。
2. 组织学生分析流行音乐与戏曲结合的利与弊。
3. 重申任务：根据昆曲与流行乐的唱腔特点与发展现状，分为正、反两方辩论昆曲唱腔与流行音乐结合的利与弊。 | 流行音乐与戏曲融合的现实意义：
　　流行音乐风格多变、通俗易懂，因而深受年轻群体的喜爱。在音乐受众最广泛的流行音乐中融入戏曲的唱腔、唱词、曲牌等，将中国传统文化的历史内涵以流行音乐作为载体呈现在观众面前，以明快活泼的方式讲述传统戏曲中的动人故事，有利于以更容易理解的方式让人们感受传统戏曲的音乐魅力。 |
| 第三课时：项目实施2 |||
| 学生活动 | 教师活动 | 知识点（教学点）解析 |
| 1. 学生合作分工。
2. 交流课后搜集的资料。
3. 完成辩论内容的梳理。 | 教师进行针对性的指导。 | 有效的辩论需要合理组织自己的观点，提出有逻辑性、连贯性和条理性的论证，通过合理的推理和分析来支持自己的观点，而不是仅凭直觉和情感进行争论。 |

续表

第四课时：项目成果展示和分享		
学生活动	教师活动	知识点（教学点）解析
1. 学生辩论组开展辩论。 2. 互相评分。	1. 教师组织学生开展辩论。 2. 教师进一步总结、评价。 3. 总结此次项目实施的问题。	

项目评价：
活动自评表。

评价内容	星级
认真参与每一次的小组活动	☆ ☆ ☆ ☆
积极地完成小组布置的任务	☆ ☆ ☆ ☆
自己在小组活动中有进步	☆ ☆ ☆ ☆

项目成果：
"当昆曲遇上流行乐"辩论赛。

 六年级（创一创）

昆曲角色变书签

单元主题：匠艺——苏韵	项目名称：昆曲角色变书签	建议年级：六年级

项目描述：
　　动漫剧《粉墨宝贝》以戏曲文化为创作点，将昆曲艺术与现代动漫技术表现形式进行结合。想一想，如何学习《粉墨宝贝》的动画设计艺术，将昆曲角色变成学习生活中常用的书签？

任务：
　　认识昆曲生、旦、净、末、丑的角色特征，抓住其关键特点，创新性地设计角色书签。

核心素养： 　1. 文化理解与传承素养：文化认同、文化践行。 　2. 创新素养：大胆创新、积极思考。	关联学科： 　语文、美术、劳动、道德与法治。

项目目标：
　1. 能够总结昆曲生、旦、净、末、丑的角色特征。
　2. 能够创新性地设计角色书签。
　3. 能够介绍书签的设计理念。

续表

材料准备：
1.《粉墨宝贝》视频资料。2. 昆曲角色图片。3. 相关评价表。

作品表现方式：
昆曲角色创意书签。

第一课时：项目导入		
学生活动	教师活动	知识点（教学点）解析
1. 观看《粉墨宝贝》，思考角色的图案设计。 2. 学生学习除角色之外其他元素的融入方式。 预设：环境、配乐等。 3. 学生小组合作、交流。	1. 教师播放动漫剧。 2. 教师介绍除角色之外其他元素的融入方式。 3. 教师提问：只有单一图案很单调，可以加入哪些元素让整个画面更丰富、有趣？ 4. 教师提问：如何把有趣的昆曲角色创意设计到书签当中？ 5. 发布任务：总结昆曲生、旦、净、末、丑的角色特征，将其创新性地设计为角色书签，并向他人介绍设计理念。	《粉墨宝贝》通过对剧中角色造型塑造、动漫音乐与昆曲唱词的结合、场景描述与昆山地理环境的结合，展现出昆曲艺术的独特魅力，从而推动了中华民族特色动画的发展，进一步实现昆曲艺术的非物质文化传承与发展。

第二课时：项目实施1		
学生活动	教师活动	知识点（教学点）解析
1. 学生回顾，进一步总结昆曲生、旦、净、末、丑的角色特征融入图案设计的过程。 2. 学生小组合作交流。 3. 再次明确任务。	1. 引导学生总结昆曲生、旦、净、末、丑的角色特征融入图案设计的过程。 2. 组织学生思考想要设计的昆曲创意书签。 3. 重申任务。	生：戏曲中的男性角色，分为老生、小生、武生等。 旦：戏曲中的女性角色，分为正旦、花旦、武旦等。 净：俗称花脸，指那些面部勾画脸谱的角色，分为正净和副净。 末：在传统戏曲中已不常见，主要扮演比同一剧中老生作用小的中年男子。 丑：扮演喜剧角色，俗称小花脸，分为文丑和武丑。

第三课时：项目实施2		
学生活动	教师活动	知识点（教学点）解析
1. 学生合作分工。 2. 交流设计想法。 3. 完成书签的设计。	教师进行针对性的指导。	创意产品设计理念： 1. 可持续发展：设计注重环保与循环利用。

续表

学生活动	教师活动	知识点（教学点）解析
		2. 人性化设计：以人为本的产品创新。 3. 未来科技：融合科技与设计的创意产品。 4. 多功能性设计：一物多用的创新产品理念。 5. 美学与功能的平衡：设计中的艺术与实用性结合。 6. 社会责任感：产品设计中的社会影响与责任。 7. 情感连接：产品设计中的情感共鸣与用户体验。 8. 自定义化设计：个性化需求与产品创新的结合。 9. 跨界合作：不同领域的融合创新。 10. 传统与现代的融合：设计中的传统元素与现代创新的结合。

第四课时：项目成果展示和分享

学生活动	教师活动	知识点（教学点）解析
1. 学生小组展示创作的作品，并进行讲解。 2. 互相评分。	1. 教师组织学生进行展示。 2. 教师进一步总结、评价。 3. 总结此次项目实施的问题。	

项目评价：
活动自评表。

评价内容	星级
认真参与每一次的小组活动	☆☆☆☆
积极地完成小组布置的任务	☆☆☆☆
自己在小组活动中有进步	☆☆☆☆

项目成果：
昆曲角色创意书签。

匠艺——苏食

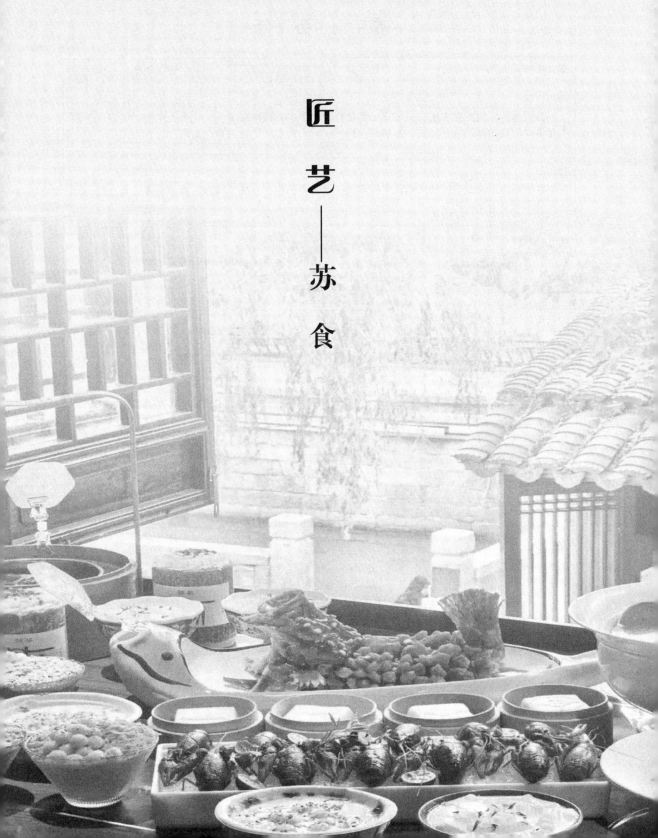

一年级（认一认）

食中有"苏"味

单元主题：匠艺——苏食	项目名称：食中有"苏"味	建议年级：一年级

项目描述：
　　苏州作为中国历史文化名城之一，其独特的江南水乡风情和美食文化令人陶醉。名扬天下的苏帮菜及独特的苏式饮食文化，影响着一代代江南人的生活情趣与审美意向。

任务：
　　学生通过系统的学习和实践，掌握苏州传统美食的制作方法、口味特点和文化背景，提高个人对苏州美食的鉴赏能力。

核心素养： 　1. 文化理解与传承素养：文化理解、文化认同、文化践行。 　2. 合作素养：愿景认同、责任分担、协同共进。	关联学科： 　语文、道德与法治。

项目目标：
　1. 学生通过观看图片和视频介绍，了解一些苏式菜肴和特色小吃。
　2. 初步知道苏式菜肴的历史渊源、历史故事，以及背后所代表的文化价值。
　3. 学生能简单表达对苏式美食的喜爱和感受。
　4. 分小组展开交流。

材料准备：
　1. 关于苏式美食的图片、视频。2. 相关评价表。

作品表现方式：
　"苏式美食我会认"连线图。

第一课时：项目导入		
学生活动	教师活动	知识点（教学点）解析
1. 学生观看图片，初步认识苏式菜肴。 2. 自由交流，分享感受。 3. 重点认识苏帮菜的经典菜品。 4. 观看苏帮菜的制作视频。	1. 教师出示一些苏式菜肴图片：你们有没有吃过、见过这些好吃的？ 2. 组织学生交流：在哪里吃过或者在哪里见过？ 3. 教师引导：今天我们就来一起认一认苏式美食吧！ 4. 播放视频，引导学生关注苏式美食的特点。	苏帮菜起源于两千多年前，南宋时与浙菜同为"南食"的两大台柱。明清时期，苏帮菜的发展更为迅速，地理优势扩大了苏帮菜在海内外的影响。

匠艺——苏食

续表

第二课时：项目实施1		
学生活动	教师活动	知识点（教学点）解析
1. 分享观后感。 2. 自由组合，确定小组。 3. 确定组员，适当调整。 4. 明确要求。	1. 教师引导学生讲一讲在观看苏帮菜制作视频后的感受。 2. 组织讨论，为外出活动分组。 3. 教师对小组进行适当调整，并提出外出要求。	苏式美食以其独特的口味、精致的烹饪工艺和丰富的食材资源而享誉全国，是值得一试的美食。
第三课时：项目实施2		
学生活动	教师活动	知识点（教学点）解析
1. 再次明确要求。 2. 集体观看介绍视频。 3. 分小组自由讨论。 4. 对照"苏式美食我会认"连线图来表达。	1. 教师再次强调外出要求。 2. 引导学生观看苏式美食的介绍视频。 3. 请小组长带领组员进行讨论。 4. 组织学生进行"苏式美食我会认"的活动讨论。	配上介绍视频和美食图片，直观形象地使学生加深对苏式美食的印象。
第四课时：项目成果展示和分享		
学生活动	教师活动	知识点（教学点）解析
1. 各小组派代表简单交流一下本项目的收获及感受。 2. 师生对交流形式、内容进行评价。	1. 组织学生汇报。 2. 组织班级展示、各小组展示、师生共评。	

项目评价：
活动评价表。

评价内容	教师评价	学生互评
能简单说一说苏帮菜的发展历史、口味特点	☆☆☆☆	☆☆☆☆
能够说出一至两道苏帮菜经典菜肴	☆☆☆☆	☆☆☆☆
能够对照"苏式美食我会认" 连线图进行正确连线	☆☆☆☆	☆☆☆☆

项目成果：
"苏式美食我会认"连线图。

二年级（说一说）

美食分享小达人

单元主题：匠艺——苏食	项目名称：美食分享小达人	建议年级：二年级
项目描述： 美食是生活中的一种享受，也是人与人之间交流的重要话题。美食分享小达人要让更多人了解苏式美食文化，感受苏式美食带来的快乐。		
任务： 本项目围绕苏式美食展开，旨在激发学生对苏式美食的兴趣和热爱，培养学生对美食文化的尊重和传承意识。		
核心素养： 1. 文化理解与传承素养：文化理解、文化认同、文化践行。 2. 沟通素养：深度理解、有效表达。 3. 创新素养：创新思维、创新实践。	关联学科： 语文、信息技术、劳动。	
项目目标： 1. 学习苏式美食的历史背景、地域特色和主要特点。 2. 掌握一些制作苏式美食的基本方法和技巧。 3. 分小组选择一到两种代表性的苏式美食，详细地讲解其制作方法和所需材料。		
材料准备： 1. 相关评价表。2. 关于苏式美食的视频、图片。3. 关于苏式美食历史背景的图文资料。		
作品表现方式： 苏式美食介绍视频。		

第一课时：项目导入		
学生活动	教师活动	知识点（教学点）解析
1. 学生观看视频、图片，思考自己对苏式美食的了解程度。 2. 自由交流，分享感受。 3. 学习有关苏式美食的知识。	1. 播放一段关于苏式美食的视频或展示一组苏式美食图片，激发学生的兴趣。提问：你们了解苏式美食吗？ 2. 引导学生思考并分享对苏式美食的认识。 3. 教师出示课件：苏式美食的历史背景。	苏式美食作为江苏菜系的代表，具有深厚的历史背景。早在夏禹时代，淮河下游的部落居民就已经开始以淮白鱼为贡品，这显示了江苏地区对食材的珍视和烹饪技艺的初步发展。商汤时期，太湖一带的韭菜花就已登上大雅之堂，进一步体现了江苏地区对食材的广泛运用和烹饪技艺的提升。南北朝时期，江苏菜系正式形成，成为"南食"的重要代表之一。唐宋时期，伊斯兰教徒的到来为苏菜带来了新的烹饪技艺和风味，使其更加丰富多彩。明清以来，苏菜南北沿运河、东西沿长江发展得更为迅速，形成了独特的烹饪风格和口味。

匠艺——苏食

续表

第二课时：项目实施1		
学生活动	教师活动	知识点（教学点）解析
1. 学习苏式美食的地域特色。 2. 了解苏式美食成为地域特色的主要原因。 3. 学习苏式美食的主要特点。	1. 教师简要介绍苏式美食的地域特色。 2. 探究苏式美食地域特点的主要根源。 3. 展示苏式美食图片、视频，请学生说说苏式美食的特点，教师详细总结并进行拓展。	苏式美食特色： 　1. 食材丰富：江苏地区物产丰饶，为苏菜提供了丰富的食材资源。 　2. 烹饪技艺精湛：苏菜讲究刀工精细，烹调方法丰富多样，尤其擅长炖、焖、煨、焐等烹饪手法。 　3. 口味偏甜：苏州菜口味趋甜，这是苏菜与其他菜系的重要区别之一。
第三课时：项目实施2		
学生活动	教师活动	知识点（教学点）解析
1. 学习制作苏式美食的基本方法和技巧。 2. 学生谈谈掌握的基本方法和技巧。 3. 挑选组员，组成小组。	1. 简要介绍制作苏式美食的基本方法和技巧。 2. 教师引导学生谈谈掌握的基本方法和技巧，进行点拨和总结。 3. 组织学生小组商讨并分工。	归纳整合苏式美食制作的基本方法和技巧。
第四课时：项目成果展示和分享		
学生活动	教师活动	知识点（教学点）解析
1. 各小组派代表播放讲解视频，并做简要介绍。 2. 师生对每组视频进行评价，评选出金牌"美食分享小达人"、银牌"美食分享小达人"、铜牌"美食分享小达人"。	1. 组织学生自主进行播放、介绍。 2. 班级展示、各小组展示、师生共评。	利用新媒体设备，拍摄讲解视频，锻炼学生的信息技术运用能力。 苏式美食以其丰富的历史背景、独特的地域特色和鲜明的口味特点而著称于世。无论是精致的刀工、独特的烹饪方法还是丰富的食材资源都使得苏式美食成为中华美食文化中的瑰宝之一。

项目评价：
视频制作评价表。

评价内容	教师评价	学生互评
有历史背景	☆☆☆☆	☆☆☆☆
有地域特色	☆☆☆☆	☆☆☆☆
突出主要特点	☆☆☆☆	☆☆☆☆
讲解有详有略	☆☆☆☆	☆☆☆☆
团队成员各司其职、互帮互助	☆☆☆☆	☆☆☆☆
有创意	☆☆☆☆	☆☆☆☆

项目成果：
　　苏式美食介绍视频。

三年级（画一画）

专属美食"快门"

单元主题：匠艺——苏食	项目名称：专属美食"快门"	建议年级：三年级

项目描述：
"快门"是摄像器材中用于控制光线照射感光元件时间的装置，是照相机的一个重要组成部分。本项目借助"快门"之名，让学生通过画一画的方式来绘制自己心目中的专属苏式美食。

任务：
学生结合之前掌握的苏式美食知识，进行专属苏式美食绘画活动，用画笔绘出自己最喜欢的苏式美食，内容可以是某一道菜肴，也可以是一系列菜肴。

核心素养： 1. 文化理解与传承素养：文化理解、文化认同、文化践行。 2. 创新素养：创新人格、创新思维、创新实践。 3. 合作素养：愿景认同、责任分担、协同共进。	关联学科： 美术、语文、数学、信息技术。

项目目标：
1. 学生了解苏式美食的种类和特色，掌握基本的绘画技巧和色彩搭配，能够通过绘画表现出苏式美食的独特魅力。
2. 了解如何使用不同的绘画工具来表现苏式美食的质感和细节。
3. 设计并画出苏式美食，在画纸上呈现出苏式美食的效果。
4. 通过研究性小组合作的学习方式，培养自主探究、合作互助的能力。

材料准备：
1. 相关评价表。2. 关于苏式美食的图片、视频。

作品表现方式：
专属美食"快门"表。

第一课时：项目导入		
学生活动	教师活动	知识点（教学点）解析
1. 学生观看视频并进行思考。 2. 学生交流、小组讨论：谈谈自己对苏式美食的认识和感受。	1. 通过展示苏式美食的图片或视频，引起学生的兴趣和注意力。 2. 苏式美食介绍：教师向学生介绍苏式美食的种类和特色，展示相关图片。 3. 引导学生讨论和分享自己对苏式美食的认识和感受。	苏式美食种类繁多，包括苏式糕点、苏式面点、苏式菜肴等。其中，以月饼、松糕、小笼包、蟹壳黄等为代表的苏式糕点，以其精美的外形和独特的口感深受人们喜爱。

续表

第二课时：项目实施1		
学生活动	教师活动	知识点（教学点）解析
1. 学习美术绘画基础知识。 2. 绘画实践：学生选择一种自己感兴趣的苏式美食进行绘画。 3. 小组讨论、合作：组员绘画的优点、可改进之处，以及确定组员分工。	1. 绘画基础讲解：教师讲解绘画的基本步骤和技巧，包括构图、色彩搭配等。 2. 示范如何使用不同的绘画工具来表现苏式美食的质感和细节。 3. 教师巡视指导，及时纠正学生的错误并给予鼓励。	小组讨论，谈一谈美食作品绘画方法及技巧。组织语言进行经验分享，畅谈收获。对组员的初稿作品进行评价、修改。
第三课时：项目实施2		
学生活动	教师活动	知识点（教学点）解析
1. 设计、绘画出喜欢的苏式美食。 2. 调整、修改苏式美食图画。 3. 进行后期完善。 4. 交流讨论绘画中的困难。	1. 教师巡视学生作品，适时点拨。 2. 引导学生进行修改。 3. 组织学生进行讨论，交流绘画中的困难并为学生解惑。	挑选你最喜欢的苏式美食，将其用图画形式表现出来。 设计、绘画苏式美食图画，配上个性化的色彩点缀。 粗略估计图画布局、各元素所占配比等。
第四课时：项目成果展示和分享		
学生活动	教师活动	知识点（教学点）解析
1. 各小组派代表展示绘制的苏式美食，尝试讲解含义。组内交流。 2. 师生对每组图画进行评价。 3. 学生填写作品评价表，进行自评和互评。	1. 组织学生汇报。 2. 组织班级展示、各小组展示、师生共评。 3. 组织学生填写作品评价表，评选"金牌快门组""银牌快门组""铜牌快门组"。	小组合作制成PPT，分享组内作品的制作过程、灵感来源、成果呈现等，锻炼学生的信息整合和信息软件应用能力。

项目评价：
1. 活动自评表。

评价内容	星级
能说出几个苏式美食名称	☆☆☆
能简要介绍自己喜欢的苏式美食	☆☆☆
能和组内同学协作完成项目	☆☆☆
能按照步骤一步步完成项目	☆☆☆
能把作品完成得很好	☆☆☆
在合作过程中，能准确表达自己的想法	☆☆☆

续表

2. 作品评价表。

评价内容	教师评价	学生互评
贴合主题	☆☆☆☆	☆☆☆☆
设计精巧	☆☆☆☆	☆☆☆☆
团队成员各司其职、互帮互助	☆☆☆☆	☆☆☆☆
有创意	☆☆☆☆	☆☆☆☆

项目成果：
专属美食"快门"表。

 四年级（写一写）

笔下的家乡味

单元主题：匠艺——苏食	项目名称：笔下的家乡味	建议年级：四年级

项目描述：
　　家乡，是成长的摇篮，是心灵的港湾。而家乡的味道，更是心中无法割舍的记忆。每个人的家乡都有独特的味道，这些味道或甜或咸，或酸或辣，都承载着人们对家乡的深深眷恋。本项目鼓励学生从苏式食物的外观、味道等方面来进行文字创作，激发学生对家乡美食的喜爱，培养学生对传统美食的传承意识。

任务：
　　本项目旨在引导学生通过文字，捕捉并描绘出自己心中的苏式家乡味，让更多人感受到那份独特的情感与回忆，鼓励学生从日常生活中发现家乡的特色和味道，培养学生观察生活、感受生活的能力。

核心素养： 　　1. 文化理解与传承素养：文化理解、文化认同、文化践行。 　　2. 沟通素养：深度理解、有效表达。 　　3. 合作素养：愿景认同、责任分担、协同共进。	关联学科： 　　语文、道德与法治。

项目目标：
　　1. 搜集描写苏式美食的文字作品，学习借鉴相关写作技巧。
　　2. 构建作文模板，进行文字撰写和修改。
　　3. 以小组合作的方式，介绍最难忘的家乡味道，并在教师指导下进行修改和完善。

材料准备：
　　1. 相关评价表。2. 关于家乡美食的图片、视频。3. 关于"乡味"的优秀文章。

作品表现方式：
　　作文《笔下的家乡味》。

续表

第一课时：项目导入		
学生活动	教师活动	知识点（教学点）解析
1. 学生回忆自己家乡美食的味道。 2. 分享自己对"家乡味"的理解和感受。 3. 学生谈谈学习体会。	1. 通过展示一些家乡的图片或视频，引导学生回忆自己的家乡和家乡的美食。 2. 引导学生讨论"家乡味"的含义，并分享自己的理解和感受。 3. 引导学生说说学习体会。	写作离不开各个要素，每个要素的和谐搭配才能使文章完整，至于如何出彩，则要用上更为丰富的写作技巧。

第二课时：项目实施1		
学生活动	教师活动	知识点（教学点）解析
1. 学习"家乡味"的多重含义。 2. 学生分析、讨论优秀文章。 3. 学生交流，说一说感受。 4. 总结和评价。	1. 讲解"家乡味"的多重含义，包括食物的味道、文化的味道、人情的味道等。 2. 分析一些有关"家乡味"的优秀文章，让学生了解如何通过写作来表达"家乡味"。 3. 分析文章，让学生掌握写作技巧和方法。 4. 总结写作的要点和技巧。	写作技巧： 开头：以引人入胜的引言作为开头，吸引读者的注意力。 中间：详细描述美食的外观、气味、口感等，并运用各种写作技巧来增强文章的表现力。同时，可以穿插个人经历和情感，让读者更容易产生共鸣。 结尾：总结全文，强调美食的特色和魅力。可以用一句简洁而有力的话来结束文章，如"这道菜肴的美味令人难以忘怀"。

第三课时：项目实施2		
学生活动	教师活动	知识点（教学点）解析
1. 学生填写思维导图。 2. 学生撰写文章。 3. 进行小组交流。 4. 博采众长，小组整合出一篇完整的文章。	1. 教师引导学生填写思维导图。 2. 教师巡视，适时点拨。 3. 组织学生进行小组讨论、交流。 4. 引导小组整合组员写作亮点，最终呈现出一篇完整的文章。	小组讨论和整合，锻炼了学生的语言表达和组织能力，有利于最终呈现出一篇较为完整的介绍苏式美食的文章。

第四课时：项目成果展示和分享		
学生活动	教师活动	知识点（教学点）解析
1. 各小组上台展示自己的文章。 2. 师生交流指出文章的优点和需要改进之处。 3. 学生投票，评选出自己喜欢的文章。 4. 将最佳文章留存，作为项目成果展示。	1. 组织学生汇报。 2. 班级展示、各小组展示、师生共评。 3. 组织学生进行投票，选出一篇最佳文章，作为项目成果进行展示。	在介绍苏式美食的文章中，学生能够发掘苏式美食的文化价值及其背后蕴含的情感态度，增强对家乡美食文化的认同感，并将家乡的文化推广给更多的人。

续表

项目评价：
作文评价表。

评价内容	教师评价	学生互评
文章语句新颖、生动	☆☆☆☆	☆☆☆☆
文章描写美食具有特色	☆☆☆☆	☆☆☆☆
文章有创意	☆☆☆☆	☆☆☆☆
文章有吸引力	☆☆☆☆	☆☆☆☆

项目成果：
作文《笔下的家乡味》。

 五年级（辩一辩）

月饼的咸与甜

单元主题：匠艺——苏食	项目名称：月饼的咸与甜	建议年级：五年级

项目描述：
  月饼的口味因地域和制作方式的不同而有所差异，既有咸的，也有甜的。广式月饼中的莲蓉月饼、豆沙月饼等，口感偏甜，馅料丰富，深受人们的喜爱。而苏式月饼中的鲜肉月饼则带有咸味，皮薄馅足，味道鲜美，同样备受人们青睐。

任务：
  高年级学生已经具备辩论的能力，本项目请学生围绕"月饼的咸与甜"，用自己喜欢和擅长的方式来辩一辩月饼咸与甜口味中的独特魅力。

核心素养： 1. 文化理解与传承素养：文化理解、文化认同、文化践行。 2. 审辩思维：质疑批判、分析论证、综合生成、反思评估。 3. 合作素养：愿景认同、责任分担、协同共进。	关联学科： 语文、道德与法治。

项目目标：
  1. 培养学生的逻辑思维和批判性思维能力，提高学生的口头表达能力和公众演讲技巧，使学生能够通过辩论形式，有条理地表达自己的观点。
  2. 增进学生对特定主题或问题的深入理解和认识，通过辩论活动，学生从多角度思考和分析问题。
  3. 以辩论的形式，引发学生对美食文化的思考，对如何弘扬和传承优秀美食文化提出自己的想法。

续表

材料准备：
1. "月饼的咸与甜"辩论表。2. 投票箱。3. 月饼图片、实物。4. 相关评价表。

作品表现方式：
"月饼的咸与甜"辩论表。

第一课时：项目导入		
学生活动	教师活动	知识点（教学点）解析
1. 学生回顾辩论基础知识和技巧。 2. 选定辩论主题。 3. 学生确定自己的辩论立场。 4. 分析辩论主题，小组讨论。	1. 教师介绍辩论的定义、类型、基本规则和常见辩论技巧。 2. 选定辩论主题："月饼的咸与甜"。 3. 教师引导学生分为不同立场。 4. 分析辩论主题，引导学生从不同角度思考，并收集相关资料和信息。	苏式月饼是中国传统糕点之一，它的口感独特，皮薄馅足，甜而不腻，深受人们的喜爱。无论是作为节日食品还是日常小吃，它都具有一定的市场需求和消费者基础。随着时代的发展，人们的生活水平提高，苏式月饼逐渐出现鲜肉月饼等咸口味，以及冰激凌月饼等其他口味。这种传统工艺的传承和发展，对于保护非物质文化遗产和推动文化创新具有重要意义。

第二课时：项目实施1		
学生活动	教师活动	知识点（教学点）解析
1. 小组讨论。 2. 学生模拟辩论。 3. 学生互评，修改。 4. 总结要点和技巧。	1. 教师介绍不同口味月饼的特点，如定位、目标受众、卖点等。 2. 组织学生进行模拟辩论。 3. 组织学生互相评价。 4. 教师进行总结和评价，强调辩论中的亮点和不足。	辩论是学生信息整合能力、语言表达能力、小组分工合作能力等的综合体现，有助于促进学生综合素养的提升。

第三课时：项目实施2		
学生活动	教师活动	知识点（教学点）解析
1. 学生填写辩论表。 2. 小组讨论，归纳总结。 3. 小组整合出一份完整的辩论论据。	1. 教师引导学生填写辩论表。 2. 教师巡视，适时点拨。 3. 引导小组整合，最终呈现出一份完整的论据。	小组讨论和整合，可以锻炼学生的语言表达和组织能力，最终呈现出一份较为完整的辩论论据。

第四课时：项目成果展示和分享		
学生活动	教师活动	知识点（教学点）解析
1. 辩论开始，正、反方交流观点。	1. 推选学生代表，上台进行辩论。	

续表

学生活动	教师活动	知识点（教学点）解析
2. 台下观众提问。 3. 学生进行投票，评选出获胜方。 4. 获胜方畅谈获胜感言。	2. 剩余学生作为观众，教师引导学生在提问环节随机提问。 3. 组织学生投票，评选出获胜方。 4. 教师补充此次辩论的意义。	

项目评价：
辩论评价表。

评价内容	教师评价	学生互评
论据合理	☆☆☆	☆☆☆
巧妙应用辩论技巧	☆☆☆	☆☆☆
辩论具有说服力	☆☆☆	☆☆☆
团队成员各司其职、互帮互助	☆☆☆	☆☆☆
最终呈现效果好	☆☆☆	☆☆☆

项目成果：
"月饼的咸与甜"辩论表。

 六年级（创一创）

做苏式美食

单元主题：匠艺——苏食	项目名称：做苏式美食	建议年级：六年级
项目描述： 　　苏式美食多种多样，制作方法也独具特色。学生通过动手实践，更能够亲身体会苏式美食的魅力。			
任务： 　　高年级学生在已有烹饪、整理、清洁等劳动能力的基础上，通过小组合作的形式制作苏式菜肴或苏式点心。			
核心素养： 　　1. 文化理解与传承素养：文化理解、文化认同、文化践行。 　　2. 创新素养：创新人格、创新思维、创新实践。 　　3. 沟通素养：同理心、深度理解、有效表达。 　　4. 合作素养：愿景认同、责任分担、协同共进。		关联学科： 　　语文、道德与法治、劳动、信息技术。	

续表

项目目标：
1. 学生了解食材的选购和加工方法。掌握常用的烹饪技巧，如炒、煮、蒸等。
2. 学生学习制作一到两种典型的苏式美食，如苏式月饼和灌汤包。
3. 全班分小组合作，共同做一做苏式美食，成品以图片或视频的形式记录下来，培养学生的动手能力和团队合作意识。
4. 激发学生对传统美食文化的兴趣，增强文化自信心。

材料准备：
1. 苏式美食的讲解图片或视频。2. 相关食材。3. 相关评价表。

作品表现方式：
苏式美食成品图片或视频。

第一课时：项目导入		
学生活动	教师活动	知识点（教学点）解析
1. 学生观看苏式美食的图片或视频。 2. 学习食材选购与加工方法。	1. 展示苏式美食的图片或视频，引起学生兴趣。简要介绍苏式美食的文化背景和特点。 2. 讲解食材选购与加工方法。	请学生谈谈掌握到的食材选购与加工方法，提高其语言表达能力。
第二课时：项目实施1		
学生活动	教师活动	知识点（教学点）解析
1. 学生观看烹饪技巧讲解视频。 2. 小组进行讨论，分享观看感受。 3. 全班分享。 4. 拓展延伸。	1. 播放烹饪技巧讲解视频，讲解常用的烹饪技巧。 2. 组织学生分小组进行讨论，分享观看感受。 3. 组织每个小组选派一名代表，将小组讨论的结果向全班进行分享。 4. 引导学生思考如何做出满意的苏式美食，鼓励学生提出自己的想法和建议。	总结学生的发言，强调传统美食制作与传承的重要性，鼓励学生在日常生活中多关注传统美食文化。
第三课时：项目实施2		
学生活动	教师活动	知识点（教学点）解析
1. 学生自由选择小组，进行美食制作分工。 2. 分工合作。 3. 交流分享。	1. 教师引导学生从食材购买、动手制作等方面进行分工。 2. 教师巡视，适时点拨。 3. 引导学生在规定时间内完成美食制作。	美食制作需要学生自己动手体验。

续表

第四课时：项目成果展示和分享			
学生活动	教师活动		知识点（教学点）解析
1. 展示小组美食制作成果。 2. 交流意见，二次修改。 3. 再次展示并确定终稿。	1. 组织全班交流。 2. 引导学生提出意见，再次修改。 3. 教师补充完善建议。		学生需要通过图片、文字、视频等形式展示自己小组的美食作品。

项目评价：
活动评价表。

评价内容	教师评价	学生互评
分工合理	☆☆☆☆	☆☆☆☆
色香味俱全	☆☆☆☆	☆☆☆☆
制作过程顺利	☆☆☆☆	☆☆☆☆

项目成果：
  苏式美食的制作过程视频、成品图片或视频。

习 俗——时令节气

一年级（认一认）

知二十四节气

单元主题：习俗——时令节气	项目名称：知二十四节气	建议年级：一年级
项目描述： 　　二十四节气准确反映了自然节律变化，在人们日常生活中发挥了极为重要的作用。它不仅是指导农耕生产的时间体系，更是包含有丰富民俗事象的民俗系统。二十四节气蕴含着悠久的文化内涵和历史积淀，是中华民族悠久历史文化的重要组成部分。		
任务： 　　学生通过学习，对二十四节气有一定的认识，能够简单知道一些节气对应的季节，对节气产生浓厚的兴趣，也对中国古代劳动人民的智慧有深刻的感知。		
核心素养： 　　文化理解与传承素养：文化理解、文化认同。		关联学科： 　　语文、科学、道德与法治。
项目目标： 　　1. 通过图片、视频等方式，初步了解二十四节气的由来。 　　2. 通过小组合作的方式，探究二十四节气的相关内容，并在交流中学会表达与倾听。 　　3. 了解中华传统文化，感受中华传统文化的独特之美，增强民族自豪感；培养学生对优秀传统文化的兴趣。		
材料准备： 　　1. 学习单。2. 关于二十四节气的图片、视频。3. 相关评价表。		
作品表现方式： 　　结合学习单认一认，并与同学、教师和家长分享自己的探究成果。		
第一课时：项目导入		
学生活动	教师活动	知识点（教学点）解析
1. 说一说：自己眼中一年四季的特点。 2. 认一认：初识节气。 3. 问一问：学生交流质疑。 4. 猜一猜：从节气的名称上来猜测、归纳哪些节气属于哪一个季节。	1. 教师播放图片。 2. 结合图片，引导学生知晓不同的季节做不同的事情。 3. 组织学生交流：在不同节气要干哪些农活呢？ 4. 发布任务：感知节气，完成节气学习单。	节气是一种通过观察太阳周年运动来确定的一年中不同时期的气候变化的规律，它是古代中国人根据自然现象和农事活动总结出来的时间和气候划分方式，对中国古代的社会生产和生活方式有着重要的指导意义。

续表

第二课时：项目实施1		
学生活动	教师活动	知识点（教学点）解析
1. 理一理：根据春、夏季节的节气，将打乱的节气卡片理清楚。 2. 记一记：同学们记下自己感兴趣的节气。 3. 搜一搜：选择一个最感兴趣的节气，课后自己寻找资料或询问家长。	1. 教师引导学生正确归纳不同季节的节气。 2. 重点引导学生认识清明、夏至两个节气。 3. 引导学生从以下几方面搜集资料：大致时间、对农业的影响、优秀的古诗词、传统习俗等。	《清明》：清明时节雨纷纷，路上行人欲断魂。借问酒家何处有，牧童遥指杏花村。 夏至：太阳在黄经90°的"夏至点"时，阳光几乎直射北回归线上空，北半球正午太阳最高。这一天是北半球白昼最长、黑夜最短的一天。我国属于北半球。

第三课时：项目实施2		
学生活动	教师活动	知识点（教学点）解析
1. 认一认：认识属于秋、冬季节的节气。 2. 记一记：同学们记下自己感兴趣的节气。 3. 想一想：交流自己知道的冬至夜的习俗。 4. 搜一搜：选择一个最感兴趣的节气，课后自己寻找资料或询问家长。	1. 教师引导学生正确归纳不同季节的节气。 2. 重点引导学生认识秋分、冬至两个节气。 3. 引导学生从以下几方面搜集资料：大致时间、对农业的影响、优秀的古诗词、传统习俗等。	秋分：秋分这一天同春分一样，阳光几乎直射赤道，昼夜几乎相等。 冬至：冬至这一天，阳光几乎直射南回归线，北半球白昼最短，黑夜最长，开始进入数九寒天。 冬至大如年：苏州人非常重视冬至这个节气，将其视为仅次于春节的重要节日。俗语称"冬至大如年"，在这一天，家庭团聚，庆祝丰收和新的一年。

第四课时：项目成果展示和分享		
学生活动	教师活动	知识点（教学点）解析
1. 各小组上台展示、介绍自己搜集的节气图片。 2. 小游戏：猜猜这是什么节气。 3. 对对碰：知道代表季节开始的节气分别是哪一个。 4. 大致能归类某一个节气属于哪一个季节。 5. 用一张照片来展示寻找到的节气。	1. 组织学生独立完成学习单。 2. 组织学生进行简单的汇报。	通过成果展示，学生将自主探究获得的资料，用清晰的语言表达出来。充分锻炼学生的口语交际能力和语言组织能力，让学生在语言中感受中华优秀传统文化的魅力。

项目评价：
1. 活动自评表。

评价内容	星级
能认真参与每一次的活动	☆☆☆☆
获得了一些有关节气的知识	☆☆☆☆
想进一步了解节气	☆☆☆☆

2. 认识"二十四节气"评价表。

评价内容	教师评价	学生互评
能把节气的知识说明白	☆☆☆☆	☆☆☆☆
上台表达大声自信	☆☆☆☆	☆☆☆☆
小组参与的人数很多	☆☆☆☆	☆☆☆☆
形式新颖、内容丰富	☆☆☆☆	☆☆☆☆

项目成果：
二十四节气的照片。

 二年级（说一说）

探寻节气奥秘

单元主题：习俗——时令节气	项目名称：探寻节气奥秘	建议年级：二年级

项目描述：
　　二十四节气是历法中表示自然节律变化的特定节令。一岁四时，春、夏、秋、冬各三个月，每月两个节气，每个节气均有其独特的含义。二十四节气准确地反映了自然节律变化，在人们日常生活中发挥了重要的作用。二十四节气不仅是一种时间体系，更是一套具有丰富内涵的生活与民俗系统，围绕二十四节气产生了数量众多的诗、词、歌、赋等。为了便于记忆，人们编出了二十四节气歌诀。

任务：
　　学生通过学习，会背诵基础的节气歌，了解其他的节气歌，进一步认识有趣的节气。围绕节气歌，能具体介绍一个节气。培养学生对古代劳动人民的智慧的崇敬之情。

核心素养： 　　1. 文化理解与传承素养：文化理解、文化认同、文化践行。 　　2. 合作素养：愿景认同、责任分担、协同共进。	关联学科： 　　语文、科学。

项目目标：
　　1. 进一步感知节气的神奇。能围绕节气歌，能具体介绍一个节气，或说一个有关节气的小故事。
　　2. 通过学习，能尝试自己搜集符合主题的材料。
　　3. 在小组合作中，分享展示自己的资料，感受中华优秀传统文化的魅力。

续表

材料准备：
    1. 相关评价表。2.《节气歌》视频。3. 关于节气的图片、文字资料。

作品表现方式：
    说一说：学生上台汇报（PPT+演讲、绘画+演讲、诵读节气歌）。

第一课时：项目导入		
学生活动	教师活动	知识点（教学点）解析
1. 忆一忆：回忆一年级时学过的节气。 2. 听一听：尝试读一读节气歌。 3. 观看节气歌视频。 4. 了解每一个字对应的节气。 5. 选择想要了解的节气并分组讨论如何介绍该节气。同时尝试分工合作。	1. 教师播放照片。引导学生回忆已经认识的清明、夏至、秋分、冬至。 2. 出示最常见的节气歌。指导学生诵读。 3. 教师PPT展示其他节气歌。 4. 发布任务：读一读、背一背节气歌，并选择其中的一个节气来介绍，看谁的介绍最吸引人。 5. 组织学生填写小组分工表。	节气歌是中国古代按照节气编写的歌诀。二十四节气不仅是一种时间体系，更是一套具有丰富内涵的生活与民俗系统，为了便于记忆，人们编出了二十四节气歌诀。

第二课时：项目实施1		
学生活动	教师活动	知识点（教学点）解析
1. 分组交流：对搜集来的资料进行小组分享。 2. 取长补短：选取有用的资料，并及时将资料添加进自己的资料袋中。 3. 观看宣传视频，学着自己介绍一个节气。	1. 引导学生有顺序地进行交流。 2. 引导学生对已有的资料查漏补缺。 3. 播放视频。引导学生从节气的字面意思、节气时间、和太阳的关系、农业的重要性、相关的风俗等来介绍节气。	指导学生做好搜集资料的工作，并培养学生筛选、整合资料的能力。通过小组交流，充分锻炼学生围绕一个主题进行表达的能力。

第三课时：项目实施2		
学生活动	教师活动	知识点（教学点）解析

根据分工合作的安排，进行最后汇报表达的准备。
汇报方式：
  PPT+演讲。
  绘画+演讲。
  诵读节气歌。
  接力演讲……
	1. 指导学生准备汇报活动并出谋划策。
	2. 兼顾全组学生，让学生都能参与活动。
		小组成果展示前的准备很重要，不仅要明确展示主题，还要做好任务分配。教师须做好指导，引导学生合理设计、排演。

续表

第四课时：项目成果展示和分享		
学生活动	教师活动	知识点（教学点）解析
1. 各小组轮流上台进行本小组的成果汇报。 2. 组际评价。 3. 评选"最具魅力小组""最佳默契组""最佳表演组"。	1. 组织学生汇报。 2. 讲解评比要求。	以小组为单位上台讲一讲"自己眼中的二十四节气"。引导学生借助PPT讲清楚本组的探究过程，以此充分锻炼学生的语言组织能力和口语表达能力。 通过展示，充分激发学生对中华优秀传统文化的热爱之情。

项目评价：
1. 活动自评表。

评价内容	星级
能认真参与每一次的活动	☆☆☆☆
能与小组同学进行很好的合作	☆☆☆☆
对传统的节气文化有了自豪感	☆☆☆☆

2. 汇报表演评价表。

评价内容	教师评价	学生互评
能把节气知识说清楚	☆☆☆☆	☆☆☆☆
上台表达大声自信	☆☆☆☆	☆☆☆☆
小组参与的人数很多	☆☆☆☆	☆☆☆☆
形式新颖、内容丰富	☆☆☆☆	☆☆☆☆

项目成果：
1. 学生汇报演讲稿。 2. 演出相关作品。

 三年级（画一画）

节气插画绘本

单元主题：习俗——时令节气	项目名称：节气插画绘本	建议年级：三年级

项目描述：
　　进入五月，我们迎来了初夏时节，二十四节气歌中描写夏季的第一个节气就是立夏。在立夏这一节气里，苏州古城又有哪些传统的习俗呢？

续表

任务： 通过持续的项目化学习，了解古代苏州人民的智慧，选择其中一个有代表性的立夏场景或习俗，进行插画绘制，最后制作成属于学生自己的"立夏插画绘本"。	
核心素养： 1. 文化理解与传承素养：文化认同、文化践行。 2. 创新素养：创新思维、创新实践。 3. 沟通素养：有效表达。 4. 合作素养：愿景认同、责任分担、协商共进。	关联学科： 科学、语文、美术、劳动。

项目目标：
1. 了解苏州立夏时节的各种传统习俗。
2. 初步了解插画的知识，能够根据主题进行简单的插画设计。
3. 通过活动，学会认真倾听，听人说话时能把握主要内容。
4. 通过活动，具备劳动的意识，结束时能主动收拾干净场地。
5. 通过学习，激发学生主动传承中华传统的意愿，以及对中华优秀传统文化的自豪感。

材料准备：
1. 相关评价表。2. 立夏节气宣传视频。3. 关于立夏的图片、文字资料。

作品表现方式：
立夏插画绘本、爱心义卖。

第一课时：项目导入

学生活动	教师活动	知识点（教学点）解析
1. 说一说：在之前的探究中，自己对于节气有哪些了解。 2. 认识立夏节气。 3. 播放《人民日报》介绍立夏的视频。 4. 学生填写分工表。商量确定每位组员的任务、需要搜集的资料、完成各项工作的时间节点等。	1. 教师播放照片。 2. 组织学生交流、学习有关立夏的时间、主要气候特征等。 3. 介绍立夏的习俗。 4. 发布任务：感知有趣的立夏习俗，以手绘的方式完成立夏插画绘本。 5. 组织学生填写小组分工表。	立夏知识介绍： 　　立夏，是二十四节气中的第七个节气，夏季的第一个节气，交节时间在每年公历5月5日—7日。 立夏节气时动植物和农业生产的情况： 　　中国古代以五天为一候，三候为一个节气，所以一年就有七十二候。一候蝼蝈鸣，二候蚯蚓出，三候王瓜生。 苏州立夏的习俗： 　　尝三新、秤人、挂蛋斗蛋。

第二课时：项目实施1

学生活动	教师活动	知识点（教学点）解析
1. 学生对自己的研究主题进一步了解体验和实践感知。 2. 小组成员分别记下自己感兴趣的地方。 3. 小组商量、汇总，明确绘本主题。	1. 教师引导学生正确感知不同的习俗，记录下有趣的画面。 2. 教师指导学生整理记录的信息，引导学生确定绘制主题。	鼓励学生用五彩丝线编一编立夏网袋，选取恰当的内容进行绘蛋制作，帮助学生建立对美的感受和认识。

续表

第三课时：项目实施2		
学生活动	教师活动	知识点（教学点）解析
1. 认识插画，了解插画和普通绘画的区别。 2. 学生着手绘制插画绘本。 3. 小组组员之间相互帮助、小组与小组间相互学习。 4. 完成任务后，打扫卫生。	1. 引导学生认识插画。 2. 指导学生选择合适的插画主题。 3. 教师及时解决学生在绘制的中问题（画图中的技巧：比例、配色等）。	插画：插附在书刊中的图画。有的印在正文中间，有的用插页方式，对正文内容起补充说明或艺术欣赏作用。它能增加刊物的趣味性，使文字部分更生动、更具象地活跃在读者的心中。它不但能突出刊物的主题思想，而且会增强艺术感染力。

第四课时：项目成果展示和分享		
学生活动	教师活动	知识点（教学点）解析
校内： 1. 各小组轮流上台交流本组立夏插画绘本的特色和卖点。 2. 组际评分。 3. 评选"最具特色插画绘本""最受欢迎插画绘本""最有新意插画绘本"。 校外： 1. 布置场地。 2. 准备商品。 3. 进行现场义卖。	1. 组织学生汇报。 2. 讲解评比要求。 3. 组织学生进行义卖。 4. 将义卖善款赠给有需要的人们。	组织学生到相门城墙旁摆摊义卖，通过活动，培养学生语言表达和社交能力。 义卖分工如下：收银组、销售组、气氛组、宣传组、后勤组、机动组。收银组同学主要负责收款、找零；销售组同学负责推销商品，或推荐客户前来购买；气氛组主管摊位前的演出展示，以吸引顾客；后勤组负责整理货物，打扫摊位前的垃圾；宣传组负责前期的宣传文案制作，以及展板制作；机动组同学视情况及时帮忙。

项目评价：
1. 活动自评表。

评价内容	星级
认真参与每一次的小组活动	☆☆☆☆
积极地完成小组布置的任务	☆☆☆☆
自己在小组活动中有进步	☆☆☆☆

2. 插画绘本评价表。

评价内容	教师评价	学生互评
插画设计精美	☆☆☆☆	☆☆☆☆
构图合理、颜色饱满	☆☆☆☆	☆☆☆☆
能突出立夏习俗	☆☆☆☆	☆☆☆☆
令人印象深刻	☆☆☆☆	☆☆☆☆

续表

3. 义卖活动小组评价表。

评价内容	教师评价	学生互评
义卖现场热闹、气氛活跃	☆☆☆☆	☆☆☆☆
卖出的插画数量多	☆☆☆☆	☆☆☆☆
义卖中顾客满意度高	☆☆☆☆	☆☆☆☆

项目成果：
插画绘本照片及现场义卖照片、视频。

 四年级（写一写）

诗意中的节气

单元主题：习俗——时令节气	项目名称：诗意中的节气	建议年级：四年级
项目描述： 　　二十四节气是历法中表示自然节律变化的特定节令。二十四节气不仅是一种时间体系，更是一套具有丰富内涵的生活与民俗系统，围绕二十四节气产生了数量众多的诗、词、歌、赋等。每一个节气都有许多相关古诗。		
任务： 　　学生通过学习去寻找古诗中的二十四节气，在理解古诗的基础上，用自己的笔来写一写，用优美的文字进行古诗解析，使学生对古代劳动人民的智慧产生崇敬之情。		
核心素养： 　1. 文化理解与传承素养：文化认同、文化践行。 　2. 创新素养：创新思维、创新实践。 　3. 沟通素养：有效表达。 　4. 合作素养：愿景认同、责任分担、协商共进。	关联学科： 　语文、劳动、美术。	
项目目标： 　1. 搜集有关二十四节气的古诗词，并进行理解。 　2. 通过学习，选择其中一首古诗词进行解析，结合自己的感受将古诗词用优美的文字描述出来。 　3. 通过小组合作，制作题为"诗意中的节气"的作品集，并对作品集这种表现形式有简单了解。 　4. 进一步了解中华优秀传统文化的主要代表性成果，感受中华优秀传统文化的魅力。		
材料准备： 　1. 相关评价表。2. 关于二十四节气的视频、图片。3. 关于节气的诗歌。		
作品表现方式： 　《诗意中的节气》作品集。		

续表

第一课时：项目导入		
学生活动	教师活动	知识点（教学点）解析
1. 回顾之前学过的节气知识。 2. 回忆交流令自己印象深刻的节气，并介绍在这些节气里人们的习俗。 3. 读一读《清明》，学生说说作者描写这个时节抓住了什么特点（雨水繁多，但雨下得较柔，整个世界朦朦胧胧）。 4. 小组讨论，选择主题形式。 选一个节气、不同古诗；选同一节气、不同古诗；选一个季节、不同节气、不同古诗；选一年四季、不同季节、不同古诗。	1. 教师播放节气图片。 2. 引导学生回忆、交流自己的实际感受。 3. 指导学生感悟《清明》一诗作者抓特点来描述节气的写作特色。 4. 发布任务：跨越时间的洪流，与诗人对话，描述千年后的春夏秋冬。集结成《诗意中的节气》作品集。 5. 组织学生填写小组分工表。	《清明》这首诗的大概意思是：清明这一天正在下着小雨，路上的行人心情忧伤。行人向牧童打听哪里有酒馆（想去喝喝酒暖暖身子），牧童远远指向杏花深处的一个村子。 "清明时节雨纷纷"，"纷纷"描绘了细细密密的雨。清明这一天，正在下着小雨。 "路上行人欲断魂"。"欲"意为将要、好像。"断魂"意为看起来很难过的样子。路上的行人，看起来好像很难过。 "借问酒家何处有"，"借问"意为请问。行人问哪里有酒馆。 "牧童遥指杏花村"，"杏花村"是杏花深处的一个村子。牧童远远指向杏花深处的一个村子。

第二课时：项目实施1		
学生活动	教师活动	知识点（教学点）解析
1. 对搜集来的资料进行小组分享交流。 2. 根据第一课时小组安排，结合搜集到的资料，进一步感悟诗歌，抓取重点或特色，进行初步创作。 3. 完成200字左右的文字内容。	1. 教师引导学生有顺序地进行交流。 2. 教师指导学生对已有的资料查漏补缺。 3. 对学生初步形成的文字进行简单指导。	通过活动，培养学生搜集资料、整合资料的能力。指导学生围绕一个主题进行研究，要求学生通过感受、理解、欣赏、评价语言文字及作品，获得丰富的审美经验，并具备初步的美感发现、表达和应用能力。

第三课时：项目实施2		
学生活动	教师活动	知识点（教学点）解析
1. 根据分工合作的安排，进行最后汇报表达的准备。 2. 对同组作品进行互相修改。 3. 思考展示汇报的方式，是否进行古诗对照，配图或视频（方式可以多样）。 4. 进行作品集的制作。配上合适的封面和封底，或制作异形书籍。	1. 教师指导学生准备汇报活动，并出谋划策。兼顾全组学生，让学生都能参与到活动中。 2. 展示不同的作品集样式，供学生参考。	该活动有助于学生认同中华文化，增强文化自信，加深对中华文化的理解，继承和弘扬优秀的传统文化、革命文化和社会主义先进文化，同时关注和参与当代文化生活。 学生通过感受、理解、欣赏、评价语言文字及作品，获得丰富的审美经验，并具备初步的美感发现、表达和应用能力，涵养高雅情趣，具备健康的审美意识和正确的审美观念。

续表

第四课时：项目成果展示和分享		
学生活动	教师活动	知识点（教学点）解析
1. 各小组轮流上台进行成果汇报。 2. 组际评分。 3. 评选"最高人气之书""最与众不同之书""最优秀之书"。	1. 组织学生汇报。 2. 讲解评比要求。	通过展示，培养学生自信大胆上台表达的能力，在具体的语言情境中进行有效的交流和沟通，从而激发学生热爱祖国、热爱家乡的情感，让学生能以自己的方式将传统文化、特色传递给更多的人。

项目评价：
1. 活动自评表。

评价内容	星级
认真参与活动并掌握了新的技能	☆☆☆☆
与小组同学进行很好的合作	☆☆☆☆
对传统的节气文化有自己的感受和见解	☆☆☆☆

2. 作品集介绍评价表。

评价内容	教师评价	学生互评
文字内容通顺优美	☆☆☆☆	☆☆☆☆
上台表达大声自信	☆☆☆☆	☆☆☆☆
小组成员参与率高	☆☆☆☆	☆☆☆☆
书籍制作精美	☆☆☆☆	☆☆☆☆

项目成果：
1. 《诗意中的节气》作品集。2. 作品集介绍讲演。

 五年级（辩一辩）

论古今节气价值

单元主题：习俗——时令节气	项目名称：论古今节气价值	建议年级：五年级

项目描述：
　　二十四节气是历法中表示自然节律变化的特定节令。它是我国古代劳动人民的智慧结晶。但是随着科学技术的日新月异，人类使用科技力量能够更加精准地对农业与人类生活进行指导，那传统节气是否还值得年轻一代去传承呢？

任务：
　　学生将通过四周的学习与活动，去辩一辩节气的价值，从而对传承传统文化产生新的认识。

核心素养： 　　1. 文化理解与传承素养：文化认同、文化践行。 　　2. 创新素养：质疑批判、分析论证。 　　3. 沟通素养：有效表达。 　　4. 合作素养：愿景认同、责任分担、协商共进。	关联学科： 　　道德与法治、语文、综合实践活动。

项目目标：
　　1. 通过学习，知晓大多数事情会有两面性，既知晓节气的价值，也明白科学技术的进步。
　　2. 通过活动，能就不理解的地方向他人请教，就不同的意见与他人商讨。
　　3. 了解自己的辩位，能围绕主题搜集资料，进行辩论前的准备。
　　4. 小组合作，准备辩论——科学研究与传统节气哪一方的价值更大。

材料准备：
　　1. 相关评价表。2. 关于节气历史的视频、图文资料。

作品表现方式：
　　"论古今节气价值"辩论赛。

第一课时：项目导入		
学生活动	教师活动	知识点（教学点）解析
1. 回顾学过的节气知识。 2. 认识节气的具体由来、具体作用。 3. 了解科学技术的进步。 4. 小组讨论面对辩题如何分工。	1. 教师播放图片。 2. 引导学生回忆、交流自己的实际感受。 3. 指导学生将现代科技与传统节气进行对比。 4. 发布任务：辩题——在科学日新月异的今天，传统节气是否有传承下来的价值？ 5. 组织学生填写小组分工表。	二十四节气的起源可以追溯到春秋战国时期，当时的中国人已经开始用土圭来测量日影，以确定四季的重要节点。到了秦汉年间，二十四节气已经被完全确立并纳入历法之中。 节气是上古先民顺应自然规律，通过观察天空中的星星运动而形成的知识体系。 最早有关二十四节气完整、科学的记载，出自西汉时期淮南王刘安的《淮南子·天文训》。二十四节气是根据北斗斗柄、太阳、月亮、二十八宿标示的度数、十二月令、十二音律等和地球的运行规律，而制定出来的永恒的历法。

第二课时：项目实施1		
学生活动	教师活动	知识点（教学点）解析
1. 搜集整合资料。 2. 根据分工，既要搜集自己一方所需的资料，也要搜集整理对方的资料。	1. 为学生搜集资料提供帮助。 2. 提醒学生要从两方入手准备。	通过学习活动，指导学生有目的地搜集资料、整合资料，不断培养学生的语言表达能力。

续表

第三课时：项目实施2		
学生活动	教师活动	知识点（教学点）解析
1. 小组分享交流搜集来的资料。 2. 小组针对辩题进行深入讨论思考：从哪些方面进行立论，从哪几方面进行反驳等。 3. 每队参加辩论的四位辩手根据自己的辩位讨论并完成自己的辩词。	1. 教师引导学生整理搜集到的资料。 2. 教师指导学生对已有的资料查漏补缺，学习预设对方内容。 3. 对学生初步形成的辩词进行简单指导。	

第四课时：项目成果展示和分享		
学生活动	教师活动	知识点（教学点）解析
1. 各小组以抽签的方式进行辩论。 2. 组际评分。 3. 评选"最佳辩手""最优辩论队"。	1. 组织学生进行辩论。 2. 讲解评比要求。 3. 组织学生进行评比。	在辩论中，学生要完整地表达自己的想法，同时分析和推理对方的观点。因此，辩论赛能够训练学生的思维能力，让他们更好地理解问题、判断问题和解决问题。辩论赛能够让学生学会独立思考、理性分析和公正评价观点的优劣。

项目评价：
1. 活动自评表。

评价内容	星级
能认真参与活动并掌握新的技能	☆☆☆
能与小组同学进行很好的合作	☆☆☆
对辩论活动有自己的感受和见解	☆☆☆

2. 辩论评价表。

评价内容	教师评价	学生互评
声音响亮表达自信	☆☆☆	☆☆☆
表达内容切合主题	☆☆☆	☆☆☆
临场反应迅速准确	☆☆☆	☆☆☆

项目成果：
"论古今节气价值"辩论赛。

六年级（创一创）

设计节气桌游

单元主题：习俗——时令节气	项目名称：设计节气桌游	建议年级：六年级

项目描述：
　　桌游活动是深受学生欢迎的活动，学生将通过对节气的已有知识的掌握，去创一创"节气桌游设计"，从而打开思路，以新的方式传承传统节气文化。

核心素养： 　　1. 文化理解与传承素养：文化认同、文化践行。 　　2. 创新素养：创新思维、创新实践。 　　3. 合作素养：愿景认同、责任分担、协商共进。	关联学科： 　　语文、美术、劳动。

项目目标：
　　1. 学习了解桌游的各种形式，特别是强手棋的规则。
　　2. 小组合作，制作一款简单的以节气为主题的桌游，并能围绕节气搜集合适的资料。
　　3. 通过学习，设计合适的活动，积极推广自己的节气桌游。

材料准备：
　　1. 相关评价表。2. 关于节气的图片。3. 桌游简介视频。

作品表现方式：
　　节气桌游。

第一课时：项目导入		
学生活动	教师活动	知识点（教学点）解析
1. 回顾学过的节气知识。 2. 了解节气传承的现状。 3. 思考并交流传统节气传承的不足，分析为什么大家不感兴趣。 4. 认识桌游的产生和样式。 5. 小组讨论项目分工。	1. 教师播放节气图片。 2. 引导学生回忆、交流自己的实际感受。 3. 指导学生发掘节气传承的问题。 4. 发布任务：设计并制作一款桌游，让节气传承有趣起来。 5. 播放桌游简介视频。 6. 组织学生填写小组分工表。	桌游是一种面对面的游戏，非常强调交流。因此，桌面游戏很适合家庭休闲、朋友聚会，甚至商务闲暇等多种场合。 桌游的定义：通过骰子、棋子、版图模型等在桌面上进行的游戏类型，像围棋、飞行棋、各种扑克玩法等都算得上桌游。

续表

第二课时：项目实施1		
学生活动	教师活动	知识点（教学点）解析
1. 小组交流搜集到的桌游。小组讨论，选取简单能上手的桌游作为参考。 2. 思考：可以将哪些有关节气的内容融入桌游？ 3. 确定制作分工。	1. 为学生搜集资料提供帮助。 2. 提供桌游设计建议：简单易上手，规则不能过于复杂难懂，兼顾美观与有趣。	桌游设计步骤： 1. 确定游戏主题。 2. 设定游戏规则。 3. 制作游戏组件。

第三课时：项目实施2		
学生活动	教师活动	知识点（教学点）解析
1. 学生着手分工制作桌游。 2. 小组组员之间相互帮助，小组与小组间相互学习。 3. 讨论解决桌游设计中的问题。 4. 学生打扫卫生。	1. 教师及时回答学生在绘制中的问题（材料选用，设计细节等）。 2. 学生制作过程中教师及时引导：外形要足够吸引人，内容上能兼顾不同人数进行游戏。	指导学生通过不同的美学方法去制作出设计合理、布局精美的桌游。

第四课时：项目成果展示和分享		
学生活动	教师活动	知识点（教学点）解析
1. 各小组轮流上台交流并推广本组设计的桌游的含义及特色。 2. 组际评分。 3. 评选"最具特色桌游""制作最精美桌游""最有趣桌游""最具人气桌游"。	1. 组织学生进行汇报和推广。 2. 讲解评比要求。	通过展评，多角度地关注学生发展，培养锻炼学生的语言表达能力。

项目评价：
1. 活动自评表。

评价内容	星级
能认真参与活动并掌握了新的技能	☆☆☆☆
能与小组同学进行很好的合作	☆☆☆☆
能够把节气的知识进行创新推广	☆☆☆☆

续表

2. 桌游设计评价表。

评价内容	教师评价	学生互评
桌游设计外观精美	☆☆☆☆	☆☆☆☆
规则简单易懂，好操作	☆☆☆☆	☆☆☆☆
节气知识融入丰富、自然	☆☆☆☆	☆☆☆☆

项目成果：
　　桌游作品。

习 俗 —— 传统节日

一年级（认一认）

猜猜传统节日

单元主题：习俗——传统节日	项目名称：猜猜传统节日	建议年级：一年级

项目描述：
　　传统节日是我国的特殊日子，这些日子里，人们会举行各种庆祝活动，来纪念一些重要的事情或者传承一些美好的习俗。

任务：
　　中国有很多传统节日，比如春节、中秋节、端午节等。不同的传统节日都有自己独特的意义和庆祝方式。通过猜灯谜的方式，引导学生认一认中国传统节日。

核心素养： 1. 文化理解与传承素养：文化理解、文化认同、文化践行。 2. 合作素养：愿景认同、责任分担、协同共进。	关联学科： 　　道德与法治、语文。

项目目标：
　　1. 通过学习，了解中国传统节日的名称、日期。
　　2. 通过活动，认识中国传统节日的主要庆祝方式和传统习俗。
　　3. 通过学习，激发学生对传统节日的兴趣和热爱。

材料准备：
　　1. 相关评价表。2. 关于传统节日的视频、图文资料。

作品表现方式：
　　灯谜大会。

第一课时：项目导入		
学生活动	教师活动	知识点（教学点）解析
1. 观看节日庆祝视频。 2. 学生交流、小组讨论：视频中的人们都在做什么？ 3. 思考：在你们的记忆里，什么时候会参与这些活动呢？你们有什么独特感受吗？	1. 教师播放视频。 2. 组织学生交流视频里的活动。 3. 出示节日照片，唤起学生记忆。 4. 介绍中国传统节日。 5. 发布任务：灯谜大会（根据节日习俗，自制有关节日的谜面）。	中国传统节日是中华民族悠久历史文化的重要组成部分。传统节日的形成，是一个民族或国家的历史文化长期积淀凝聚的过程。从远古先民时期发展而来的中华传统节日，形式多样、内容丰富，不仅清晰地记录着中华民族先民丰富而多彩的社会生活文化内容，也积淀着博大精深的历史文化内涵。

续表

第二课时：项目实施1		
学生活动	教师活动	知识点（教学点）解析
1. 组内交流，说说自己熟悉的传统节日。 2. 与同学交流每个传统节日的习俗，记下自己感兴趣的习俗。 3. 完成课后任务：回家和父母一起，根据记录下来的习俗（谜底），查阅谜面，知晓缘由。	1. 教师引导学生说出中国的主要传统节日。 2. 提问：传统节日的习俗都有什么？ 3. 布置任务：在父母的协助下，完成谜面搜索，制作灯谜。	中国六大传统节日的代表性习俗： 　　春节：贴春联、发压岁钱、扫尘、拜年。 　　元宵节：赏花灯、猜灯谜、吃元宵。 　　清明节：扫墓祭祖、插柳条、吃青团。 　　端午节：吃粽子、佩香囊、悬艾叶、喝雄黄酒、拴五色丝线。 　　中秋节：吃月饼、赏月、饮桂花酒。 　　冬至：吃饺子、饮冬酿酒、吃羊肉。

第三课时：项目实施2		
学生活动	教师活动	知识点（教学点）解析
1. 根据教师出示的谜面，学生猜谜底，并说出节日名称。 2. 以小组为单位，小组成员依次猜谜并说出对应节日。每人记录好自己猜对的数量。	1. 教师做示范，出示谜面，让学生猜谜底、说出对应的节日，教师揭晓答案。 2. 教师巡视各小组交流情况。	1. 谜面：平日不思，中秋想你，有方有圆，甜甜蜜蜜。（打一食品名）谜底：月饼。 2. 谜面：金灿灿，银闪闪，一到中秋香气散，用它酿酒请宾客，用它浸渍供美餐。（打一植物）谜底：桂花。 3. 谜面：绿叶包裹白衣裳，五月端午飘香扬。谜底：粽子。 4. 谜面：圆圆白白似珍珠，煮浮水面味道醇。谜底：汤圆。

第四课时：项目成果展示和分享		
学生活动	教师活动	知识点（教学点）解析
1. 比一比，猜对数量最多的同学继续参与组际比赛。 2. 组际比赛：学生拿出本组的谜面继续互猜。 3. 评选"最佳灯谜王"一、二、三等奖。	1. 组织学生根据上周组内比拼结果，推选小组代表进行组间比赛。 2. 讲解评选要求。 3. 组织学生评比。	猜谜活动能充分锻炼学生的口语交际能力和语言组织能力，让学生在表达中感受中华优秀传统文化的魅力。

项目评价：
1. 活动自评表。

评价内容	星级
积极参与猜灯谜活动	☆☆☆☆
能和同学友好交流	☆☆☆☆
能理解大部分灯谜的含义	☆☆☆☆
能够说清楚自己的答案	☆☆☆☆

2. 灯谜大会评价表。

评价内容	星级
遵守游戏规则	☆☆☆☆
猜对灯谜数量多	☆☆☆☆

项目成果：
　　灯谜大会。

 二年级（说一说）

传统节日知多少

单元主题：习俗——传统节日	项目名称：传统节日知多少	建议年级：二年级
项目描述： 　　中国传统节日源远流长，每个节日都有独特的历史背景和文化含义。这些节日不仅是庆祝和纪念的时刻，也是传统文化传承的重要载体。传统节日不仅为人们提供了休息和庆祝的机会，也加深了人们对中国传统文化的了解和认同。随着时间的推移，虽然庆祝方式可能发生了变化，但这些节日的核心价值和文化意义仍然被人们珍视和传承。		
任务： 　　通过演讲的方式，向大家介绍自己所了解的中国传统节日。		
核心素养： 　　1. 文化理解与传承素养：文化理解、文化认同、文化践行。 　　2. 沟通素养：有效表达。	关联学科： 　　道德与法治、语文、科学。	
项目目标： 　　1. 通过查阅资料，了解中国传统节日的起源和发展历程。 　　2. 能够用演讲的方式，说一说与传统节日相关的文学作品、艺术作品和民间故事。 　　3. 通过小组合作，展示成果，激发对传统节日的兴趣和热爱。		

续表

材料准备：
1. 相关评价表。2. 关于传统节日的视频、图文资料。

作品表现方式：
传统节日介绍讲解。

第一课时：项目导入		
学生活动	教师活动	知识点（教学点）解析
1. 观看节日的介绍视频。 2. 学生交流、小组讨论节日的由来，并进行简单的复述。 3. 小组分工，课后查阅各个节日的由来。	1. 教师准备传统节日的介绍视频素材。 2. 组织学生交流。 3. 引发对其他节日由来的思考。 4. 发布任务：挑选自己感兴趣的节日，说一说它的故事，当一回"节日讲述人"。	端午节：端午节又称端阳节、龙舟节等，日期在每年农历五月初五。端午节源于自然天象崇拜，由上古时代祭龙演变而来，是"飞龙在天"吉祥日，龙及龙舟文化始终贯穿在端午节的传承历史中。传说战国时期的楚国诗人屈原在五月初五跳汨罗江自尽，后人亦将端午节作为纪念屈原的节日；也有纪念伍子胥、曹娥及介子推等说法。端午节的起源涵盖了古老星象文化、人文哲学等内容，蕴含着深邃丰厚的文化内涵，在传承发展中杂糅了多种民俗，各地因地域文化不同而又存在习俗内容或细节上的差异。

第二课时：项目实施1		
学生活动	教师活动	知识点（教学点）解析
1. 分享交流自己收集的材料，组内成员相互补充。 2. 归纳总结各个节日的特点。 3. 规律性记忆，并能进行简单的复述。	1. 教师组织学生组内交流。 2. 教师巡视，辅助学生完成归纳总结。 3. 提供有效的记忆方法。	

第三课时：项目实施2		
学生活动	教师活动	知识点（教学点）解析
1. 观看传统节日的解说视频。 2. 归纳总结一个成功的"节日讲述人"须具备的条件。 3. 小组内进行演练。	1. 教师出示演讲者对传统节日的解说视频。 2. 引导学生分析好的"节日讲述人"须具备的条件。 3. 比一比谁讲得好。	一个好的"节日讲述人"应该具备以下基本素质： 良好的知识储备、语言表达、情感投入、互动能力、适应能力、创新思维、批判性思维、道德品质。

第四课时：项目成果展示和分享		
学生活动	教师活动	知识点（教学点）解析
1. 小组代表上台演讲。 2. 相互评分。 3. 评选"最佳节日讲述人"一、二、三等奖。	1. 组织学生上台汇报。教师点评学生讲解情况。 2. 讲解评比要求。 3. 组织学生进行评比。	根据"节日讲述人"的评价标准，对分组成果展示的同学进行评价。注意，多一些鼓励，少一些批评。

项目评价：
1. 活动自评表。

评价内容	星级
积极参与每一次的小组活动	☆ ☆ ☆
知道了关于节日的故事	☆ ☆ ☆
能清楚表达自己的想法	☆ ☆ ☆

2. "传统节日演说家"评价表。

评价内容	星级
内容丰富	☆ ☆ ☆
语言流畅	☆ ☆ ☆
表达清晰	☆ ☆ ☆
富有趣味	☆ ☆ ☆

项目成果：
传统节日介绍讲解文稿。

  三年级（画一画）

节日系列书签

单元主题：习俗——传统节日	项目名称：节日系列书签	建议年级：三年级

项目描述：
　　书签是一种用纸质、植物叶片、金属制作的，在读书时用的标签，上面常常装饰着精美的图案。今天我们要一起做一件非常有趣的事情——制作传统节日书签。这是一种既有创意、又富有教育意义的手工活动，通过它，我们不仅能学习到关于我国传统节日的知识，还能锻炼动手能力。

任务：
　　自制一套含有传统节日元素的系列书签，激发学生对传统节日的热爱之情。

习俗——传统节日

续表

核心素养： 1. 文化理解与传承素养：文化理解、文化认同、文化践行。 2. 创新素养：创新人格、创新思维、创新实践。 3. 合作素养：愿景认同、责任分担、协同共进。	关联学科： 道德与法治、语文、美术。

项目目标：
1. 通过深入了解传统节日的节日习俗，了解诗词里蕴含的传统节日，并产生文化认同。
2. 能够通过绘画、手作的形式表达对节日的喜爱，进一步感受传统文化的魅力。

材料准备：
1. 相关评价表。2. 书签实物。3. 关于传统节日的诗词。

作品表现方式：
传统节日系列书签。

第一课时：项目导入		
学生活动	教师活动	知识点（教学点）解析
1. 读读诗词，想一想对应的节日名称。 2. 学生交流。感受诗词中的传统节日。 3. 小组交流讨论如何将诗词融入设计中： 预设（1）：杯身。 预设（2）：笔袋。 预设（3）：笔身。 预设（4）：书签。 4. 小组分工，认领各自的节日主题，课后搜集相关诗句。	1. 教师出示有关中国传统节日的诗词。 2. 组织学生交流。 3. 提问：诗词这么美，为了传播诗词，可以设计哪些小物件，让诗词随处可见？ 4. 发布任务：制作传统节日系列书签。	王安石的《元日》中的"爆竹声中一岁除，春风送暖入屠苏"。 杜牧《清明》中的"清明时节雨纷纷，路上行人欲断魂"。 李白《静夜思》中的"床前明月光，疑是地上霜"。 李白《月下独酌四首·其一》中的"举杯邀明月，对影成三人"。 苏轼《浣溪沙·端午》中的"轻汗微微透碧纨，明朝端午浴芳兰"。

第二课时：项目实施1		
学生活动	教师活动	知识点（教学点）解析
1. 小组内进行诗词交流，节选重点诗句。 2. 观看书签制作视频，总结制作方法。 3. 梳理制作书签需要准备的材料。 4. 设计书签草图并在课后准备制作材料。	1. 教师组织学生交流收集到的节日诗词。 2. 教师播放制作书签的视频。 3. 列举书签制作需要准备的材料。 4. 引发学生思考：如何将诗句、节日元素融入书签设计？	硬卡纸绘画书签过程： 1. 制作底板：找一卡彩色的卡纸，将它裁剪成喜爱的造型，在上方中间处用剪刀剪出一个小圆洞，找一根彩绳穿进去，打一个结，这样书签的基本形状就出来了。 2. 手绘：用铅笔设计底稿—勾线笔勾线—水彩上色—写出文字（诗句）。

续表

第三课时：项目实施 2		
学生活动	教师活动	知识点（教学点）解析
1. 回顾上节课的书签绘制方法。 2. 小组分工合作。 （1）准备制作材料。 （2）制作底板。 （3）绘制纹样。 （4）勾线涂色。	1. 教师引导学生回顾书签的制作方法。 2. 展示优秀作品范例。	绘制书签时要注意物体的比例和大小，注重画面饱满，颜色丰富、有趣味。

第四课时：项目成果展示和分享		
学生活动	教师活动	知识点（教学点）解析
1. 小组内交流自己的书签设计理念。选出代表进行小组间展示。 2. 相互评分，评选"最佳设计者"一、二、三等奖。	1. 组织学生展示。 2. 讲解评比要求。 3. 组织学生进行评比。	对照评分标准进行评价，多鼓励，少批评。引导学生关注展示者的语言表达和自信度。

项目评价：
1. 活动自评表。

评价内容	星级
能准确描述节日的习俗	☆☆☆☆
在书签中有效融入了节日元素	☆☆☆☆
书签美观、独特、实用	☆☆☆☆
制作过程熟练、精细	☆☆☆☆
能积极参与团队讨论和分工	☆☆☆☆

2. 书签设计评价表。

评价内容	教师评价	学生互评
书签设计精美	☆☆☆☆	☆☆☆☆
构图合理、颜色饱满	☆☆☆☆	☆☆☆☆
能体现传统节日的特点	☆☆☆☆	☆☆☆☆
给人留下深刻印象	☆☆☆☆	☆☆☆☆

项目成果：
传统节日系列书签。

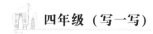
四年级（写一写）

我在姑苏过个节

单元主题：习俗——传统节日	项目名称：我在姑苏过个节	建议年级：四年级
项目描述： 　　在多元文化的背景下，传承和弘扬传统文化显得尤为重要。庆祝传统节日，不仅能够增强学生的民族文化的认同感和自豪感，还能够在实践中学习和体验传统节日的内涵与习俗，从而更好地理解和传承优秀的民族文化遗产。		
任务： 　　苏州人自古以来都特别重视传统节日，通过项目化活动，引导学生从苏州人的视角，写一写"我在姑苏过个节"的故事。		
核心素养： 　1. 文化理解与传承素养：文化理解、文化认同、文化践行。 　2. 沟通素养：同理心、深度理解、有效表达。	关联学科： 　　道德与法治、语文、综合实践活动。	
项目目标： 　1. 通过学习，深入了解传统节日的节日习俗，并产生文化认同。 　2. 通过回忆自己的经历，增强与节日的连接感和对节日的喜爱感。 　3. 通过文字表达的形式对节日进行细节描写，进一步感受节日带给人的仪式感和幸福感。		
材料准备： 　1. 相关评价表。2. 关于传统节日的PPT、图片。		
作品表现方式： 　　记叙文《我在姑苏过个节》。		
第一课时：项目导入		
学生活动	教师活动	知识点（教学点）解析
1. 学生观看PPT。 2. 学生交流：自己的过节经历及感受。	1. 教师引导学生。回顾之前所学内容。 2. 组织学生交流：结合自身经历，说说有哪些令人印象深刻的节日，你们是如何庆祝的？又有哪些感受？ 3. 发布任务：以"我在姑苏过个节"为主题，写一篇庆祝传统节日的记叙文。	常见的庆祝传统节日的方式： 　　家庭聚餐、表达祝福、观看文艺表演、参加庙会或游园活动、举办庆祝仪式等。

第二课时：项目实施1		
学生活动	教师活动	知识点（教学点）解析
1. 组内交流。 （1）选题。 （2）列出要写的人、事、物。 （3）拟定写作大纲。 2. 初步拟定草稿。	1. 教师指导学生将节日庆祝方式具象化。 2. 教师指导写作的注意点。 3. 修改草稿。	记叙文的六要素：人物、时间、地点，事件的起因、经过和结果。这些元素是不可或缺的组成部分，它们共同构成了一个完整的故事世界。
第三课时：项目实施2		
学生活动	教师活动	知识点（教学点）解析
1. 小组合作，交流初稿情况。 2. 组内互相修改，完成撰写。	1. 指导学生修改、完善文稿。 2. 引导学生解决写作中遇到的困难。	结合上节课的写作要点提示，对记叙文进行有针对性的修改。突出表现自己与传统节日的故事性。
第四课时：项目成果展示和分享		
学生活动	教师活动	知识点（教学点）解析
1. 小组内交流文章。 2. 相互评分。 3. 评选"最佳撰稿人"一、二、三等奖。	1. 组织学生汇报。 2. 讲解评比要求。 3. 组织学生进行评比。	对照评分表，评选"最佳撰稿人"，通过展示，提高学生的写作能力。

项目评价：
1. 活动自评表。

评价内容	星级
短文真实记录了节日体验	☆☆☆☆
能在分享交流中清晰表达想法和感受	☆☆☆☆
在本次活动中有所收获	☆☆☆☆

2. 记叙文评价表。

评价内容	教师评价	学生互评
标题凸显内容	☆☆☆☆	☆☆☆☆
内容细节具体	☆☆☆☆	☆☆☆☆
文字细腻优美	☆☆☆☆	☆☆☆☆
行文结构清晰	☆☆☆☆	☆☆☆☆
文章篇幅足够	☆☆☆☆	☆☆☆☆

项目成果：
记叙文《我在姑苏过个节》。

五年级（辩一辩）

传统节日是否应该商业化

单元主题：习俗——传统节日	项目名称：传统节日是否应该商业化	建议年级：五年级

项目描述：
  传统节日是人们生活中不可或缺的一部分，它们不仅是人们庆祝传统、纪念历史、表达情感的方式，也是商家们赚取利润的机会。然而，随着商业化的不断深入，节日被资本捆绑的现象也越来越普遍。传统节日的商业化在为社会带来经济效益的同时，也对文化传统提出了挑战。

任务：
  通过开展题为"传统节日是否应该商业化"的辩论赛，深入了解传统节日的意义与价值。

核心素养： 1. 文化理解与传承素养：文化理解、文化认同、文化践行。 2. 审辩思维：质疑批判、分析论证、综合生成、反思评估。 3. 合作素养：愿景认同、责任分担、协同共进。	关联学科： 道德与法治、语文。

项目目标：
1. 通过学习，深入了解传统节日的节日习俗，并产生文化认同。
2. 了解辩论赛的目的、基本原则与过程，锻炼学生的思维反应能力和语言表达能力。
3. 通过多方位的学习，对节日的意义产生自己的理解，保护好、传承好中国传统文化。

材料准备：
1. 相关评价表。2. 各地商业街里庆祝节日的图片。

作品表现方式：
  "传统节日是否应该商业化"辩论赛。

第一课时：项目导入		
学生活动	教师活动	知识点（教学点）解析
1. 观看节日图片，感受节日里的商业化氛围。 2. 小组讨论：传统节日的习俗有哪些还在延续？又出现了哪些变革？ 3. 小组抽签决定正、反方。 4. 课后收集辩题资料。	1. 教师播放各地商业街里庆祝节日的图片。 2. 教师引导学生思考：在传统节日里，除一些原有的习俗外，还增添了什么元素？（比如商业化元素） 3. 发布任务："传统节日是否应该商业化"辩论赛。	端午节是中国的传统节日之一，粽子是端午节的传统食品。近年来，随着商业化的推进，粽子市场不断扩大，各种口味和品牌的粽子层出不穷。一些知名品牌通过推出创新口味的粽子，吸引了众多消费者的关注和购买。 月饼是中秋节的传统食品。与粽子类似，月饼市场也经历了商业化的过程。一些知名品牌通过推出高品质、创新口味的月饼，搭配精美的包装设计，吸引了众多消费者。

续表

学生活动	教师活动	知识点（教学点）解析
		商家通过深入了解传统节日的文化内涵和消费者需求，结合自身的品牌和资源，推出了符合市场需求的产品和活动，从而实现了商业化和文化传承的双赢。当然，在商业化过程中，也需要注意保护传统文化的内涵和价值，避免过度商业化和文化失真。
第二课时：项目实施1		
学生活动	教师活动	知识点（教学点）解析
1. 正、反方确立参与辩论的成员和各自分工。 2. 各方梳理资料，做好开场陈述、互相质询、自由辩论和总结陈词等环节预设。不参赛的学生随时准备辩词支持。	1. 教师讲解辩论赛的规则。 2. 组织同学进行辩论人员选拔。	
第三课时：项目实施2		
学生活动	教师活动	知识点（教学点）解析
双方辩手就位。辩论赛开始。	组织布置辩论会场，教师重申辩论赛规则，并宣布辩论赛开始。	支持传统节日商业化的观点： 　　经济利益：商业化可以带来经济利益，为地方政府和企业创造税收和就业机会。 　　文化传承：商业化可以为传统节日注入新的活力，吸引更多年轻人的关注和参与。 　　创新发展：商业化可以为传统节日带来创新和发展的机会。 反对传统节日商业化的观点： 　　文化失真：为了迎合市场需求和追求经济利益，一些商家可能会对传统节日进行过度包装和改造，使其失去原有的文化意义和价值。 　　过度消费：一些商家可能会通过推出各种昂贵的商品和活动来吸引消费者，导致人们在庆祝传统节日时过度消费和浪费资源。 　　社会公平：一些商家可能会通过垄断资源和提高价格等手段来获取更多利益，导致一些经济条件较差的人无法参与到商业化的传统节日庆祝活动中。

习俗——传统节日

续表

第四课时：项目成果展示和分享		
学生活动	教师活动	知识点（教学点）解析
1. 小组交流，并相互评分。 2. 评选"最佳辩手"。	1. 辩论赛总结。 2. 讲解评比要求。 3. 组织学生进行评比。	"最佳辩手"是在辩论比赛中表现最为出色、最有说服力的辩手。

项目评价：
1. 活动自评表。

评价内容	星级
了解传统节日商业化的背景和现象	☆☆☆☆
能独立分析传统节日商业化利弊	☆☆☆☆
能在辩论中清晰有力地表达自己观点	☆☆☆☆
能批判性评价不同意见	☆☆☆☆
在此次辩论赛中得到学习和成长	☆☆☆☆

2. 辩手评价表。

评价内容	同学评价	教师评价
内容的深度与准确性	☆☆☆☆	☆☆☆☆
表达的清晰度与流畅性	☆☆☆☆	☆☆☆☆
逻辑的严密性	☆☆☆☆	☆☆☆☆
应变能力	☆☆☆☆	☆☆☆☆
团队合作能力	☆☆☆☆	☆☆☆☆

项目成果：
　　辩论赛辩词、照片。

六年级（创一创）

传统节日"保卫战"

单元主题：习俗——传统节日	项目名称：传统节日"保卫战"	建议年级：六年级

项目描述：
　　在现代社会商业化和全球化浪潮的冲击下，传统节日面临着被边缘化和遗忘的风险。为了保护和传承这些珍贵的文化遗产，应让更多人特别是年轻一代了解和参与到传统节日的庆祝中，让他们更加直观地感受和理解传统节日的魅力，增强对本土文化的认同感和保护意识。

续表

任务： 策划组织一场传统节日文化市集展，打响现代传统节日保卫战。	
核心素养： 1. 文化理解与传承素养：文化理解、文化认同、文化践行。 2. 创新素养：创新人格、创新思维、创新实践。 3. 沟通素养：同理心、深度理解、有效表达。 4. 合作素养：愿景认同、责任分担、协同共进。	关联学科： 美术、劳动。

项目目标：
1. 通过活动，深入了解传统节日的节日习俗，并产生文化认同。
2. 通过学习，将对节日习俗的了解转化为一场市集活动，增强知识运用能力。
3. 培养学生对空间布局、设计、色彩的审美能力。
4. 通过策划组织，增强学生与人交流沟通与协作的能力。

材料准备：
1. 相关评价表。2. 关于传统节日文化市集的图文资料。

作品表现方式：
传统节日文化市集展。

第一课时：项目导入

学生活动	教师活动	知识点（教学点）解析
1. 交流讨论如何借助商业化将传统节日中的元素整合。 2. 小组分工，认领各自任务。 3. 课后收集相关资料。	1. 教师播放 PPT。 2. 回顾之前课程内容，引导学生思考如何借助商业化把节日里的元素呈现出来。 3. 发布任务：在校园内策划一场传统节日文化市集展。	市集是指在固定地点定期举行的贸易活动。在市集中，人们可以找到各种各样的商品和服务，从食品、服装、手工艺品到艺术品、二手商品等，应有尽有。此外，市集还为人们提供了一个交流和互动的平台，人们可以在这里结识新朋友、分享经验、了解当地文化等。

第二课时：项目实施1

学生活动	教师活动	知识点（教学点）解析
1. 小组内对活动内容进行研究梳理总结。 2. 小组任务负责人轮流报告实施方案，做好记录。 3. 交流讨论，完善策划方案。 4. 课后准备活动材料。	1. 教师组织学生学习策划市集展的相应程序、步骤、注意事项。重点策划合适的活动内容，可以包括各种商品展示、手工艺品制作、文化表演、互动游戏等，以吸引不同年龄和兴趣的参与者。 2. 组织学生选出各小组任务负责人。 3. 组织学生交流策划方案。	策划一场市集展需要考虑多个方面： 确定市集展的定位和目标受众、选择合适的地点和时间、策划活动内容、制定预算和招商方案、宣传推广等。在市集展举办期间，还需要进行现场管理，包括场地布置、安全监管、秩序维护等。同时，要关注参与者的反馈和需求，及时调整活动内容和服务。

习俗——传统节日

续表

第三课时：项目实施2		
学生活动	教师活动	知识点（教学点）解析
以小组为单位布展，每个小组一个主题摊位。	教师组织学生进行市集布展。	对照上节课的方案，精心组织布展，灵动地展现本组的特色。

第四课时：项目成果展示和分享		
学生活动	教师活动	知识点（教学点）解析
1. 各小组轮流上台交流本组展台的特色和亮点。 2. 相互评分，评选"最佳策展人"一、二、三等奖。	1. 组织学生进行活动回顾。 2. 讲解评比要求。 3. 组织学生进行评比。	传统节日文化市集展参考展品： 　　手绘书签、超轻黏土作品、书法、篆刻、剪纸、折纸、绘画、废旧纸盒的再利用等。 传统节日文化市集展参考活动： 　　民族舞、舞龙、演唱节日歌曲、猜灯谜、手工制作等。

项目评价：
1. 活动自评表。

评价内容	星级
能向他人准确传达节日的文化内涵	☆☆☆☆
明晰自己在活动中的角色和任务	☆☆☆
能和团队成员进行有效沟通	☆☆☆
按计划完成了分配给自己的任务	☆☆☆
提升了对保护传统节日重要性的认识	☆☆☆

2. 展台布置评价表。

评价内容	教师评价	学生互评
主题明确	☆☆☆☆	☆☆☆☆
布局合理	☆☆☆☆	☆☆☆☆
内容丰富	☆☆☆☆	☆☆☆☆
氛围友好	☆☆☆☆	☆☆☆☆
参与度高	☆☆☆☆	☆☆☆☆

项目成果：
　　展台照片。

习 俗——民众生活

一年级（认一认）

"老苏州"的一天

单元主题：习俗——民众生活	项目名称："老苏州"的一天	建议年级：一年级

项目描述：
民众生活就是老百姓的普通生活。苏州人有自己的节奏，早上头汤面，上午"皮包水"，晚上"水包皮"。

任务：
学生通过四周的学习，对苏州的民众生活有简单的了解，知道"老苏州"讲究的生活特色。

核心素养： 文化理解与传承素养：文化理解、文化认同。	关联学科： 语文、道德与法治。

项目目标：
1. 初步了解苏州传统的民众生活。
2. 能用普通话交谈，学会认真倾听。
3. 能结合自己的生活，说说自己的生活和"老苏州"的生活有什么不同。

材料准备：
1. 学习单。2. 苏州传统街巷的照片。3. 苏式面照片。4. 生煤炉视频。5. 相关评价表。

作品表现方式：
完成"'老苏州'的一天"学习单。

第一课时：项目导入

学生活动	教师活动	知识点（教学点）解析
1. 什么是"民众生活"？结合自己的生活说说。 2. 观看"老苏州"的生活视频。 3. 认识曾经的苏式民众生活，和自己的生活比一比，哪些一样，哪些完全不一样。 4. 思考：有没有自己尝试过"老苏州"生活？	1. 提出"民众生活"这个话题。 2. 教师播放"老苏州"的生活视频。组织学生交流：哪些是自己看到过的，哪些从未看过。 3. 发布任务：感知"老苏州"传统的一天，了解自己感兴趣的生活活动。在"苏式生活"分享会交流分享，合作完成学习单。	饮食习俗：苏州人讲究饮食，注重时令和营养。 茶文化：苏州人喜欢喝茶，尤其是碧螺春茶。在苏州的老街巷里，随处可见茶馆、茶楼，人们在这里品茶聊天，享受悠闲的时光。 苏州传统生活：生煤炉、吃头汤面、井边生活、船上买菜、"皮包水和水包皮"、听评弹等。

续表

第二课时：项目实施1		
学生活动	教师活动	知识点（教学点）解析
1. 学生谈谈自己吃过的苏式面。 2. 了解什么是"头汤面"。猜猜为什么"老苏州"很在乎吃头汤面。 3. 说说苏式汤面的浇头有哪些。 4. 自己尝试用苏式方法来点面。	1. 出示苏式面的照片。 2. 引导学生谈谈什么时候吃面。 3. 苏式面浇头品种多，说法也多。介绍"老苏州"特别的苏式面吃法。	头汤面：所谓的头汤面，是指面条店一天刚开门，用换上的清水所煮的第一批面条。 苏式面的点面方法：硬面，烂面，宽汤，紧汤，拌面。重青，免青，重油，清淡点，重面轻浇，重浇轻面。过桥就是浇头。

第三课时：项目实施2		
学生活动	教师活动	知识点（教学点）解析
1. 感知"老苏州""皮包水、水包皮"的生活方式。 2. 说说这样的生活方式有意思吗。 3. 观看生煤炉的视频。 4. 选择一个最感兴趣的苏式民众生活活动，课后自己寻找资料或询问家长。	1. 介绍"皮包水、水包皮"。 2. 引导学生观看生煤炉的视频。	"皮包水、水包皮"："老苏州"上午喝茶，为"皮包水"，下午泡汤谓之"水包皮"。

第四课时：项目成果展示和分享		
学生活动	教师活动	知识点（教学点）解析
1. 知道苏式汤面的点面方法。 2. 向同学介绍自己了解的某一项苏式生活活动。 3. 独立完成学习单。	1. 组织学生独立完成学习单。 2. 组织学生进行简单的汇报。	学生交流所知道的苏式生活，有助于提高表达能力。

项目评价：
1. 活动自评表。

评价内容	星级
认真参与每一次的活动	☆☆☆☆
获得了一些有关苏式生活的知识	☆☆☆☆
想进一步了解苏式生活	☆☆☆☆

续表

2. 学习单。

"'老苏州'的一天"学习单
重青（　　　　　　　　　　）　　免青（　　　　　　　　　　　　） 重油（　　　　　　　　　　）　　清淡点（　　　　　　　　　　）
重面轻浇（　　　　　　　　　　） 重浇轻面（　　　　　　　　　　）
过桥（　　　　　　　　　　）

项目成果：
　　学习单。

 二年级（说一说）

井与生活

单元主题：习俗——民众生活	项目名称：井与生活	建议年级：二年级
项目描述： 　　苏州的小巷里藏了很多的水井，而"老苏州"的生活正是围绕着一口口水井展开的。学校附近的平江路上就有不少水井，这些水井又体现着怎样的苏州生活呢？		
任务： 　　学生通过四周的学习，认识什么是井，井对生活有什么作用，知道生活在小弄堂里的传统苏州人对井的需求，能说一说井边的生活。		
核心素养： 　　文化理解与传承素养：文化理解、文化认同、文化践行。	关联学科： 　　语文、数学。	
项目目标： 　　1. 认识小弄堂里的井。 　　2. 感知苏州传统生活中井的作用。 　　3. 能尝试自己搜集材料。 　　4. 尝试说一说有趣的井边生活或者介绍一口井。		
材料准备： 　　1. 相关评价表。2. 苏州的井的相关视频、图片。3. 关于苏州的老照片。		

续表

作品表现方式： 说一说：学生上台汇报（PPT+演讲）。		
第一课时：项目导入		
学生活动	教师活动	知识点（教学点）解析
1. 学生思考自己现在住的地方（高楼大厦）。 2. 说说爷爷、奶奶曾经住的小弄堂。 3. 观看苏州的井的相关视频。 4. 围绕井和井边的生活，学生提出想了解的问题。	1. 教师播放老照片。 2. 引导学生思考弄堂里的生活与现在生活的不同，各有什么优点与缺点。 3. 引导学生感知在"老苏州"的生活中，井有着很重要的地位和作用。 4. 发布任务：说一说有趣的井边生活或者介绍一口井。	井边生活： 　　井水是过去苏州人最重要的生活饮用水。"老苏州"的市井生活离不开古井。
第二课时：项目实施1		
学生活动	教师活动	知识点（教学点）解析
1. 讨论：井有哪些形状，或者由哪些形状组成？ 2. 认识生活中的井。实地到平江路看一看井（或者看一看照片）。利用科学中学过的测量方法，测量井的大小。 3. 结合周边的小弄堂，思考井的位置有什么讲究。 4. 了解井的作用和它的必要性。思考讨论井的优点和缺点。 5. 小组讨论：围绕哪一个方面来介绍井。	1. 出示各类井的图片。 2. 教师引导学生对已有的资料查漏补缺。尝试用学过的方法去测量一下井的大小。 3. 播放相关照片或视频，引导学生了解井边生活。 4. 在思考的基础上，组织学生讨论：现在使用自来水很方便，是否有必要把井淘汰？ 5. 帮助学生小组确定研究方向。	平江路上的井： 　　苏州有数百口井，平江路因有古井十口闻名，古时便取名"十泉里"。如今苏州大多数的古井还保存完好，井水依旧清澈甘甜。 　　据《吴门表隐》中记载，平江路有古井十口其中，华阳桥南一、奚家桥南北各一、徐家弄北一、魏家桥南北各一、朱马高桥北一、混堂巷口一、张家桥南一、苑桥北一。现存的万斛泉和双眼古井，也总会引得路人驻足围看。
第三课时：项目实施2		
学生活动	教师活动	知识点（教学点）解析
1. 有关井边生活的介绍：询问爷爷、奶奶或搜寻资料，进行资料整合。 2. 根据分工合作的安排，进行最后汇报表达的准备。	1. 教师指导学生准备汇报活动。 2. 帮助学生出谋划策。 3. 兼顾全组学生，让学生都能参与到活动中。	

续表

| 第四课时：项目成果展示和分享 |||
学生活动	教师活动	知识点（教学点）解析
1. 各小组轮流上台进行汇报。 2. 相互评分。 3. 评选"最自信奖""最丰富有趣奖""团结合作奖"。	1. 组织学生汇报。 2. 讲解评比要求。	锻炼学生自信大胆上台表达的能力。让学生热爱祖国、热爱家乡。以自己的方式将家乡文化、特色传递给更多的人，让更多的人了解苏州古城。

项目评价：
1. 活动自评表。

评价内容	星级
能认真参与每一次的活动	☆☆☆☆
能与小组同学进行很好的合作	☆☆☆☆
因为对苏州的井文化有了深入的了解而感到自豪	☆☆☆☆

2. 汇报演讲评价表。

评价内容	教师评价	学生互评
有关井的介绍内容很丰富	☆☆☆☆	☆☆☆☆
上台表达大声自信	☆☆☆☆	☆☆☆☆
小组合作意识很强	☆☆☆☆	☆☆☆☆
演讲内容非常吸引人	☆☆☆☆	☆☆☆☆

项目成果：
1. 汇报演讲。2. 学生讲稿。

 三年级（画一画）

不时不食

单元主题：习俗——民众生活	项目名称：不时不食	建议年级：三年级

项目描述：
《论语·乡党》有云："齐必变食，居必迁坐。食不厌精，脍不厌细。食饐而餲。鱼馁而肉败，不食，色恶不食，臭恶不食，失饪不食，不时不食，割不正不食，不得其酱不食。"苏州人有一个传统：吃东西要应时令、按季节，到什么时候吃什么东西。

续表

任务：
通过四周的项目化学习，了解苏州传统的"不时不食"，根据不同的时令绘制时令美食宣传册。

核心素养： 1. 文化理解与传承素养：文化认同、文化践行。 2. 创新素养：创新思维、创新实践。 3. 沟通素养：有效表达。 4. 合作素养：愿景认同、责任分担、协商共进。	关联学科： 道德与法治、语文、美术。

项目目标：
1. 了解什么是"不时不食"。
2. 了解苏州不同时节的各种美食。
3. 小组合作，能够根据主题进行美食宣传册的绘制。
4. 愿意主动传承中华优秀传统文化，为有这样的传统文化而自豪。

材料准备：
1. 相关评价表。2. "不时不食"的视频。3. 时令美食的图片。

作品表现方式：
"不时不食"美食宣传册。

第一课时：项目导入		
学生活动	教师活动	知识点（教学点）解析
1. 结合图片，谈谈自己最近吃的美食。 2. 讨论：这些美食在其他季节是否能吃到？现在有了大棚种植，是否一年四季都可以吃到？ 3. 思考：为什么苏州地区会形成"不时不食"的传统？ 4. 学生记下自己感兴趣的食物。 5. 学生讨论并填写分工表。商量确定每位组员的任务、需要搜集的资料、完成各项工作的时间节点等。	1. 教师播放时令美食照片。 2. 引导学生理解"不时不食"与当地的自然、人文的联系。 3. 教师引导学生正确感知不同季节的"不时不食"，记录最有代表性的美食。（例如，5月，苏州枇杷开始上市，正当时。） 4. 发布任务：感知有趣的"不时不食"传统，以手绘的方式完成"不时不食"美食宣传册，向外地游客介绍苏州的时令美食。 5. 组织学生填写小组分工表。确定研究主题。	"不时不食"是一种饮食理念，强调的是食物与季节的紧密关联。这一理念认为，人们应该根据时令来选择食物，吃当季的食物，以顺应自然规律，保持身体的健康与平衡。

续表

第二课时：项目实施1		
学生活动	教师活动	知识点（教学点）解析

1. 观看《君到姑苏见》中有关"不时不食"的介绍视频。
2. 了解更多的苏州时令美食，说说自己搜集到的资料。
3. 小组商量、汇总，明确绘制主题。思考：宣传册上围绕美食需要展现哪些信息和内容？
	1. 播放视频。
	2. 出示更多苏州各时节的美食照片。
	3. 教师指导学生整理信息，引导学生确定绘制主题。
		苏州应季美食：
		    春季：野菜（七头一脑）、春笋（腌笃鲜）、塘鳢、甲鱼。
		    清明前后：青团。
		    立夏后：枇杷。
		    初夏：炒肉馅儿团子。
		    六月初：杨梅。
		    夏季：乌米饭。
		    秋季：鸡头米。
		    农历九月：大闸蟹。
		    冬至：冬酿酒。
		    冬季：藏书羊肉、矮脚青。

第三课时：项目实施2		
学生活动	教师活动	知识点（教学点）解析

1. 思考讨论宣传册可以用什么形式展现。
2. 学生着手绘制宣传册。
3. 小组组员之间相互帮助、小组与小组间相互学习。
	1. 引导学生认识不同的宣传册。
	2. 引导学生选择合适的宣传主题。可以选择一年四季，也可以集中在一季。可以不局限于画图，也可以设计为立体作品。
	3. 教师及时回答学生在绘制的中问题（画图技巧、比例、配色等）。
		宣传册注意事项：
		  1. 文字。
		  宣传册的设计离不开文字，文字是设计的主要元素，需要有一定的可读性才能吸引读者的兴趣。当然在字体的美观与艺术性也要注意，文字的排版、字体、颜色这些都需要处理好，才会有更好的视觉效果。
		  2. 色彩。
		  在设计宣传册时，色彩是烘托主题的不二之选，合理运用色彩搭配可以给人们强烈的视觉冲击。

第四课时：项目成果展示和分享		
学生活动	教师活动	知识点（教学点）解析
1. 各小组轮流上台介绍本组宣传册的特色和卖点。 2. 相互评分。 3. 评选"最具特色宣传册""最受欢迎宣传册""最有新意宣传册"。	1. 组织学生汇报。 2. 讲解评比要求。 3. 组织学生进行评选。	

续表

项目评价:
1. 活动自评表。

评价内容	星级
认真参与每一次的小组活动	☆☆☆☆
积极地完成小组布置的任务	☆☆☆☆
自己在小组活动中有进步	☆☆☆☆

2. 宣传册评价表。

评价内容	教师评价	学生互评
宣传册设计精美	☆☆☆☆	☆☆☆☆
构图合理、颜色饱满	☆☆☆☆	☆☆☆☆
让人们看了能留下印象，起到了很好的宣传作用	☆☆☆☆	☆☆☆☆

项目成果：
"不时不食"美食宣传册。

 四年级（写一写）

苏春识鲜记

单元主题：习俗——民众生活	项目名称：苏春识鲜记	建议年级：四年级

项目描述：
"七头一脑"是江南地区春季特有的时令美食，由八种野菜组成，包括枸杞头、马兰头、荠菜头、香椿头、苜蓿头、豌豆头、小蒜头和菊花脑。这些野菜不仅风味独特，还具有营养价值高、药食同源等特点。在春季，江南地区的人们会利用这些野菜制作各种美食，享受春天的味道。

任务：
学生通过四周的学习，去认识"七头一脑"，进一步感知苏州地区"不时不食"的传统，同时能够将江南地区的传统美食以名片的形式推广出去。

核心素养： 1. 文化理解与传承素养：文化认同、文化践行。 2. 创新素养：创新思维、创新实践。 3. 沟通素养：有效表达。 4. 合作素养：愿景认同、责任分担、协商共进。	关联学科： 语文、科学、美术。

续表

项目目标：
1. 认识生活中的各种蔬菜。
2. 对有苏州或江南地区的特色春菜有简单认识，知道其为时令美食。
3. 小组合作，选取某一个特色春菜进行名片制作。
4. 对苏州春菜进行推广。

材料准备：
1. 相关评价表。2. 关于"七头一脑"的视频、图片、实物。3. 有关春天的视频。

作品表现方式：
制作"七头一脑"宣传名片。

第一课时：项目导入		
学生活动	教师活动	知识点（教学点）解析
1. 说说自己眼中的春天是什么样子。 2. 回顾三年级时学过的"不时不食"的苏州传统。 3. 跟随菜农苏爷爷走进他的菜园。认识园子中的蔬菜。 4. 了解苏爷爷的困扰：在农交会上缺乏有苏州特色的蔬菜。 5. 学生根据视频对"七头一脑"有简单的认识和判断。 6. 总结观察方法（看、闻、摸）。 7. 课后利用学到的观察方法去菜市场观察一下"七头一脑"，并准备下节课交流。	1. 教师播放有关春天的视频。 2. 引导学生回忆、交流感受。 3. 引导学生认识各种常见蔬菜。 4. 播放"七头一脑"的视频。 5. 任务布置：为"七头一脑"设计名片，帮其进行推广宣传。 6. 组织学生填写小组分工表。	七头一脑： "七头"分别指枸杞头、马兰头、荠菜头、香椿头、苜蓿头、豌豆头、小蒜头；而"一脑"指菊花脑。 观察的方法有很多：看一看、摸一摸、闻一闻（不建议品尝）。

第二课时：项目实施1		
学生活动	教师活动	知识点（教学点）解析
1. 通过小组讨论，来辨一辨"七头一脑"分别是什么。 2. 讨论并完成学习单上的"辨认春菜连连看"。 3. 简单讨论哪些蔬菜是自己吃过的，哪些仅仅见过，依靠什么来分辨它们。 4. 小组确定要介绍的春菜，根据组员擅长的方向进行分工。	1. 教师引导学生有顺序地进行观察和交流。 2. 教师引导学生对蔬菜进行对比，并适当地予以引导（枸杞头和马兰头有些相似，需要注意区分）。 3. 在学生发生认知错误时及时介入，帮助其正确认识春菜。 4. 帮助学生分工。	"七头一脑"的特征： 小蒜头：菜如其名。底部有一块像蒜头的茎。 豌豆头：叶片非常柔嫩，有卷曲的细丝缠绕。 荠菜头：茎与叶非常瘦长。 苜蓿头：每一根茎上面均匀分布三片叶子。和三叶草很像。单片叶子呈爱心状。 枸杞头：叶与茎的连接处微微带点紫色。茎摸起来很硬。

学生活动	教师活动	知识点（教学点）解析
		马兰头：叶片摸起来柔软，细细长长，茎发白。 菊花脑：菊花脑的叶片宽大，锯齿较深。

第三课时：项目实施2		
学生活动	教师活动	知识点（教学点）解析
1. 准备设计春菜名片。 2. 思考名片可以分为哪些部分。 3. 总结优秀作品的特点（图文结合、突出特征、概括全面、文字简洁）。 4. 抽签确定设计对象，小组分工进行名片制作。 5. 确定如何展示汇报。	1. 展示已经完成的较为优秀的作品。请学生观察并总结名片需要突出的特点。 2. 教师指导学生分工制作。注意兼顾全组学生，让学生都能参与到活动中。	名片设计要求： 图文结合、突出特征、概括全面、文字简洁。

第四课时：项目成果展示和分享		
学生活动	教师活动	知识点（教学点）解析
1. 举行一场模拟春菜推介会。各小组轮流上台进行汇报。 2. 依据名片猜对应蔬菜名称。 3. 评选"最高人气名片""最有创意名片"。	1. 讲解评比要求。 2. 组织学生汇报。	通过举行春菜推介会，学生能够更加深刻地认识到自己作为文化传承者的责任和使命。同时，他们也能够通过活动向社会传递健康饮食的理念和传统文化的魅力。

项目评价：
1. 活动自评表。

评价内容	星级
能认真参与每一次的活动，并掌握了新的技能	☆☆☆☆
能与小组同学进行很好的合作	☆☆☆☆
对传统的"七头一脑"很感兴趣，想进一步品尝一下	☆☆☆☆

2. 介绍春菜名片评价表。

评价内容	教师评价	学生互评
名片制作精美，能突出特征、文字简洁	☆☆☆☆	☆☆☆☆
发言人上台表达大声自信	☆☆☆☆	☆☆☆☆
小组成员参与率高	☆☆☆☆	☆☆☆☆
能够凭借名片准确找到对应的春菜	☆☆☆☆	☆☆☆☆

续表

项目成果：
"七头一脑"宣传名片。

 五年级（辩一辩）

冬至祭祖该传承还是该摒弃

单元主题：习俗——民众生活	项目名称：冬至祭祖该传承还是该摒弃	建议年级：五年级

项目描述：
　　苏州有"冬至大如年"的说法，这一天苏州人传统的做法是要祭祖，喝冬酿酒，吃团圆饭。"老苏州"不仅有祭祖仪式，还要烧化锡箔。

任务：
　　学生将通过四周的学习与活动，辩一辩苏州冬至祭祖这一习俗是否有传承的必要，从而对传承传统文化有新的认识。

核心素养： 　1. 文化理解与传承素养：文化认同、文化践行。 　2. 创新素养：质疑批判、分析论证。 　3. 沟通素养：有效表达。 　4. 合作素养：愿景认同、责任分担、协商共进。	关联学科： 　道德与法治、语文、综合实践活动。

项目目标：
　1. 知道大多数事情都有两面性，能正确看待冬至祭祖这一传统。
　2. 知晓"冬至大如年"，并搜寻对应的资料。
　3. 了解自己的辩位，并做对应的准备。
　4. 能围绕主题搜集资料进行辩论前的准备。
　5. 小组合作，准备辩论——冬至祭祖该传承还是该摒弃。

材料准备：
　1. 相关评价表。2. 冬至祭祖的相关视频、图片。

作品表现方式：
　　辩论会过程性资料（照片、文稿等）。

第一课时：项目导入		
学生活动	教师活动	知识点（教学点）解析
1. 观看视频。 2. 说说冬至节那天，自己家里有哪些活动。 3. 小组讨论：视频中的祭祖活动，如烧锡箔、点香等是否有意义？	1. 教师出示"冬至大如年"的说法。播放冬至祭祖视频。 2. 引导学生回忆、交流感受。	冬至大如年： 　旧时民间习俗，指冬至犹如年节一样重要。每逢冬至，人们串亲祭祖，街头巷尾十分热闹。在南方地区，有冬至祭祖、宴饮的习俗；北方地区，冬至有吃饺子的习俗。

250

续表

学生活动	教师活动	知识点（教学点）解析
4. 小组讨论辩论分工。	3. 提问：冬至烧锡箔、点香、蜡烛、磕头、给老祖宗布置饭菜、倒酒这些活动是否有意义？属于文化精华还是糟粕？ 4. 发布任务："冬至祭祖该传承还是该摒弃"辩论会。 5. 组织学生填写小组分工表。	

第二课时：项目实施1

学生活动	教师活动	知识点（教学点）解析
1. 整合搜集到的资料。 2. 根据分工，既要搜集自己一方所需的资料，也要搜集整理辩论中对方的资料。 3. 做好辩论资料准备。	1. 对学生搜集资料给予帮助。提醒要从正、反两方入手准备。 2. 引导学生认真讨论，对于论点进行记录并深入挖掘。 3. 指导学生搜集真实的案例来佐证自己的观点。	冬至传承的意义： 　　冬至作为一个重要的节日，不仅体现了中国人民对自然的敬畏和感恩，更传承着家庭和社区的凝聚力。它让人们回归家庭，共同庆祝，加强亲情和友情的联系。冬至也是传统文化的载体。 有关冬至的争议： 　　烧锡箔、跪拜祖先是否有意义？是否与科学相违背？对环境的影响是否较大？

第三课时：项目实施2

学生活动	教师活动	知识点（教学点）解析
1. 对搜集来的资料进行小组分享交流。 2. 小组针对辩题进行深入讨论，应从哪些方面进行立论，从哪几方面进行反驳等。 3. 辩手根据自己的辩位讨论并完成辩词。	1. 教师引导学生整理搜集到的资料。 2. 教师引导学生对已有的资料查漏补缺，预设对方辩论内容。 3. 对初步形成的辩词进行简单指导。	

第四课时：项目成果展示和分享

学生活动	教师活动	知识点（教学点）解析
1. 各小组以抽签的方式进行辩论。 2. 相互评分。 3. 评选"最佳辩手""最优辩论队"。	1. 组织学生进行辩论。 2. 讲解评比要求。	在辩论中，学生要完整地表达自己的想法，同时分析和推理对方的观点。因此，辩论能够训练学生的思维能力，让他们能够更好地理解问题、判断问题和解决问题。此外，辩论能够让学生学会独立思考、理性分析和公正评价观点的优劣。

续表

项目评价：
1. 活动自评表。

评价内容	星级
能认真参与每一次的活动并掌握了新的技能	☆☆☆
能与小组同学进行很好的合作	☆☆☆
对辩论活动有了自己的感受和见解	☆☆☆
对冬至节活动有了较深的了解	☆☆☆

2. 辩论评价表。

评价内容	教师评价	学生互评
声音响亮、表达自信	☆☆☆	☆☆☆
表达内容切合主题	☆☆☆	☆☆☆
临场反应迅速、准确	☆☆☆	☆☆☆

项目成果：
　　辩论会。

六年级（刨一刨）

新"九九消寒图"

单元主题：习俗——民众生活	项目名称：新"九九消寒图"	建议年级：六年级
项目描述： 　　"九九消寒图"是中国人民的传统民俗，是劳动人民的智慧结晶，但随着时代的发展，我们拥有更加科学、准确的方式来检测冬季气温，度过冬天。		
任务： 　　引导学生以新的方式去创造"九九消寒图"，传承并推广传统民俗文化。		
核心素养： 　　1. 文化理解与传承素养：文化认同、文化践行。 　　2. 创新素养：创新思维、创新实践。 　　3. 合作素养：愿景认同、责任分担、协商共进。	关联学科： 　　语文、美术、信息技术。	
项目目标： 　　1. 了解"九九消寒图"，知道它的作用和形式。 　　2. 能围绕消寒图搜集合适的资料。 　　3. 小组合作，以更加创新的方式来设计符合人们兴趣的消寒图。 　　4. 能结合消寒图积极推广传统民俗。		

续表

材料准备：
　　1. 相关评价表。2.《九九消寒歌》。3. 各种消寒图图片。

作品表现方式：
　　新"九九消寒图"。

第一课时：项目导入		
学生活动	教师活动	知识点（教学点）解析
1. 认识《九九消寒歌》。 2. 思考为什么会有消寒图的产生。 3. 思考并讨论，为什么传统的消寒图在新时代不再流行。 4. 讨论：现在的年轻人更喜欢怎样形式的表达？ 5. 小组讨论分工。	1. 教师播放图片。 2. 出示各种传统的消寒图。（文字、圆圈、梅花） 3. 引导学生发掘传承的问题。 4. 发布任务：设计一款新的"九九消寒图"，更容易被小朋友、年轻人接受和喜欢。 5. 组织学生填写小组分工表。	《九九消寒歌》： 　　一九二九不出手，三九四九冰上走，五九和六九，河边插杨柳，七九河冻开，八九燕子来，九九加一九，耕牛遍地走。 "九九消寒图"： 　　"九九消寒图"是中国民间根据数九方法绘制的图。数九方法在我国民间口口相传，有历史，缺记载，至于起源何时，没有确切的资料。"九九消寒图"兴起时期为明代，有文字式、圆圈式、梅花图式等形式。
第二课时：项目实施1		
学生活动	教师活动	知识点（教学点）解析
1. 思考讨论选择怎样的创新方式来展现"九九消寒图"（不局限于图片或平面的形式）。 2. 思考如何巧妙地将"消寒"融入作品。注意消寒图要符合"九九"的基本规则。 3. 确定制作分工。	1. 为学生搜集资料提供帮助。 2. 对学生设计的消寒图提出建议。	消寒图的种类： 　　梅花消寒图。 　　画圈消寒图。 　　文字消寒图。
第三课时：项目实施2		
学生活动	教师活动	知识点（教学点）解析
1. 学生着手分工制作新消寒图。 2. 小组组员之间相互帮助、小组与小组间相互学习。	1. 教师及时回答学生在绘制中的问题（材料选用，设计细节等）。 2. 学生制作过程中教师及时引导：设计要足够吸引人，适合年轻人。	消寒图设计注意点： 　　构思运用上讲究创新。运用信息技术对消寒图进行3D打印，或者设计相关消寒图游戏。

续表

第四课时：项目成果展示和分享		
学生活动	教师活动	知识点（教学点）解析
1. 各小组轮流上台交流并推广本组设计的新九九消寒图。 2. 相互评分。 3. 评选"最具特色消寒图""制作最精美消寒图""最具人气消寒图"。	1. 组织学生进行汇报和推广。 2. 讲解评比要求。	了解冬至节气：了解冬至节气的相关知识背景和文化内涵，以便更好地理解消寒图的寓意和象征意义。 传承与创新：在制作消寒图的过程中可以既传承传统习俗，又加入一些创新元素，使得作品更加生动、有趣，且富有时代感。例如可以在梅花消寒图中加入现代图案元素，或者在文字消寒图中选用更具时代特色的九个字等。

项目评价：
1. 活动自评表。

评价内容	星级
能认真参与每一次的活动，并掌握了新的技能	☆☆☆☆
能与小组同学进行很好的合作	☆☆☆☆
能够对"九九消寒图"进行创新并推广	☆☆☆☆

2. 消寒图设计评价表。

评价内容	教师评价	学生互评
消寒图外观设计精美	☆☆☆	☆☆☆
有新意，符合年轻人的审美	☆☆☆	☆☆☆
融入丰富的传统知识	☆☆☆	☆☆☆

项目成果：
新"九九消寒图"。

习 俗——吴侬软语

一年级（认一认）

乡音识趣

单元主题：习俗——吴侬软语	项目名称：乡音识趣	建议年级：一年级

项目描述：
　　同学们，我们的家乡有一种特别的方言，叫作吴侬软语。它的发音很温柔，就像唱歌一样好听。

任务：
　　本月，我们将一起学习吴侬软语的词汇，了解它们的意思，感受它们的趣味。最后，我们还将举行一场"趣味连连看"比赛，看看谁能认出更多的吴侬软语词汇。

核心素养： 1. 文化理解与传承素养：文化理解、文化认同、文化践行。 2. 合作素养：愿景认同、责任分担、协同共进。	关联学科： 道德与法治、语文。

项目目标：
　　1. 能够了解吴侬软语是什么，以及它的重要意义。
　　2. 能够理解吴侬软语词汇，并能在日常生活中正确运用。
　　3. 激发学生对吴侬软语的探索兴趣。

材料准备：
　　1. 吴侬软语词汇卡片、连连看测试题。2. 吴侬软语儿歌或故事视频。3. 相关评价表。

作品表现方式：
　　"趣味连连看"吴侬软语识读赛。

第一课时：项目导入		
学生活动	教师活动	知识点（教学点）解析
1. 观看吴侬软语儿歌或故事的视频，感受吴侬软语的韵律和语调。 2. 分组讨论，分享自己对吴侬软语的初步认识和感受。	1. 播放吴侬软语儿歌或故事的视频，引导学生观察和感受。 2. 组织学生分组讨论，鼓励学生积极发言，分享自己的想法和感受。 3. 发布任务：吴侬软语"趣味连连看"。	吴侬软语是对吴语（特别是苏州话）的一种形象描述，因其发音软糯婉转而得名。苏州话在吴语地区内部相对而言比较儒雅婉转，语调平和而不失抑扬，语速适中而不失顿挫，给人一种低吟浅唱的感觉。尤其女子说来更为动听，具有独特的柔美灵秀之风，而男子讲来则颇具儒雅倜傥之气。

续表

第二课时：项目实施 1		
学生活动	教师活动	知识点（教学点）解析
1. 尝试模仿简单的吴侬软语词语。 2. 玩词语发音小游戏。 3. 记录自己在学习过程中遇到的问题和困难。	1. 引导学生用较慢的语速说一些常见的吴侬软语，如"你好""谢谢"等。 2. 组织词语发音游戏，如教师说一个词，学生重复。 3. 巡视学生的学习情况，及时给予指导和帮助，解答学生的问题。	吴侬软语发音的要点和技巧： 　　发音要点：语调柔婉、平上去入、元音饱满。 　　发音技巧：语速稍慢、舌尖运用、鼻腔共鸣、连读音变、气息控制。
第三课时：项目实施 2		
学生活动	教师活动	知识点（教学点）解析
1. 认读简单的吴侬软语词语和对应的普通话词语。 2. 分组用吴侬软语进行简单对话练习。	1. 准备吴侬软语词汇卡片，组织学生学习。 2. 巡视并指导学生的对话练习。	了解常用词语的吴侬软语和普通话的对应： 　"侬" ｜ "你"。 　"吾" ｜ "我"。 　"伊" ｜ "他/她"。 　"蛮" ｜ "很"。 　"好较" ｜ "比较"。 　"勿来三" ｜ "不行"。 　"晓得" ｜ "知道"。 　"白相" ｜ "玩耍"。 　"困觉" ｜ "睡觉"。 　"汏浴" ｜ "洗澡"。 　"学堂" ｜ "学校"。 　"物事" ｜ "东西"。
第四课时：项目成果展示和分享		
学生活动	教师活动	知识点（教学点）解析
1. 小组成员完成"趣味连连看"小测试，识别吴侬软语词语。看谁能认出更多的词语。 2. 评选"精准连击奖"一、二、三等奖。	1. 组织"趣味连连看"比赛。 2. 讲解评比要求。 3. 组织学生进行评比。 4. 总结项目中的吴侬软语知识，鼓励学生在生活中多了解和使用吴侬软语。	融入日常生活： 　　1. 鼓励学生在日常生活中，如与家人、朋友交流时，多使用吴侬软语，让语言成为生活的一部分。 　　2. 提倡在家庭中传承吴侬软语，家长可以与孩子一起用吴侬软语讲故事、唱歌谣。

续表

项目评价：
1. 活动自评表。

评价内容	星级
积极参与活动	☆☆☆☆
能理解一些吴侬软语的意思	☆☆☆☆
能准确模仿吴侬软语的发音	☆☆☆☆
提高了对吴侬软语的研究兴趣	☆☆☆☆

2. 识读赛评价表。

评价内容	星级
对吴侬软语的学习热情	☆☆☆☆
模仿发音的认真程度	☆☆☆☆
与他人交流的友好程度	☆☆☆☆
对吴侬软语意义的掌握程度	☆☆☆☆
团队合作能力	☆☆☆☆

项目成果：
"趣味连连看"吴侬软语识读赛。

 二年级（说一说）

软语达人脱口秀

单元主题：习俗——吴侬软语	项目名称：软语达人脱口秀	建议年级：二年级
项目描述： 　　同学们，上一年级的时候我们学习了吴侬软语的词汇，感受了它的趣味。这学期，我们要更进一步，用吴侬软语来交流和表达自己的想法。		
任务： 　　本项目中，我们将通过说故事的方式，提高我们的吴侬软语表达能力。最后，我们还将举行一个脱口秀比赛，看看哪个小组的表演最精彩。		
核心素养： 　1. 文化理解与传承素养：文化理解、文化认同、文化践行。 　2. 合作素养：愿景认同、责任分担、协同共进。	关联学科： 道德与法治、语文。	

习俗——吴侬软语

续表

项目目标：
1. 能够用吴侬软语正确朗读并理解简单的句子。
2. 能够用吴侬软语进行简单的对话交流，表达自己的想法和感受。
3. 能够通过小组合作的方式，完成一场吴侬软语故事表演。
4. 能够在项目展示和分享中，自信地表达自己的学习成果。

材料准备：
1. 吴侬软语故事剧本。2. 吴侬软语儿歌或故事音频。3. 表演所需的道具和服装。4. 相关评价表。

作品表现方式：
吴侬软语脱口秀星光赛。

第一课时：项目导入		
学生活动	教师活动	知识点（教学点）解析
1. 复习一年级学过的吴侬软语词汇。 2. 听吴侬软语儿歌或故事，感受吴侬软语的韵律和语调。 3. 分组讨论，分享自己对吴侬软语的感受和体会。	1. 带领学生复习一年级学过的吴侬软语词汇。 2. 播放吴侬软语儿歌或故事，引导学生感受吴侬软语的韵律和语调。 3. 组织学生分组讨论，鼓励学生积极发言，分享自己的感受和体会。 4. 发布任务：吴侬软语脱口秀星光赛。	声母：吴语继承唐宋三十六字母框架体系，以保留全部浊音为最主要特征，声母分为全清、次清、全浊、次浊四类，部分地区保留尖团音分化。 声调：吴语具有仄音之一的入声韵，继承中古汉语整齐四声八调，平、上、去、入四声因声母清浊对立而各分阴阳。 发音风格：吴语在发音上保留了较多的古汉语因素，使得其语音流畅自然，但同时也具有"入声"的短促刚劲有力和"浊音"的声带振动之强等特点，因此，吴语并非完全意义上的"软语"。

第二课时：项目实施1		
学生活动	教师活动	知识点（教学点）解析
1. 学习吴侬软语的基本句型和常用表达。 2. 通过游戏或角色扮演的方式，练习使用吴侬软语进行简单的对话。 3. 记录自己在学习过程中遇到的问题和困难。	1. 讲解吴侬软语的基本句型和常用表达。 2. 组织学生进行游戏或角色扮演活动，让学生在情境中练习使用吴侬软语。 3. 巡视学生的学习情况，及时给予指导和帮助，解答学生的问题。	1. 吴侬软语的基本句型和常用表达。 2. 吴侬软语的语法特点，如语序、词性等。 3. 在日常生活中运用吴侬软语进行交流。

续表

第三课时：项目实施2		
学生活动	教师活动	知识点（教学点）解析
1. 分组选择一个吴侬软语故事，进行排练。 2. 制作表演所需的道具和服装。 3. 准备展示和分享。	1. 组织学生分组选择一个吴侬软语故事，指导学生进行排练。 2. 提供必要的材料和资源支持，帮助学生制作表演所需的道具和服装。 3. 组织学生进行排练，为项目展示和分享环节做准备。	脱口秀的表现要点： 　　语言特色：充分展现吴侬软语的婉转、软糯特点，利用其独特的发音和语调来增加趣味性和吸引力。 　　节奏把握：控制好说话的节奏，有快有慢，形成起伏，避免过于单调。 　　表情和肢体：配合丰富的表情和生动的肢体动作，增强表现力和感染力。 　　故事讲述：要有清晰的故事线或主题，通过讲述有趣的经历、见闻等引起观众共鸣。 　　幽默元素：巧妙运用幽默的语言，如夸张、谐音等手法，让观众发笑。 　　互动交流：适时与观众进行互动，增强现场氛围。 　　情绪传递：准确传递出各种情绪，如欢乐、惊讶、感叹等，带动观众的情绪。 　　文化内涵：可以融入一些吴侬软语相关的文化知识或习俗，增加内容的深度和广度。 　　自信台风：展现出自信、大方的台风。 　　创新创意：在形式和内容上有一定的创新和创意，给观众带来新鲜感。
第四课时：项目成果展示和分享		
学生活动	教师活动	知识点（教学点）解析
1. 以小组为单位，进行脱口秀比赛，表演自己排练的吴侬软语故事。 2. 互相评价其他小组的表演，提出自己的建议和意见。 3. 评选"脱口秀达人"一、二、三等奖。	1. 组织学生进行表演，提供展示的平台和机会。 2. 讲解评选规则。 3. 引导学生进行评价和反馈，鼓励学生互相学习和借鉴。 4. 对学生的表演进行总结和评价，给予肯定和鼓励。	

续表

项目评价：
1. 活动自评表。

评价内容	星级
对新学吴侬软语的掌握程度	☆☆☆☆
对脱口秀准备的认真程度	☆☆☆☆
在脱口秀中的表达流畅度	☆☆☆☆
对吴侬软语的喜爱程度	☆☆☆☆

2. 脱口秀评价表。

评价内容	星级
吴侬软语发音的准确性	☆☆☆☆
脱口秀内容的趣味性	☆☆☆☆
舞台表现的感染力	☆☆☆☆
和观众的互动性	☆☆☆☆

项目成果：
吴侬软语脱口秀星光赛。

 三年级（画一画）

妙笔绘吴侬

单元主题：习俗——吴侬软语	项目名称：妙笔绘吴侬	建议年级：三年级

项目描述：
同学们，我们已经学习了吴侬软语的词汇和句子，也能够用它来交流和表达自己的想法。这学期，我们要用一种新的方式来展现吴侬软语的魅力，那就是绘画！

任务：
在这个项目中，我们将设计吴侬软语字体，看看谁的作品更精彩！

核心素养： 1. 文化理解与传承素养：文化理解、文化认同、文化践行。 2. 合作素养：愿景认同、责任分担、协同共进。	关联学科： 语文、美术、道德与法治。

续表

项目目标：
1. 让学生了解吴侬软语的基本特点和文化内涵。 2. 掌握一定的字体设计方法和技巧，提升艺术创作能力。 3. 激发学生对本土语言文化的兴趣和热爱，增强文化认同感和自豪感。
材料准备：   1. 相关评价表。2. 大量的吴侬软语字体设计优秀案例图片、视频等资料。3. 一些简单的字体设计模板。
作品表现方式：   创意字体展。

第一课时：项目导入		
学生活动	教师活动	知识点（教学点）解析
1. 观看各种不同风格的字体作品，感受字体的多样性。 2. 分享自己对不同字体的直观感受。	1. 展示精心挑选的字体作品图片或视频。 2. 引导学生积极发言，记录学生的观点。 3. 发布任务：吴侬软语创意字体展。	字体设计的概念和重要性： 字体设计可以传达特定的情感和氛围。比如一些圆润可爱的字体，会给人一种亲切、活泼的感觉；而一些刚劲有力的字体则能体现出力量和严谨。它还能增强视觉效果，让信息更加突出和吸引人。当我们看到一个设计精美的字体时，会更容易被它吸引，从而去关注它所传达的内容。

第二课时：项目实施1		
学生活动	教师活动	知识点（教学点）解析

1. 学习吴侬软语中一些简单字的写法。
2. 尝试用不同的线条、形状去描绘这些字。
	1. 在黑板上示范吴侬软语字的写法。
	2. 鼓励学生发挥创意进行描绘。
		吴侬软语字的结构特点和书写规律：
		  吴侬软语的字在结构上有一些独特之处。比如说，有些字可能会比较紧凑，笔画之间的距离相对较近，显得很精致。此外，一些字的结构可能会有一定的倾斜或者弯曲，这也体现了它的柔和之美。
		  在书写规律方面，要注意笔画的流畅性，不能过于生硬，要有婉转的感觉。像弯钩、撇、捺等笔画，要写得自然而灵动。

第三课时：项目实施2		
学生活动	教师活动	知识点（教学点）解析
1. 根据所学的字分组进行创意字体设计，尝试创造出独特的风格。	1. 对各小组进行指导，提供建议。	设计字体细节： 字体笔画可以略带弯曲，模仿吴语发音的柔和曲线。

习俗——吴侬软语

续表

学生活动	教师活动	知识点（教学点）解析
2. 每组推选一名代表介绍设计思路。	2. 结合各小组的设计，分析优点和可改进之处。 3. 进一步讲解字体设计的原则和技巧。 4. 组织小组代表进行分享交流。	字母或汉字之间的连接部分可以设计得更加细腻，体现吴语的连贯性。 可以考虑在字体中加入一些象征性的装饰元素，如小桥流水、亭台楼阁等，以增强吴地文化的氛围。 色彩与质感： 选择柔和、温暖的色彩作为字体的主色调，如浅灰、米白、淡墨等。 质感上可以模仿宣纸或水墨的渗透效果，增加字体的文化韵味。
第四课时：项目成果展示和分享		
学生活动	教师活动	知识点（教学点）解析
1. 完善自己小组的字体设计作品。 2. 展示最终作品并互评。 3. 评选"字体创意奖"一、二、三等奖。	1. 帮助学生解决设计过程中的问题。 2. 组织作品展示活动，对每个作品进行点评。 3. 总结本次项目化学习中字体设计的要点和收获。鼓励学生继续探索字体设计。	

项目评价：
1. 活动自评表。

评价内容	星级
对吴侬软语字体作品的欣赏理解程度	☆☆☆☆
对任务的专注程度	☆☆☆☆
积极参与小组创作活动	☆☆☆☆
字体作品完整且富有创意	☆☆☆☆

2. 字体设计评价表。

评价内容	星级
对吴侬软语字体的兴趣和投入程度	☆☆☆☆
在小组活动中的合作表现	☆☆☆☆
字体设计新颖有特色	☆☆☆☆
字体作品的整体水平	☆☆☆☆

项目成果：
　　字体设计图。

四年级（写一写）

诗韵创作营

单元主题：习俗——吴侬软语	项目名称：诗韵创作营	建议年级：四年级

项目描述：
　　同学们，我们已经学习了吴侬软语的词汇、句子和表达方式，也能够用它来进行简单的交流和表达，以及绘画创作。

任务：
　　本学期我们将通过创作吴侬软语押韵小诗，深入了解和感受吴侬软语的独特魅力和语言特色。

核心素养： 　1. 文化理解与传承素养：文化理解、文化认同、文化践行。 　2. 合作素养：愿景认同、责任分担、协同共进。 　3. 创新素养：创新思维、创新实践。	关联学科： 　道德与法治、语文。

项目目标：
　1. 让学生了解吴侬软语的基本特点和韵律。
　2. 提高学生对吴侬软语的运用能力和诗词创作能力。
　3. 培养学生对地方语言文化的兴趣和热爱。

材料准备：
　1. 相关评价表。2. 吴侬软语诗歌素材。

作品表现方式：
　诗词创作营。

第一课时：项目导入		
学生活动	教师活动	知识点（教学点）解析
1. 复习吴侬软语的词汇和句子。 2. 阅读吴侬软语诗歌素材，感受吴侬软语的表达方式。 3. 分组讨论，分享自己对吴侬软语诗歌创作的理解和感受。 4. 朗读诗歌。 　　笃笃笃，卖糖粥 笃笃笃，卖糖粥，三斤胡桃四斤壳，吃子侬格肉，还子侬格壳。张家老伯伯，明朝再来哦。	1. 带领学生复习吴侬软语的词汇和句子。 2. 展示吴侬软语诗歌素材，引导学生感受吴侬软语的表达方式。 3. 组织学生分组讨论，鼓励学生积极发言，分享自己的理解和感受。 4. 发布任务：诗词创作营。	文学作品：吴侬软语一词常见于唐诗宋词等古代文献中，如清代小说《二十年目睹之怪现状》里曾描述道"一时燕语莺声，尽是吴侬软语"。 艺术作品：在越剧、评弹等传统曲艺中，吴侬软语的运用更是体现了其独特的艺术魅力。 吴侬软语诗歌代表： 　　　　江南春 　春风轻拂绿杨枝， 　雨润江南花满陂。 　吴语娇音歌韵里， 　小桥流水梦相依。

续表

学生活动	教师活动	知识点（教学点）解析
		春 春天里来暖洋洋， 桃花杏花齐开放。 河里鸭子嘎嘎叫， 岸上姑娘笑声扬。 田畈农夫忙插秧。
\multicolumn{3}{c}{第二课时：项目实施1}		

学生活动	教师活动	知识点（教学点）解析
1. 学习写作吴侬软语诗歌的基本技巧。 2. 根据诗歌素材，选择一个主题，进行构思和创作。 3. 记录自己在创作过程中遇到的问题和困难。	1. 讲解写作吴侬软语诗歌的基本技巧。 2. 指导学生根据诗歌素材，选择一个主题，进行构思和创作。 3. 巡视学生的创作情况，及时给予指导和帮助，解答学生的问题。	同韵相押：确保韵脚的韵母相同或相近，这是押韵的基本要求。在吴侬软语中，由于方言的特殊性，有些韵母的发音可能与普通话有所不同，因此，在选择韵脚时需要特别注意。 避免出韵：在诗词中，韵脚的选择需要遵循一定的规范，避免在同一首诗中出现不同韵部的字相押，这叫作"出韵"。在吴侬软语创作中，同样需要注意这一点，保持韵脚的统一性。

第三课时：项目实施2

学生活动	教师活动	知识点（教学点）解析
1. 分组完成一篇吴侬软语诗歌作品。 2. 对自己的作品进行修改和完善。	1. 组织学生分组完成一篇吴侬软语诗歌作品。 2. 指导学生对自己的作品进行修改和完善。	音韵和谐：押韵的目的是使诗词的音韵和谐优美，因此，在选择韵脚时需要注意音韵的协调性，避免产生拗口或不和谐的感觉。 音韵变化：在保持音韵和谐的基础上，也可以适当运用音韵的变化来丰富诗词的表现力。例如，可以通过变换韵脚的位置或运用不同的韵部来产生音韵上的起伏和变化，使诗词更加生动有趣。

第四课时：项目成果展示和分享

学生活动	教师活动	知识点（教学点）解析
1. 以小组为单位，展示自己的吴侬软语诗歌作品，并进行简单的讲解。 2. 评价其他小组的作品，提出自己的建议和意见。	1. 组织学生进行展示和分享，提供展示的平台和机会。 2. 引导学生进行评价和反馈，鼓励学生互相学习和借鉴。	

续表

学生活动	教师活动	知识点（教学点）解析
3. 参加吴侬软语创作比赛，评选出"诗韵风采奖"一、二、三等奖。	3. 对学生的作品进行总结和评价，给予肯定和鼓励。 4. 组织吴侬软语写作比赛，评选出"诗韵风采奖"一、二、三等奖。	

项目评价：
1. 活动自评表。

评价内容	星级
对吴侬软语诗歌的欣赏理解程度	☆☆☆☆
对任务的专注程度	☆☆☆☆
积极参与小组创作活动	☆☆☆☆
诗歌作品完整且富有创意	☆☆☆☆

2. 诗歌创作评价表。

评价内容	星级
对吴侬软语诗歌创作的兴趣和投入程度	☆☆☆☆
在小组活动中的合作表现	☆☆☆☆
创作的诗歌作品有韵味	☆☆☆☆
创作诗歌作品的整体水平	☆☆☆☆

项目成果：
诗歌创作集。

 五年级（辩一辩）

吴语是否要纳入学校课程

单元主题：习俗——吴侬软语	项目名称：吴语是否要纳入学校课程	建议年级：五年级

项目描述：
　　同学们，通过前面的学习，相信大家已经对吴侬软语很熟悉了。这学期，我们要对吴侬软语进行更深入的研究，探讨它是否有必要纳入学校正式教育课程。

任务：
　　在这个项目中，我们将通过调查、辩论等方式，了解吴侬软语的现状和价值，分析它对学生成长的影响。最后，我们将举行一场辩论赛，展示我们的研究成果。

续表

核心素养： 1. 文化理解与传承素养：文化理解、文化认同、文化践行。 2. 合作素养：愿景认同、责任分担、协同共进。 3. 沟通素养：同理心、深度理解、有效表达。 4. 审辩思维：质疑批判、分析论证、综合生成、反思评估。	关联学科： 道德与法治、语文。

项目目标：
1. 能够了解吴侬软语的现状和价值。
2. 能够分析吴侬软语对学生成长的影响。
3. 能够通过小组合作的方式，完成一个关于吴侬软语是否有必要纳入学校正式教育课程的研究报告。
4. 能够在辩论赛中，自信地表达自己的观点和理由，提高沟通能力和辩论能力。

材料准备：
1. 吴侬软语的相关资料，如历史、文化、现状等。2. 调查和辩论的相关资料，如问卷、案例、论据等。3. 相关评价表。

作品表现方式：
研究报告及辩论赛。

第一课时：项目导入		
学生活动	教师活动	知识点（教学点）解析
1. 分组选择一个关于吴侬软语的研究主题，如吴侬软语的现状、吴侬软语的价值、吴侬软语对学生成长的影响等。 2. 制定研究计划，明确研究方法和步骤。 3. 开始收集和整理相关资料，如查阅书籍、上网搜索、采访专家等。	1. 组织学生分组选择研究主题，指导学生制定研究计划。 2. 提供必要的资料和资源支持，帮助学生收集和整理相关资料。 3. 巡视学生的研究情况，及时给予指导和帮助，解答学生的问题。 4. 发布任务："吴侬软语是否要纳入学校课程"辩论赛。	吴侬软语现状概述： 1. 使用范围缩小：随着普通话的普及和城市化进程的加快，许多年轻人和儿童更倾向于使用普通话进行交流，导致吴侬软语的使用范围逐渐缩小。 2. 传承困难：在一些地区，特别是城市中，新生代对吴侬软语的掌握程度明显下降。这不仅影响了方言的传承，也威胁到了与之相关的地域文化和艺术的存续。 3. 地域差异：虽然吴侬软语主要用来形容苏州话，但吴语内部也存在一定的地域差异。不同地区的吴语在发音、词汇等方面存在差异，这也增加了传承和保护的难度。 根据网上调查，吴语区青少年对方言的掌握情况处于全国最低水平，其中，吴语熟练使用比例仅为 2.2%。这意味着在 100 个青少年中，只有 2 个人能够熟练使用吴语。

续表

第二课时：项目实施1		
学生活动	教师活动	知识点（教学点）解析
1. 分析和整理收集到的资料，形成自己的观点和结论。 2. 撰写研究报告，用清晰的语言表达自己的观点和结论。	1. 指导学生分析和整理资料，形成自己的观点和结论。 2. 指导学生撰写研究报告，提醒学生注意语言表达和逻辑结构。	促进方言传承：随着普通话的普及和人口流动的增加，吴语等方言的使用环境逐渐缩小。将吴语纳入学校课程，有助于培养年轻一代对方言的兴趣和认同感，促进方言的传承和发展。 丰富教学内容：将方言纳入学校课程，可以丰富语文教学的内容，使学生更全面地了解语言文化的多样性。同时，方言教学也有助于提高学生的语言感知能力和表达能力。 增强文化认同感：方言是地方文化的重要组成部分。通过学习方言，学生可以更深入地了解家乡的历史、文化和风土人情，从而增强对家乡的文化认同感。

第三课时：项目实施2		
学生活动	教师活动	知识点（教学点）解析
1. 分组讨论吴侬软语纳入学校正式课程的好处和可能面临的问题。 2. 记录讨论要点。 3. 各小组准备辩论观点和论据，确定辩手分工。 4. 进行模拟辩论练习。	1. 巡视各小组讨论情况，给予适当指导和启发。 2. 组织小组间的交流分享。 3. 协助学生完善辩论准备工作。 4. 给予辩论技巧的指导。	方言，在文化传承中有着独特的作用。方言承载着一个地区的历史、文化和传统，它是地域文化的重要标志之一。通过方言，我们能感受到一个地方独特的韵味和风情，它也是我们身份认同的一部分。

第四课时：项目成果展示和分享		
学生活动	教师活动	知识点（教学点）解析
1. 正式开展辩论活动，双方辩手进行激烈辩论。 2. 其他学生认真倾听并思考。 3. 评选"最佳辩手"一、二、三等奖。	1. 组织辩论会，指导学生表达自己的观点和理由，与其他小组进行辩论。 2. 讲述评选规则。 3. 对辩论过程进行总结和评价，给予肯定和鼓励。 4. 进一步深化学生对吴侬软语纳入学校课程的理解，引导学生认识到语言的多样性和文化保护的重要性。	激励与评价机制： 设置"吴侬软语小达人"等荣誉称号，对在吴侬软语学习和使用中表现突出的学生进行表彰。 将吴侬软语的学习和使用情况纳入学生综合素质评价体系，作为评优评先的参考依据。

续表

项目评价：
1. 活动自评表。

评价内容	星级
积极参与小组讨论	☆☆☆☆
积极收集相关资料	☆☆☆☆
在辩论时具有良好的表达能力	☆☆☆☆
能与他人合作	☆☆☆☆

2. 辩论赛评价表。

评价内容	星级
在小组中能展现良好的团队协作能力	☆☆☆☆
辩论时思维清晰、表达流畅	☆☆☆☆

项目成果：
研究报告及辩论赛。

 六年级（创一创）

吴音筑梦坊

单元主题：习俗——吴侬软语	项目名称：吴音筑梦坊	建议年级：六年级

项目描述：
吴侬软语是苏州话的别称，是一种历史悠久、文化底蕴深厚的方言。

任务：
本项目以"吴音筑梦坊"为主题，通过舞台剧的形式，让学生深入了解吴侬软语的历史、文化和特点，感受其独特的魅力。

核心素养： 1. 文化理解与传承素养：文化理解、文化认同、文化践行。 2. 合作素养：愿景认同、责任分担、协同共进。 3. 创新素养：创新人格、创新思维、创新实践。	关联学科： 道德与法治、语文、音乐。

项目目标：
1. 加强学生对吴侬软语的理解能力，增强运用能力。
2. 培养学生的剧本创作能力、团队协作能力和表演能力。
3. 增强学生对本土文化的认同感和自豪感。

续表

材料准备：
　　1. 表演视频资料。2. 舞台道具：扇子、手帕等。3. 音响设备。4. 相关评价表。

作品表现方式：
　　舞台剧。

第一课时：项目导入		
学生活动	教师活动	知识点（教学点）解析
1. 观看吴侬软语的表演视频，感受其独特的魅力。 2. 小组讨论确定舞台剧的主题和大致情节框架。 3. 尝试用吴侬软语描述故事情节。	1. 播放一些吴侬软语的表演视频资料，激发学生兴趣。 2. 参与小组讨论，提供主题选择的建议和指导。 3. 鼓励学生大胆用吴侬软语表达创意。 4. 发布任务：吴音筑梦坊（吴侬软语舞台剧演出）。	吴侬软语在不同情境中的运用差异： 　　在家庭日常交流中，吴侬软语可能会表现得更加亲切、随意，用词和语调都较为柔和、温暖，充满了生活气息。而在一些正式的场合，比如一些传统的仪式上或者与长辈交流时，可能会使用更规范、更传统的吴侬软语表达，会更注重用词的准确性和礼貌性。 　　在朋友之间开玩笑或者轻松聊天时，对吴侬软语的运用会更活泼、俏皮，可能会用一些特别的口头禅或者语气词来增加趣味性。再比如在讲述一些古老的故事或者传说时，吴侬软语的运用可能会带有历史的韵味和庄重感，让听众更能沉浸在情境中。

第二课时：项目实施1		
学生活动	教师活动	知识点（教学点）解析
各小组根据确定的主题和情节，开始编写剧本初稿。	1. 巡视各小组，提供创意启发和指导。 2. 解答学生剧本编写过程中的疑问。	优秀的舞台剧剧本一般会有明确的开端，用来介绍背景、人物和矛盾的产生；发展部分会展现矛盾的不断激化和各种情节的推进；高潮部分是矛盾冲突最为激烈、紧张的时刻，能紧紧抓住观众的注意力；结局则会对整个故事进行交代和收尾。

第三课时：项目实施2		
学生活动	教师活动	知识点（教学点）解析
1. 完善剧本，进行角色分配。 2. 开始排练。	1. 协助学生优化剧本，确保情节的合理性和吴侬软语的恰当运用。 2. 指导学生排练，讲解表演技巧。	传授舞台表演的基本技巧和注意事项，如表情、动作、台词表达等。 在舞台上还要注意和其他演员的配合，要有良好的舞台空间感。同时要保持自信和投入，完全沉浸在角色中，这样才能给观众带来精彩的表演。

续表

第四课时：项目成果展示和分享		
学生活动	教师活动	知识点（教学点）解析
1. 分组表演自己创作的舞台剧，展示对吴侬软语的理解和感受。 2. 互相评价和交流，分享自己在项目中的收获和体会。 3. 评选"舞台剧创作奖"一、二、三等奖。	1. 组织学生演出。 2. 讲述评比规则。 3. 组织学生进行评比。 4. 总结表演中的优点和可改进之处，再次强调吴侬软语的魅力。	评价舞台剧表演可以从多个方面来看。比如看演员对角色的塑造是否成功、表情是否生动、动作是否到位、台词功底如何；还要看整体剧情的连贯性和节奏感，场景转换是否自然流畅；以及整个表演呈现出的主题是否清晰深刻，能否打动观众的内心。同时，舞台效果、灯光、音效等辅助元素的运用也是评价舞台剧的重要因素。

项目评价：

1. 活动自评表。

评价内容	星级
对吴侬软语的掌握应用程度	☆☆☆☆
对剧本创作的贡献度	☆☆☆☆
在剧中的表现能力	☆☆☆☆
能熟练运用吴侬软语进行交流对话	☆☆☆☆

2. 舞台剧评价表。

评价内容	星级
剧本内容新颖	☆☆☆☆
舞台表演的整体效果好	☆☆☆☆
小组合作配合度高	☆☆☆☆

项目成果：
学生创作的舞台剧剧本和表演视频。